AF551375

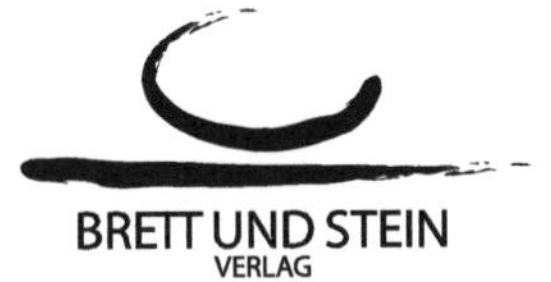
BRETT UND STEIN
VERLAG

GUNNAR DICKFELD

# SCHWARZ AM ZUG

## DAS GO-ÜBUNGSBUCH

5 KYU – 1 KYU

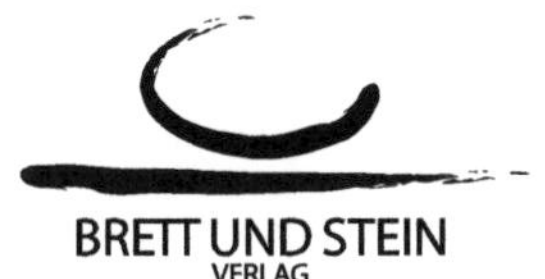

In dieser Reihe sind bisher erschienen:
Schwarz am Zug. 30 Kyu – 25 Kyu.
Schwarz am Zug. 25 Kyu – 20 Kyu.
Schwarz am Zug. 20 Kyu – 15 Kyu.
Schwarz am Zug. 15 Kyu – 10 Kyu.
Schwarz am Zug. 10 Kyu – 5 Kyu.

Bibliografische Information der Deutschen Nationalbibliothek
Die Deutsche Nationalbibliothek verzeichnet diese Publikation in der Deutschen Nationalbibliografie; detaillierte bibliografische Daten sind im Internet über http://dnb.dnb.de abrufbar.

ISBN 978-3-940563-36-1



Umschlaggestaltung: HAMMERGEIGEROT
Druck: Books on Demand GmbH, Norderstedt

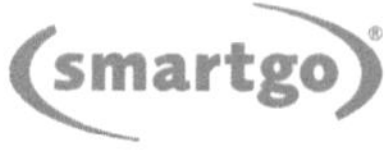

Die Diagramme in diesem Buch wurden erstellt mit SmartGo™: https://www.smartgo.com/de

Printed in Germany

# Vorwort

Dieses Übungsbuch ist das letzte in der Reihe „Schwarz am Zug“, das Sie auf dem Weg zum Shodan, dem ersten Meistergrad, begleiten soll. Der Schwierigkeitsgrad der Aufgaben ist entsprechend anspruchsvoll. Ebenso gibt es nun einen größeren Anteil an Aufgaben, die das gesamte Spielbrett einbeziehen. Sie trainieren also nicht nur lokale Probleme zu lösen, sondern sollen die verschiedenen Themen wie Leben, Wettläufe usw. in beispielhaften Spielsituationen anwenden.

Mit Ausnahme des ersten Kapitels wird bei allen Übungen auf eine Hilfestellung in Form eines Aufgabentextes verzichtet. Der Name des Buches ist Programm: Schwarz ist jeweils am Zug und gefordert, die beste Lösung zu finden.

Mit dem Durchbruch der Künstlichen Intelligenz (KI) im Brettspiel Go haben sich einige Aspekte im Go-Spiel und dem Training verändert. Gerade in der Eröffnungstheorie hat sich wieder ein Wandel vollzogen, der es notwendig macht, die bisherige Bewertung von Eröffnungsstellungen sowie die passenden Empfehlungen von Zügen einer Überprüfung zu unterziehen. Nicht selten schlagen die KIs neue Varianten und Optionen vor, die von den traditionellen Spielweisen abweichen. Auf diese Aspekte wird nicht nur im Kapitel „Eröffnung“ eingegangen, sondern sie haben auch die Aufgaben und Lösungen im Kapitel „Mittelspiel“ beeinflusst.

Wenn Sie das Buch einmal durchgearbeitet haben, dann drehen Sie es kopfüber und unternehmen einen zweiten Durchgang zur Wiederholung und Vertiefung! Schauen Sie, ob Sie die gleichen Probleme aus der neuen Perspektive ebenso lösen können! Diese Methode unterstützt Sie im Lernprozess und hilft Ihnen, nicht nur das spezifische Problem wiederzuerkennen, sondern die zu Grunde liegende Technik zu verinnerlichen.

Viel Erfolg und Vergnügen!

Gunnar Dickfeld

# Inhalt

# Eröffnung

Die Eröffnung stellt den Spieler vor die Qual der Wahl, denn sie bietet so viele Möglichkeiten. In den Problemen gibt es mal nur einen Zug, mal mehrere Optionen für eine gute Fortsetzung.
Schwarz ist jeweils am Zug!

Weiß hat soeben am Shimari angelegt.

**1**

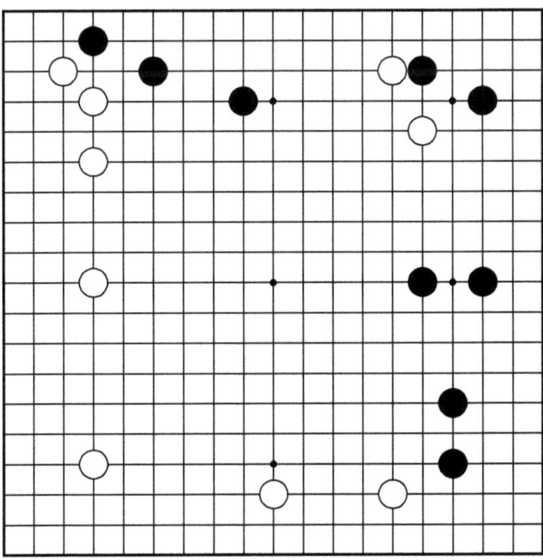

Kano Yoshinori 7p (W) vs. Okubo Yukio 7p (S), Honinbo, 1958

Hier sind erst wenige Steine gespielt.
Welche Möglichkeiten bieten sich Schwarz?

**2**

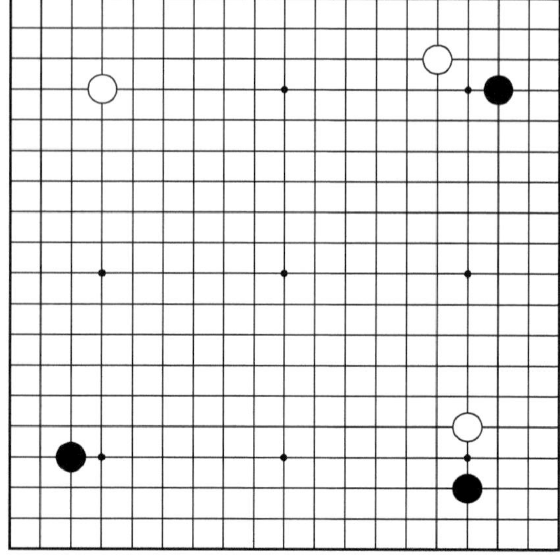

Cho Hunhyun 9p (W) vs. Nie Weiping 9p (S), Mingyue, 2017

Am linken Rand zu spielen ist jetzt groß, doch wo?

**3**

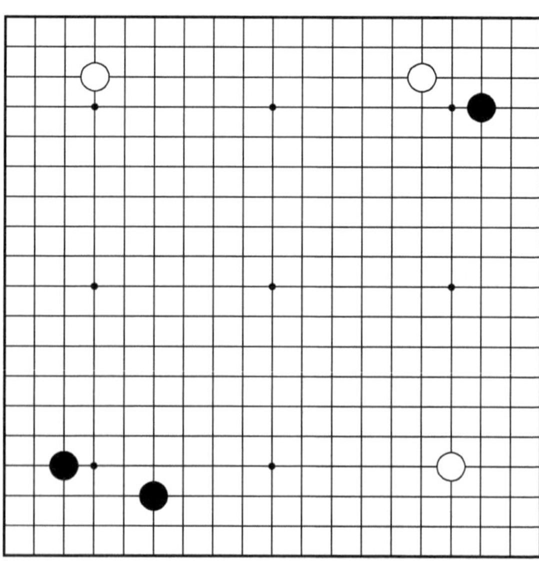

Takagi Shoichi 9p (W) vs. Otake Hideo 9p (S), Meijin Liga, 1985

Weiß hat soeben die Ecke rechts oben invadiert.

**4**

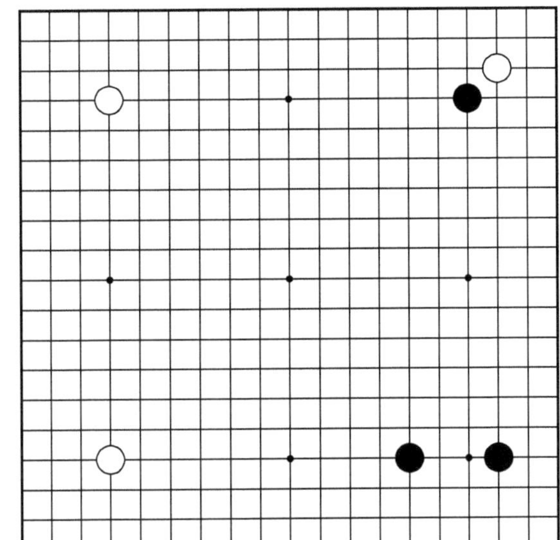

Iyama Yuta 9p (W) vs. Cho U 9p (S), Meijin Finale, 2018

Welche Möglichkeiten bieten sich Schwarz?

**5**

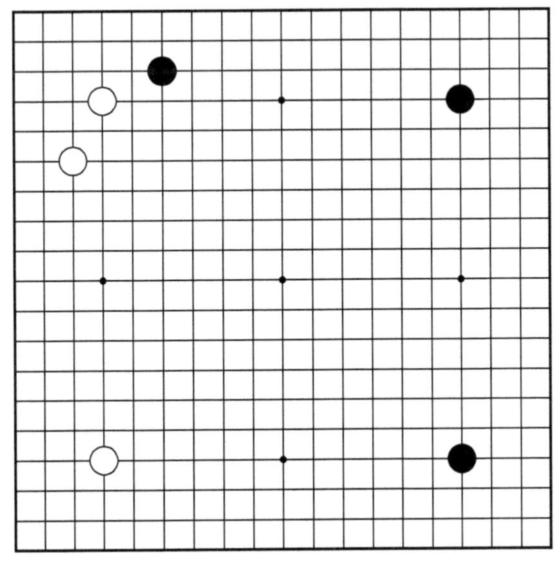

Lee Sedol 9p (W) vs. Gu Li 9p (S), Chunlan Cup, 2014

Rechts unten hat Weiß den Kreuzschnitt gespielt. Wie soll Schwarz hier fortsetzen?

**6**

Cho Chikun 9p (W) vs. Awaji Shuzo 9p (S), Meijin Liga, 1995

Nach dem Doppel-Hane von Weiß: Schneiden oder Strecken?

**7**

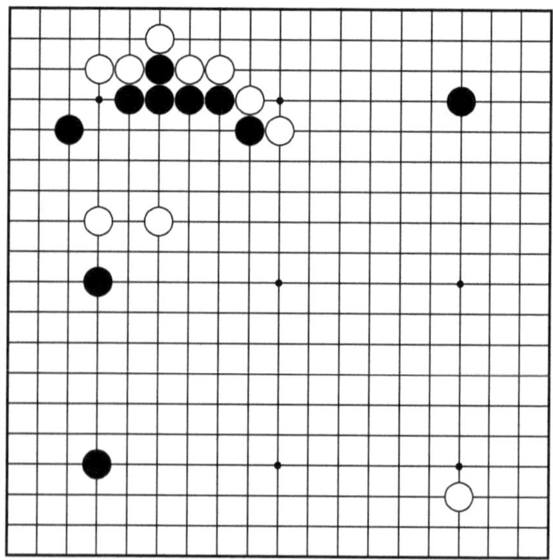

Tokimoto Hajime 7p (W) vs. Haruyama Isamu 9p (S), 1992

Weiß greift den schwarzen Stein in der Ecke links oben an.

**8**

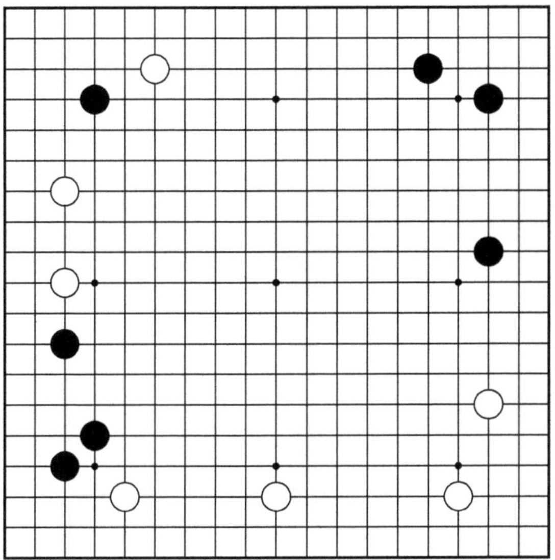

Wo ist der nächste wichtige Punkt?

**9**

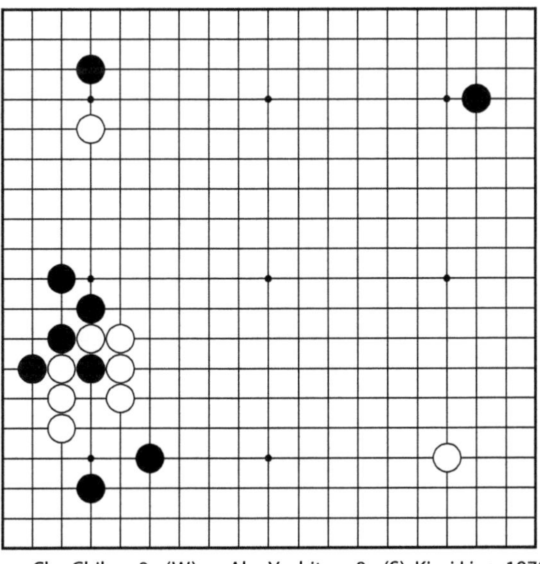

Cho Chikun 9p (W) vs. Abe Yoshiteru 9p (S), Kisei Liga, 1979

Schwarz hat drei Ecken. Nun steht der linke Rand im Fokus.

**10**

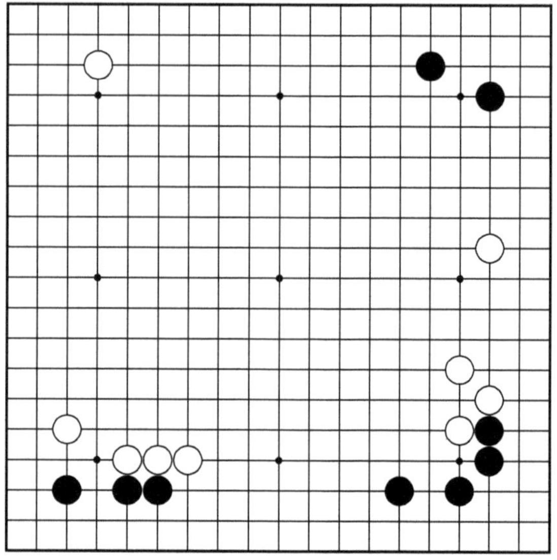

Kato Masao 5p (W) vs. Rin Kaiho 9p (S), Honinbo Finale, 1969

Weiß und Schwarz haben Stärke errichtet.

**11**

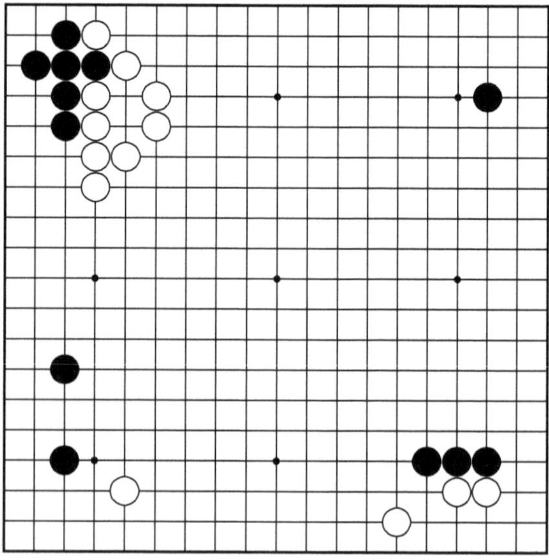

Awaji Shuzo 8p (W) vs. Kataoka Satoshi 9p (S), Tengen Finale, 1983

Weiß klemmt den schwarzen Annäherungszug. Wie soll Schwarz fortsetzen?

**12**

Yamabe Toshiro 9p (W) vs. Takagawa Kaku 9p (S), Honinbo Liga, 1964

Wie setzt Schwarz nach dem Joseki links unten fort?

**13**

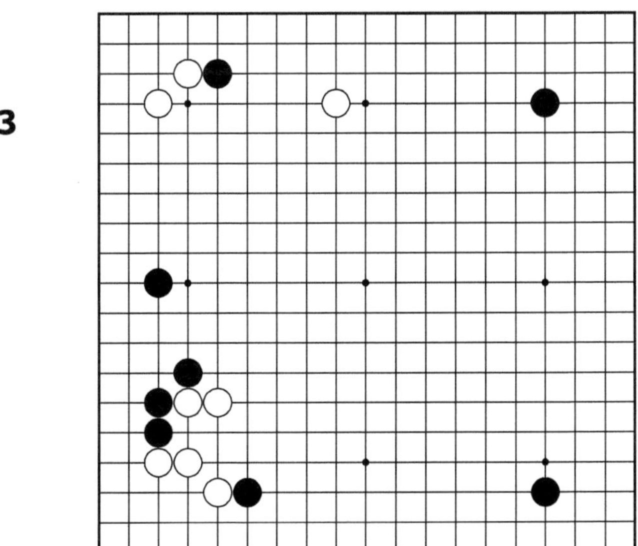

Iwata Tatsuaki 9p (W) vs. Cho Chikun 9p (S), Honinbo Liga, 1983

**14**

Wie soll Schwarz auf den Doppel-Angriff rechts unten reagieren?

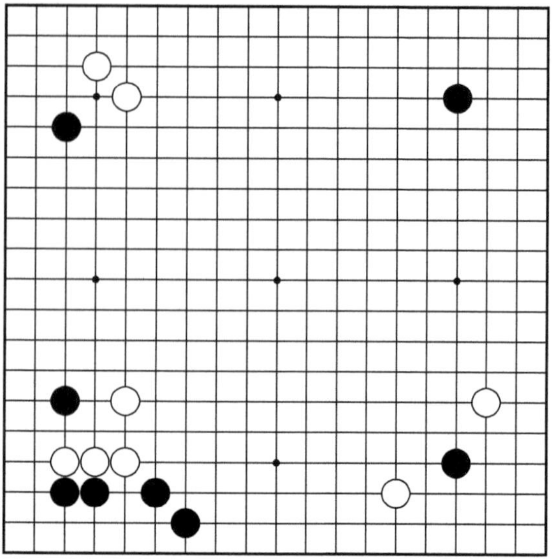

O Meien 9p (W) vs. Ohashi Hirofumi 6p (S), Gosei Vorrunde, 2019

**15**

Wie soll Schwarz auf den Doppel-Angriff rechts unten reagieren?

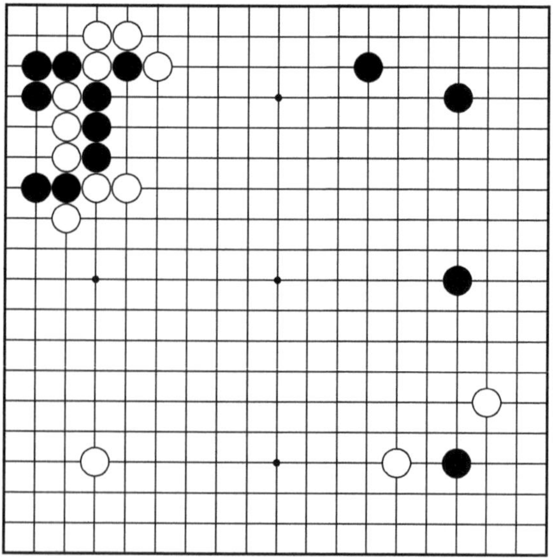

Ohira Shuzo 9p (W) vs. Takemiya Masaki 7p (S), Honinbo Liga, 1973

# Leben und Tod

Bei Leben und Tod handelt es sich um das grundlegendste und wichtigste Element, das für strategische Überlegungen berücksichtigt werden muss und somit entscheidend für den Verlauf und den Ausgang einer Partie ist.

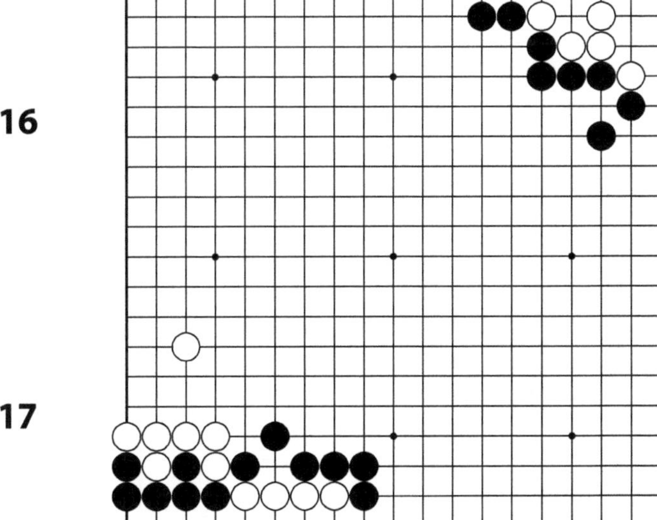

**16**

**17**

18

19

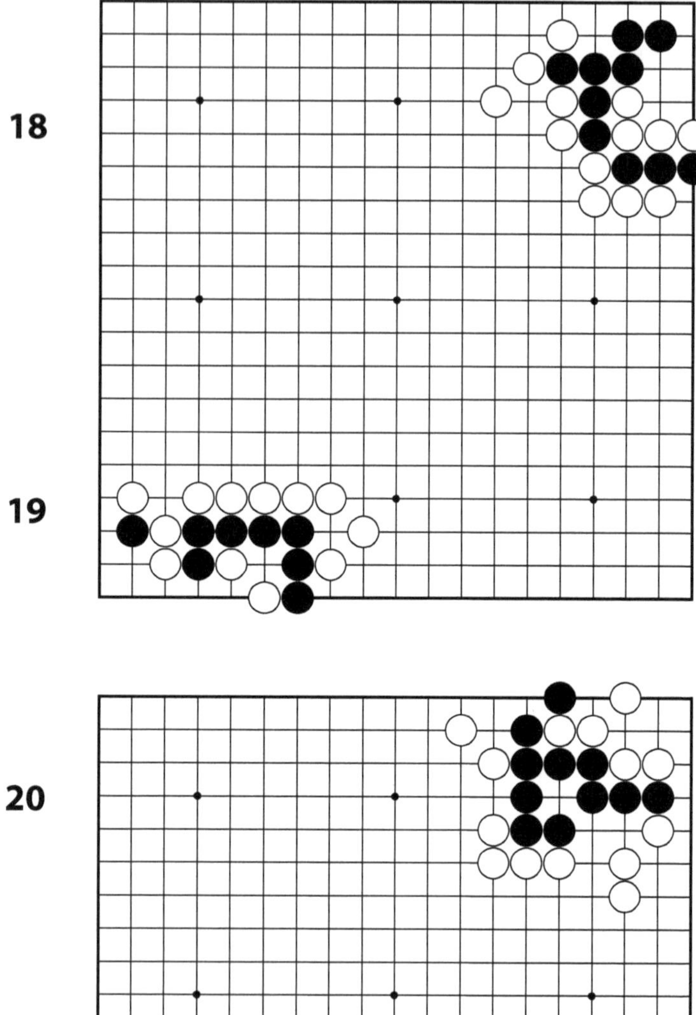

20

21

**22**

**23**

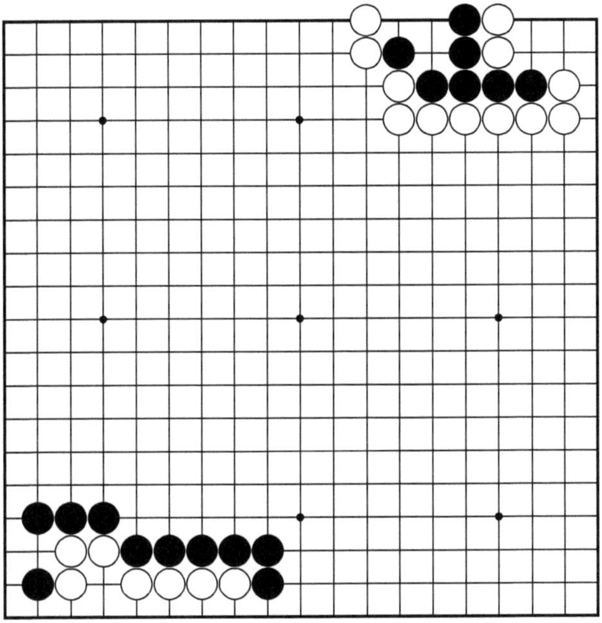

**24**

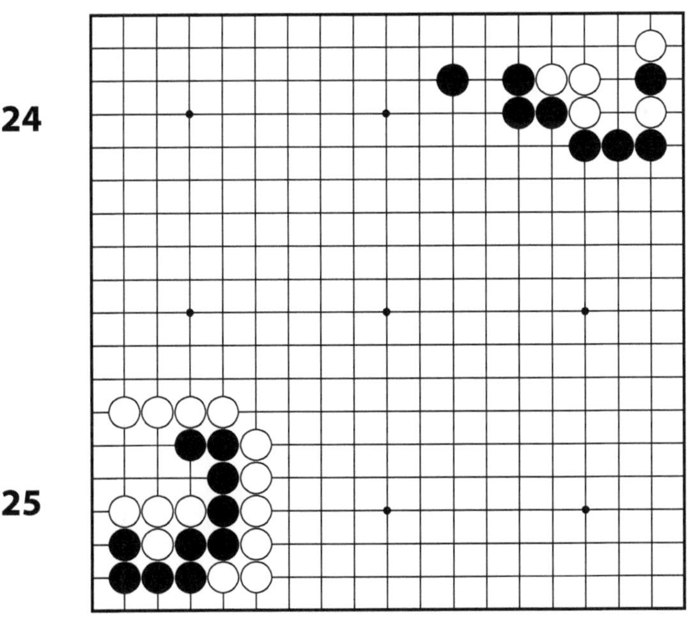

**25**

26

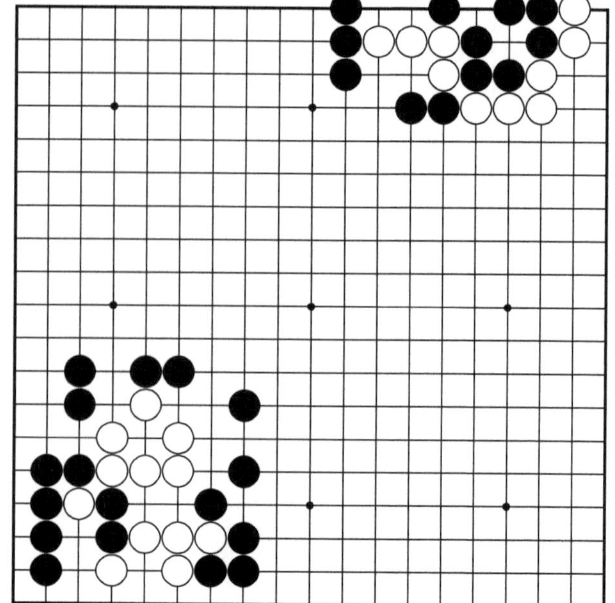

27

28

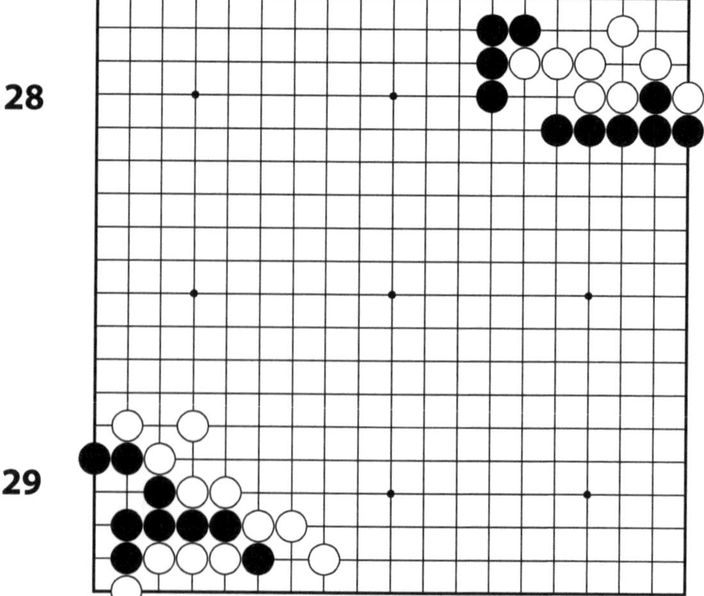

29

30

31

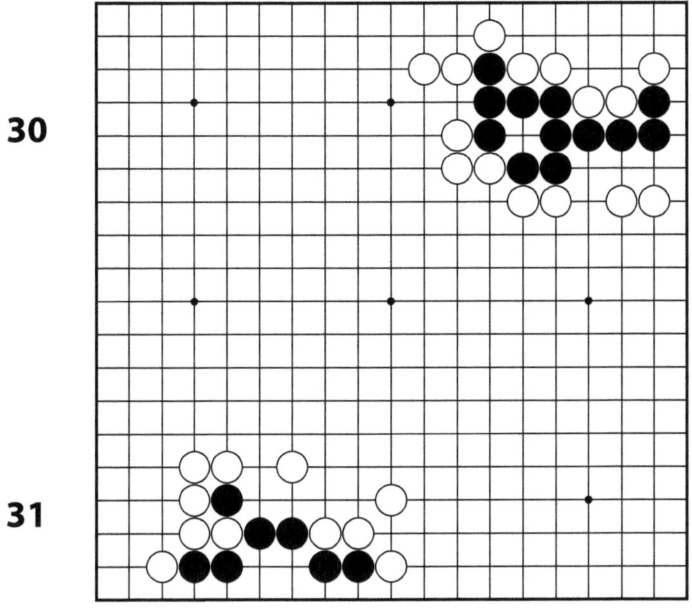

32

33

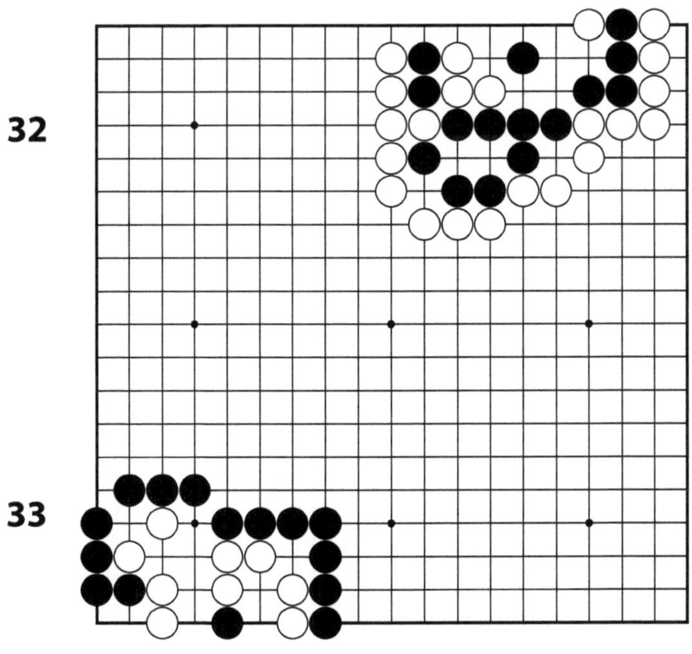

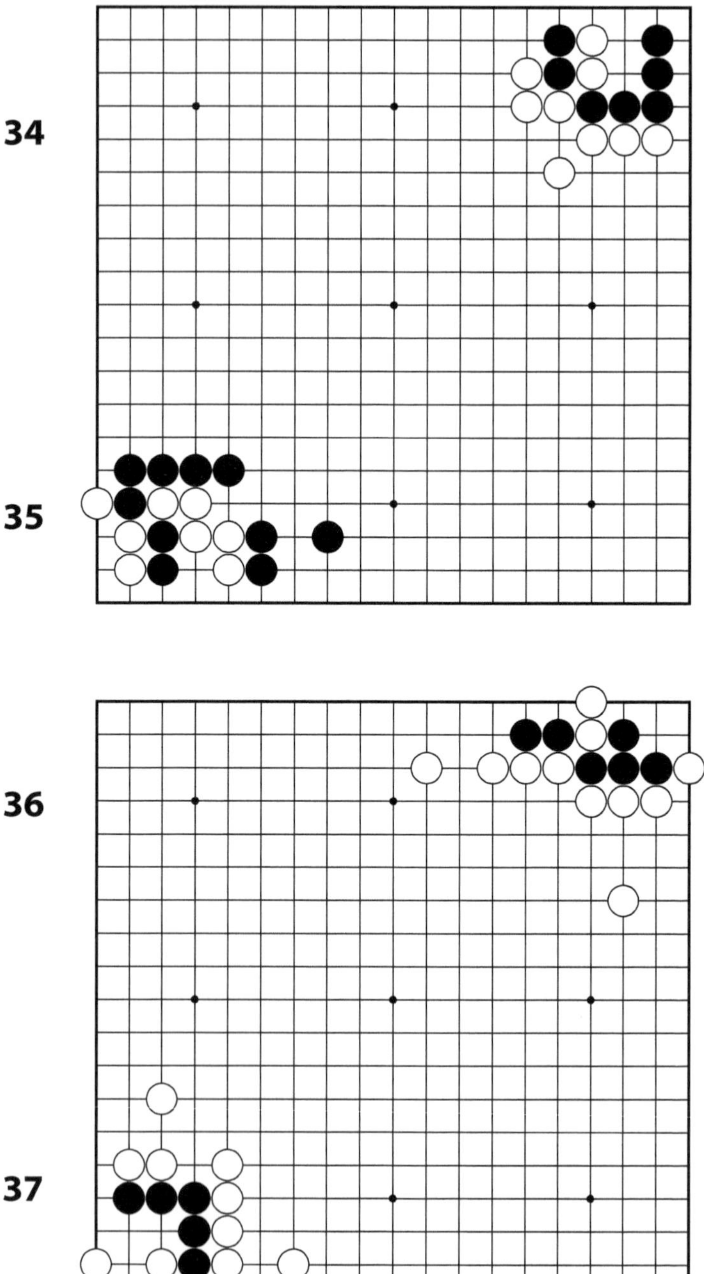
34
35
36
37

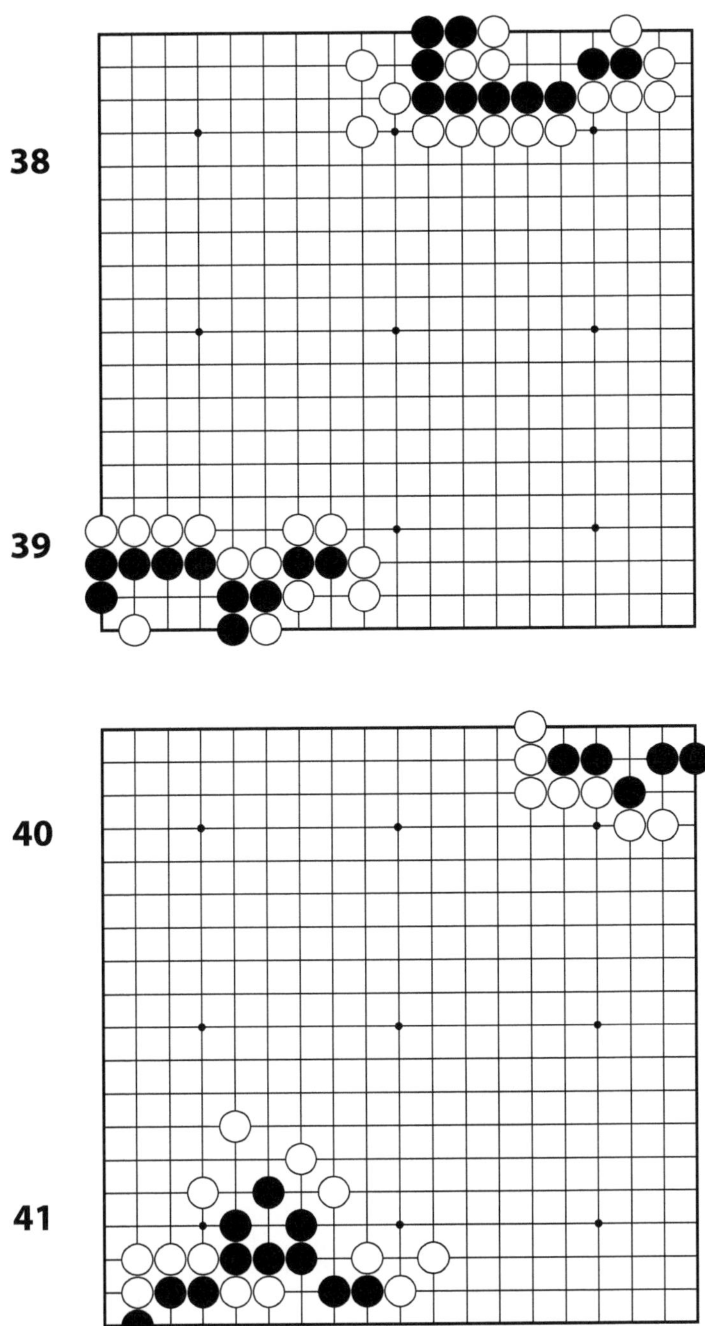

38
39
40
41

42

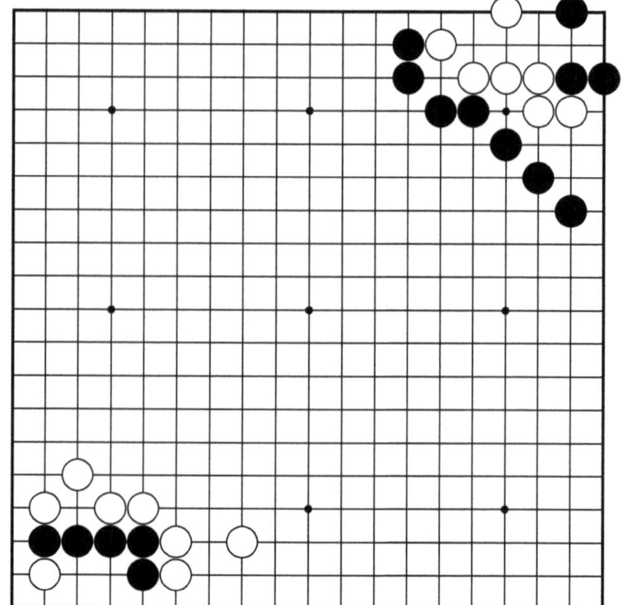

43

44

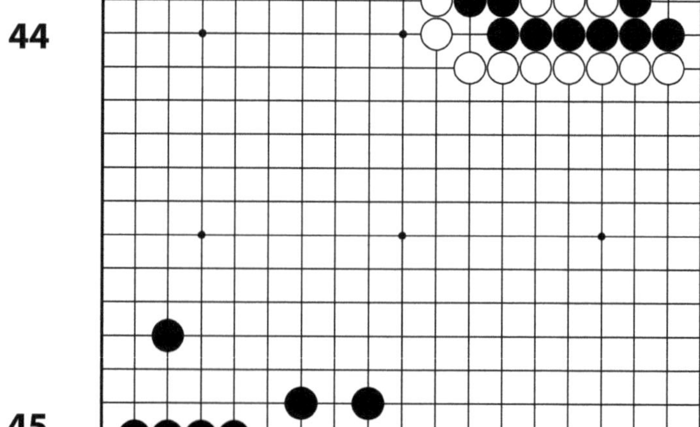

45

# Form

Eine schlechte Form kann eine gute Form sein, wenn sie die bessere Form ist. Auch Opfertechniken helfen, gute Form zu machen.

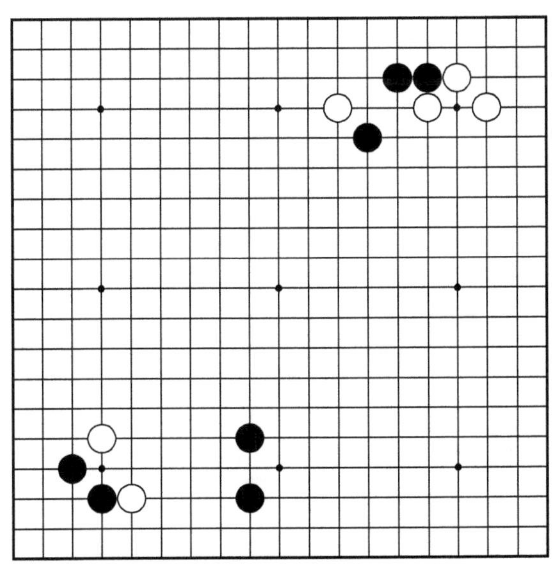

**46**

**47**

48

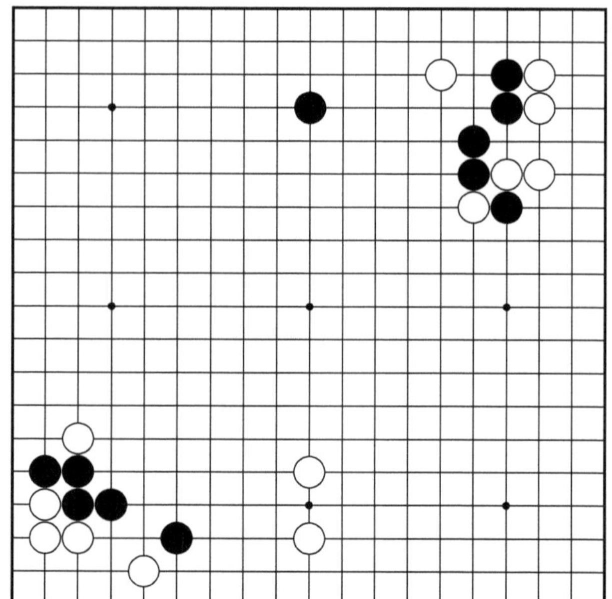

49

50

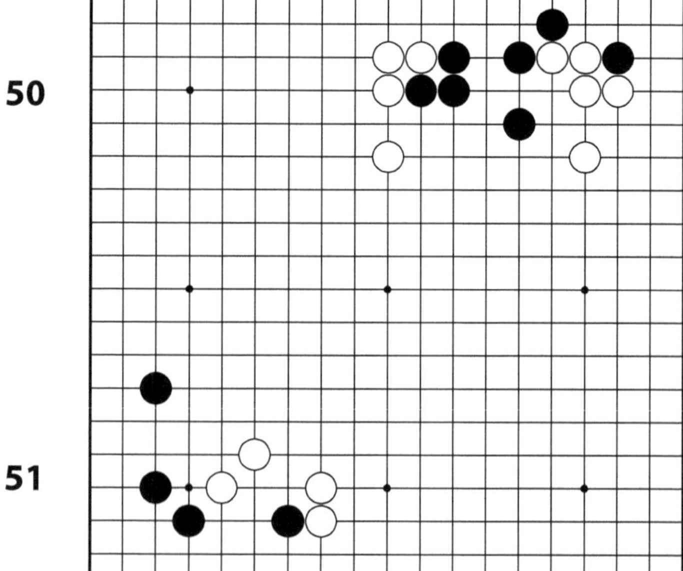

51

**52**

**53**

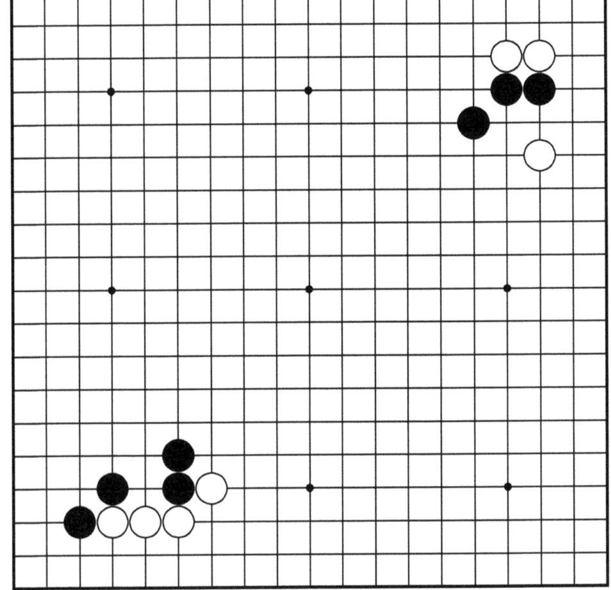

**54**

**55**

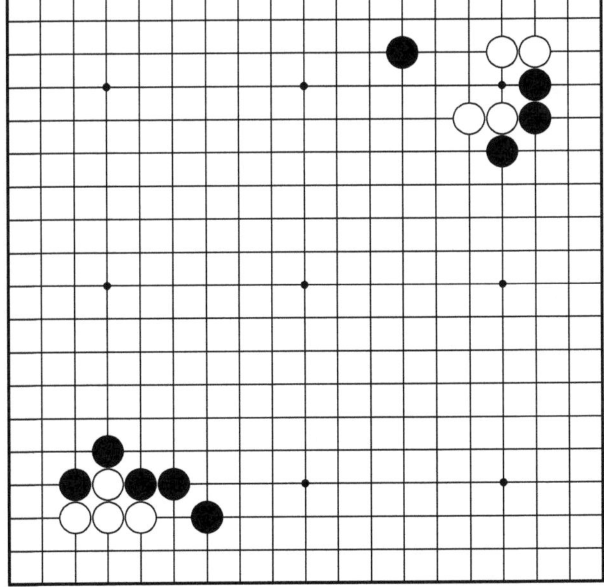

56

57

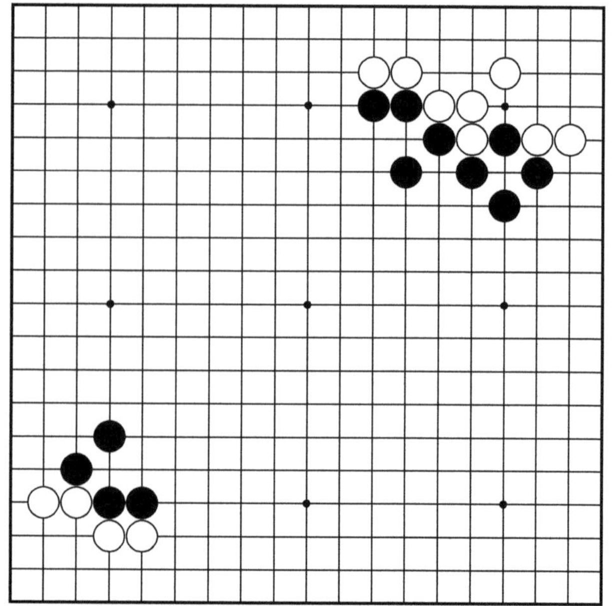

58

59

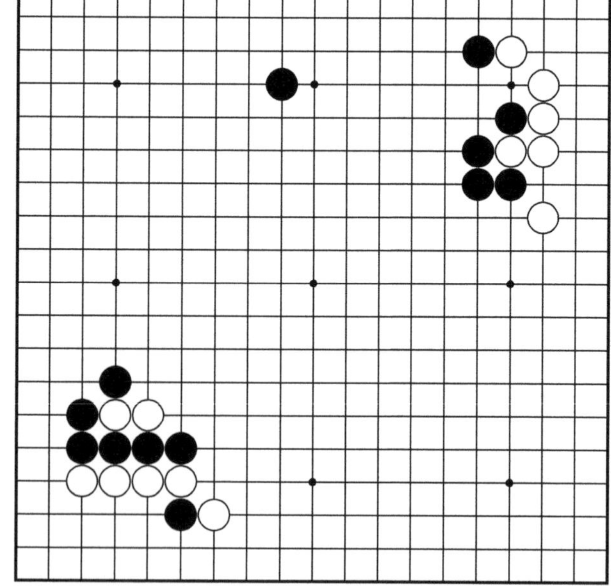

60

61

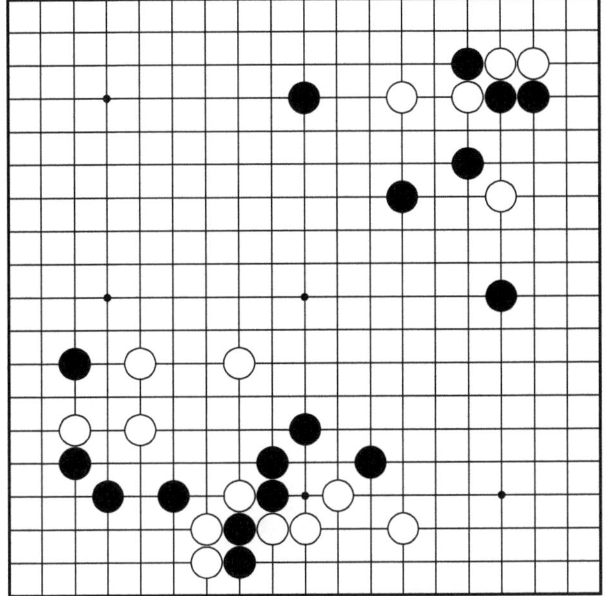

62

63

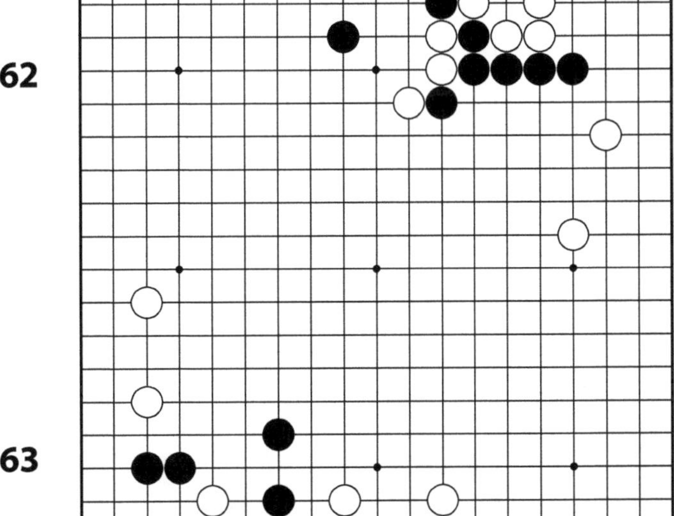

64

65

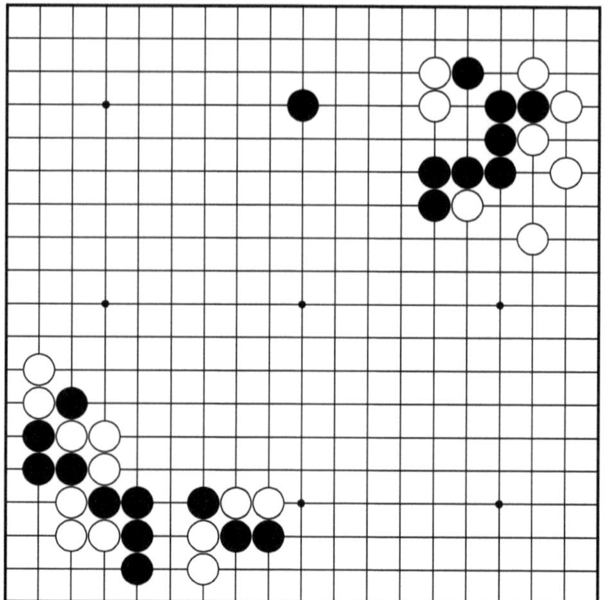

66

67

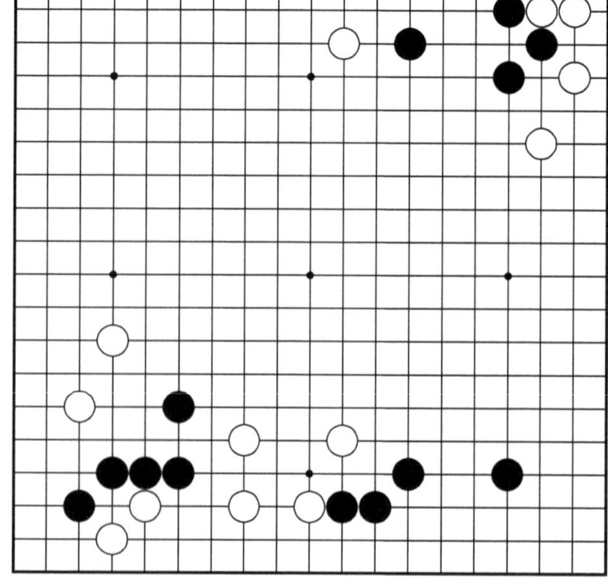

# Mittelspiel

Im Mittelspiel die richtige Fortsetzung zu finden, unterscheidet den starken vom fortgeschrittenen Spieler. Beachten Sie nicht nur Gebiete, sondern auch starke und schwache Gruppen.

**68**

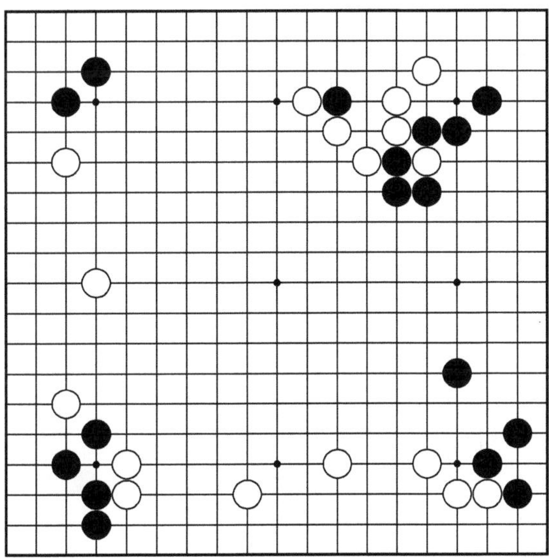

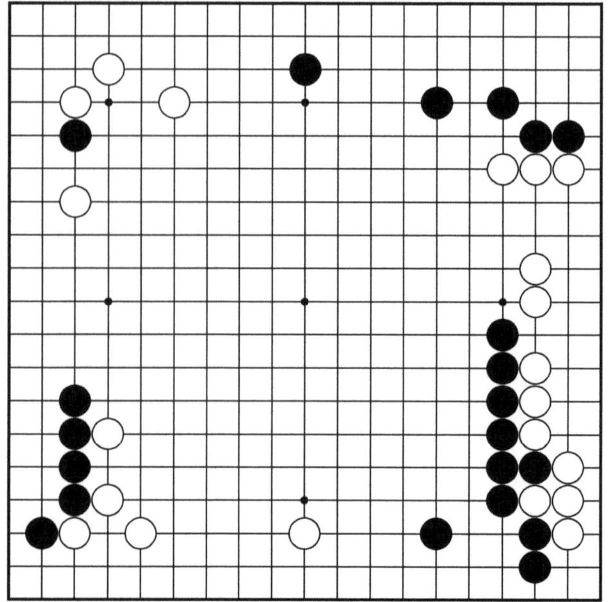

**70**

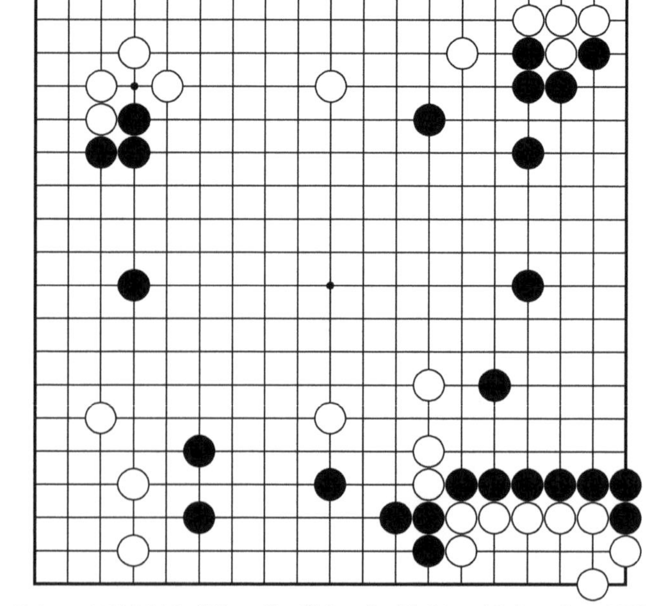

Kobayashi Koichi 9p (W) vs. Cho Chikun 9p (S), Prime Minister Cup, 1976

71

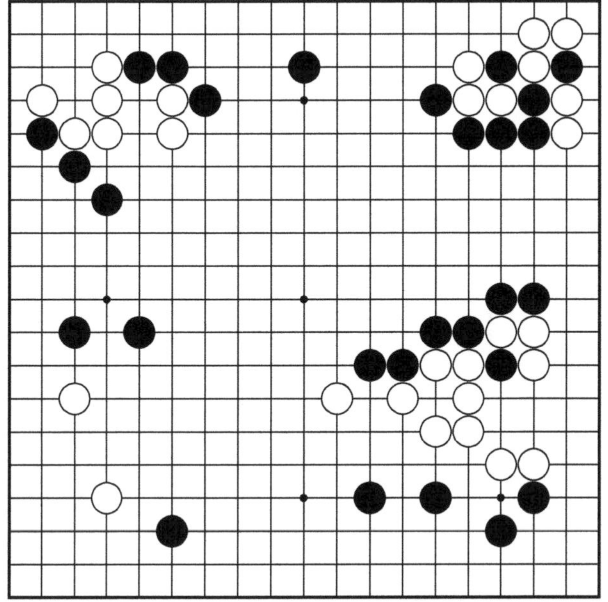

72

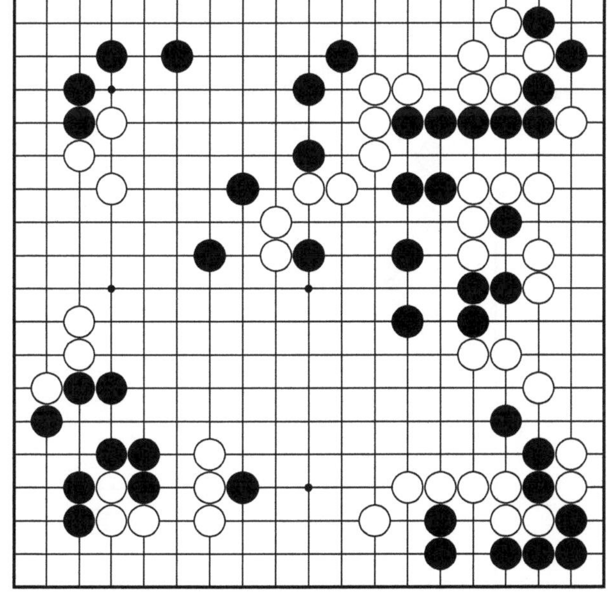

Kato Masao 9p (W) vs. Rin Kaiho 9p (S), Honinbo Liga, 1967

**73**

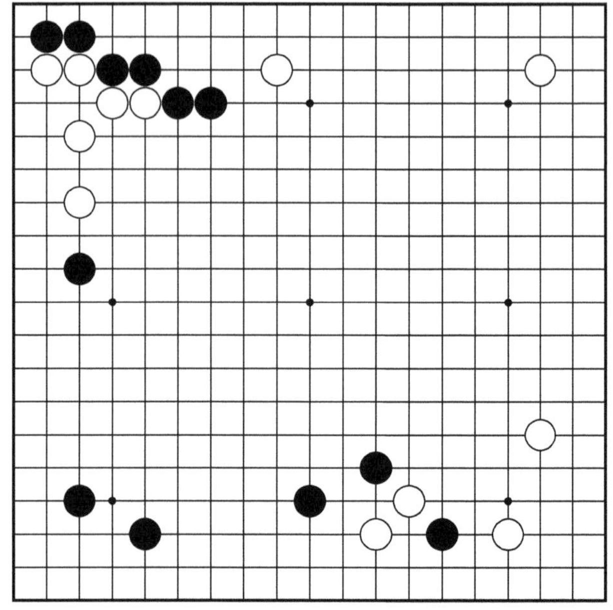

**74**

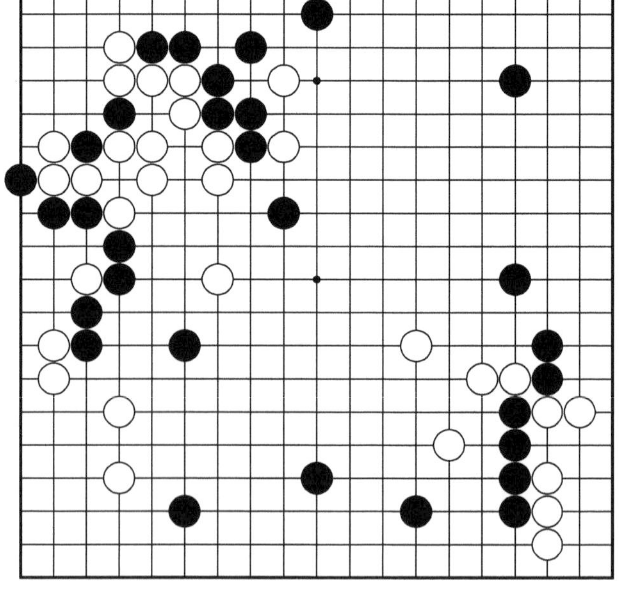

Ryo Shikun 9p (W) vs. Lee Changho 9p (S), KBS Special Match, 1995

75

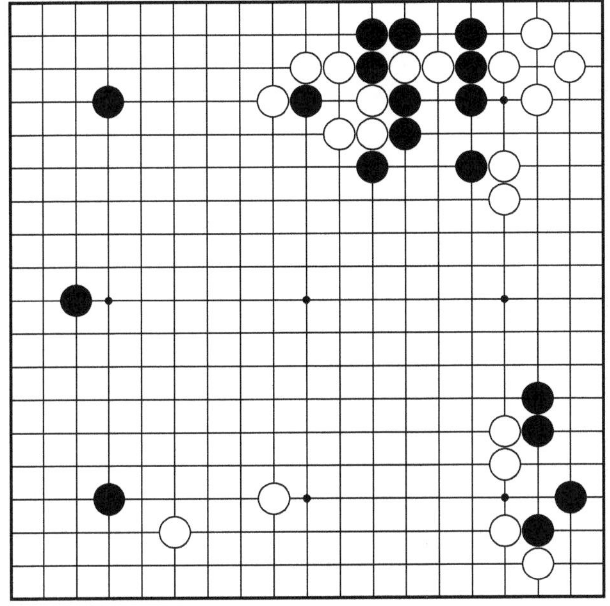

76

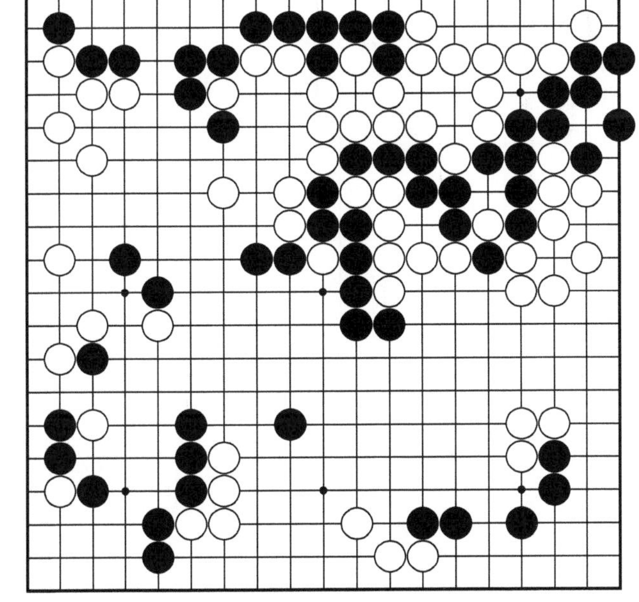

Cho Hunhyun 9p (W) vs. Lee Changho 9p (S), Kiseong, 2003

**77**

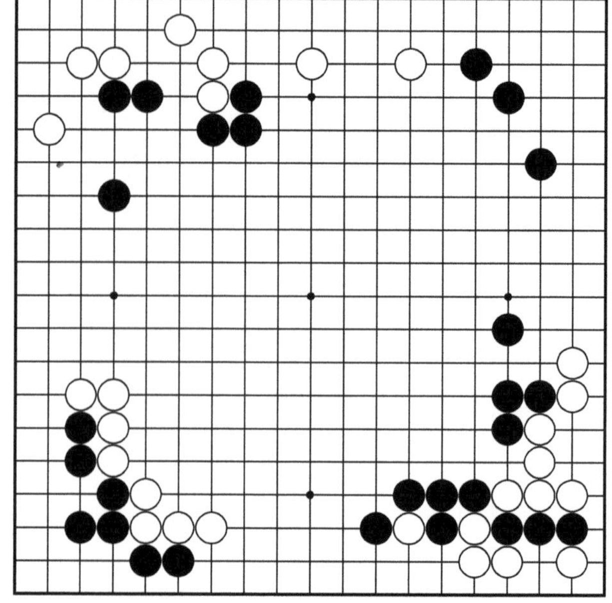

Ishida Yoshio 9p (W) vs. Rin Kaiho 9p (S), Judan, 1984

**78**

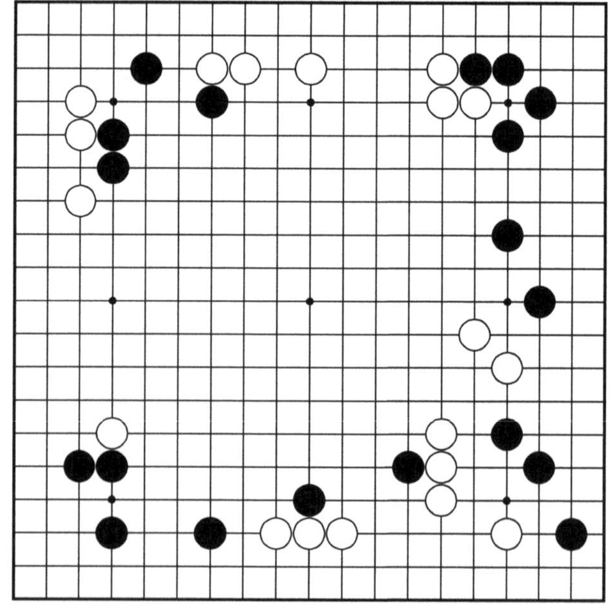

**79**

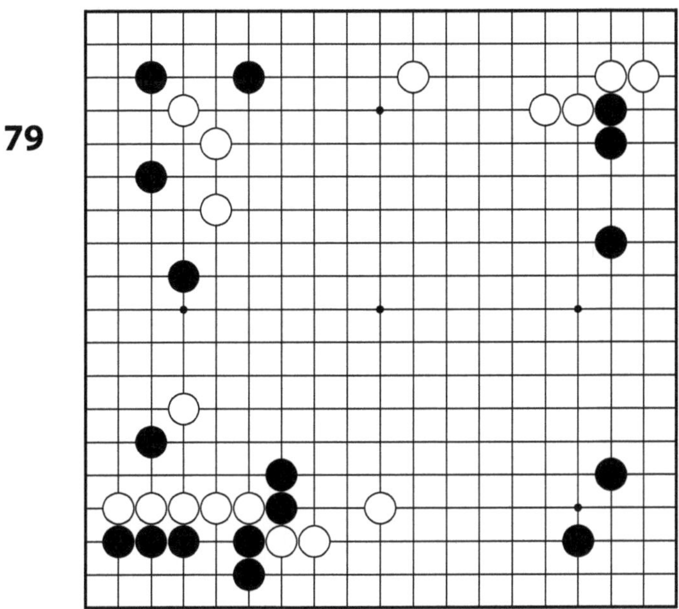

Kobayashi Satoru 9p (W) vs. Lee Changho 9p (S), Samsung Cup, 1997

**80**

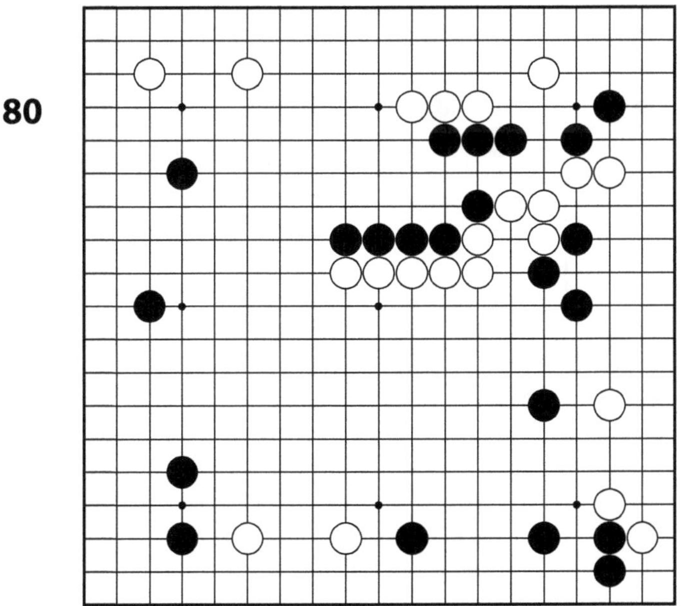

81

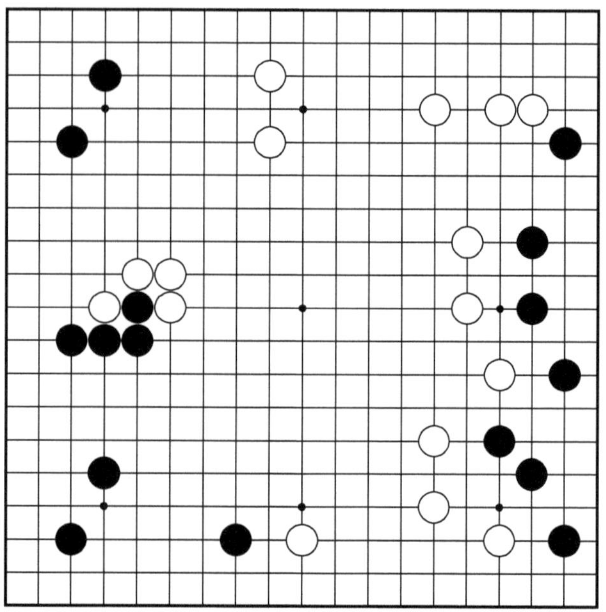

82

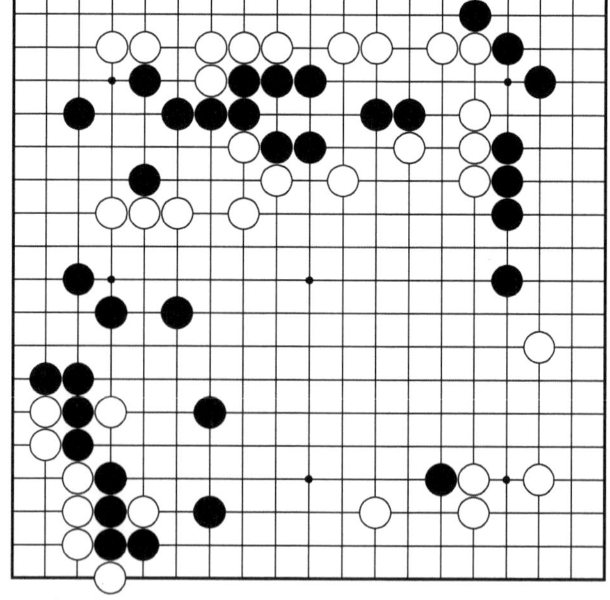

Hikosaka Naoto 9p (W) vs. Lee Changho 9p (S), Samsung Cup, 2001

# Lesen

In einer Go-Partie sind lange Zugfolgen wie Treppen nicht ungewöhnlich. Treppen verlaufen meist einmal quer übers Brett. Schwieriger ist es, wenn die Laufrichtung sich dreht und wendet. Diese Wettläufe gilt es bis zum sicheren Ende sauber auszulesen.

**83**

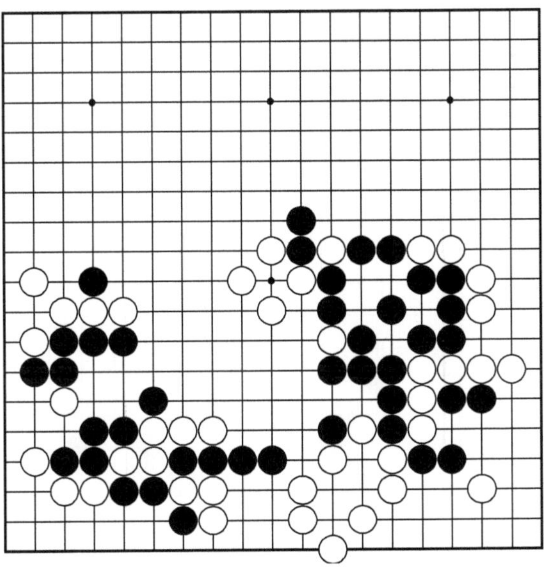

84

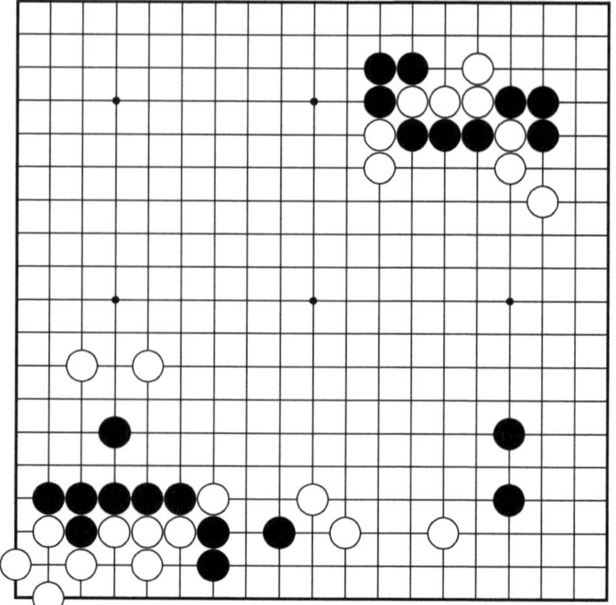

85

86

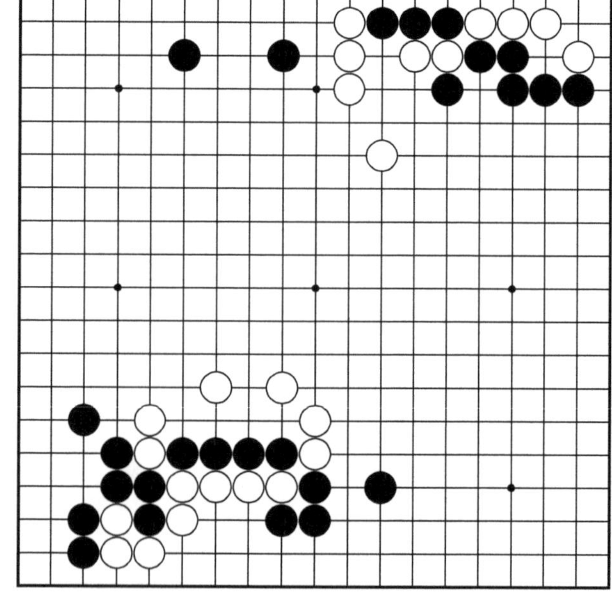

87

88

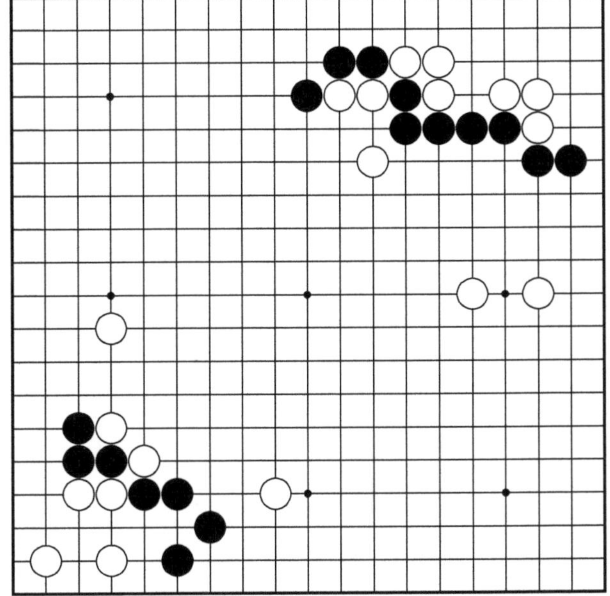

89

90

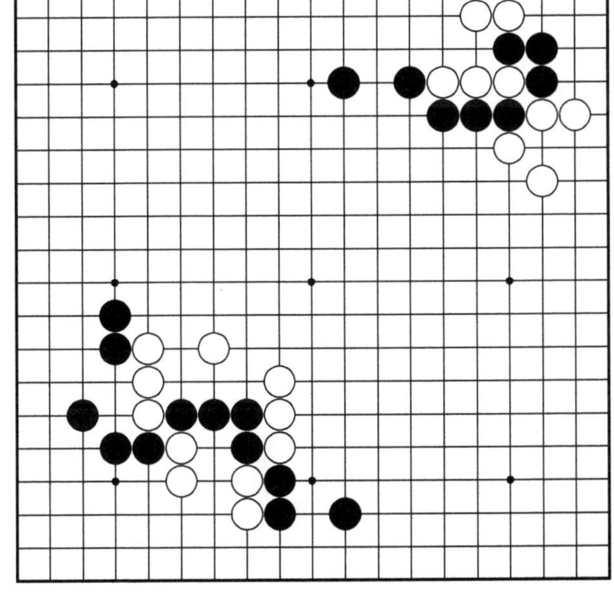

91

92

93

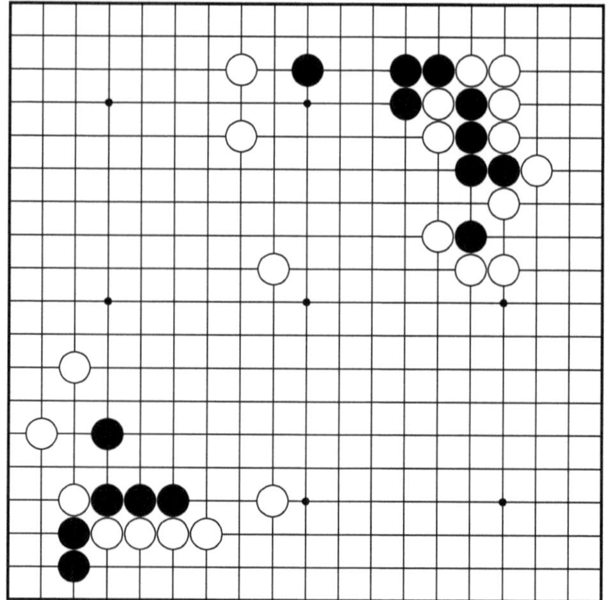

94

95

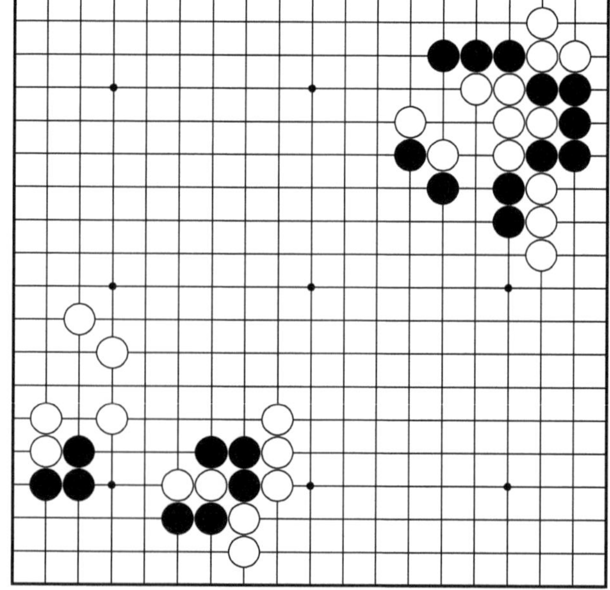

96

97

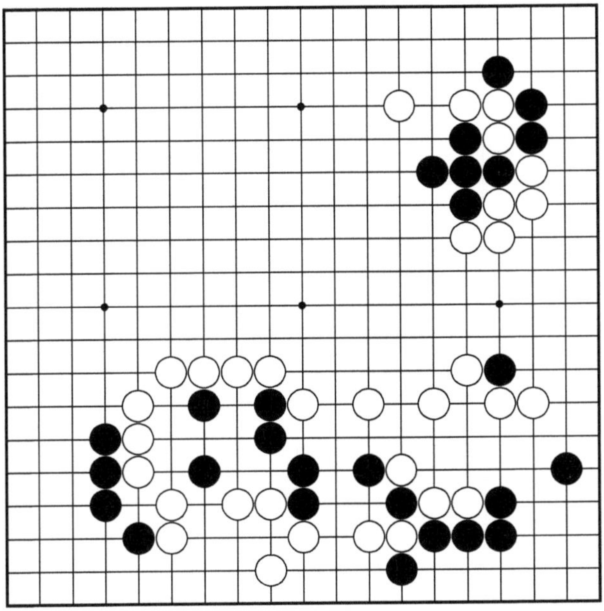

98

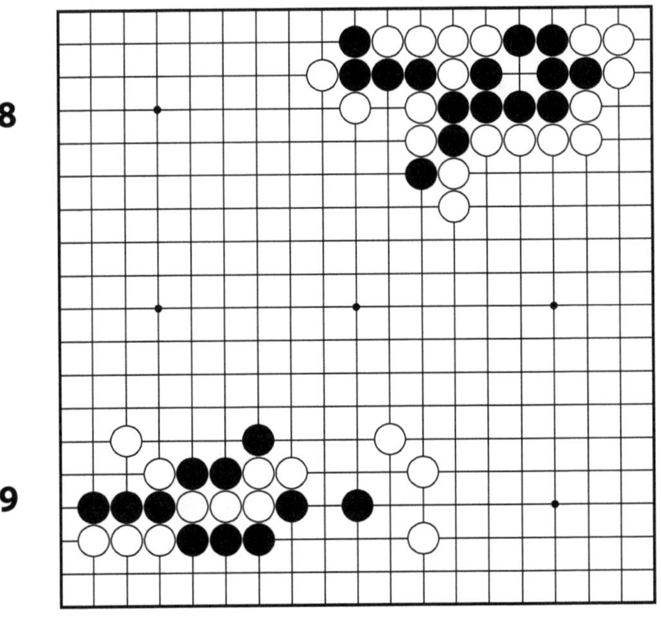

99

**100**

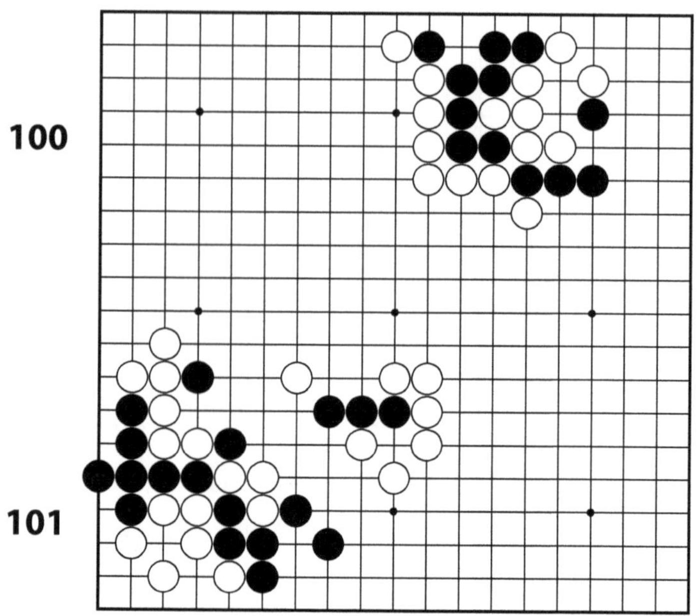

**101**

**102**

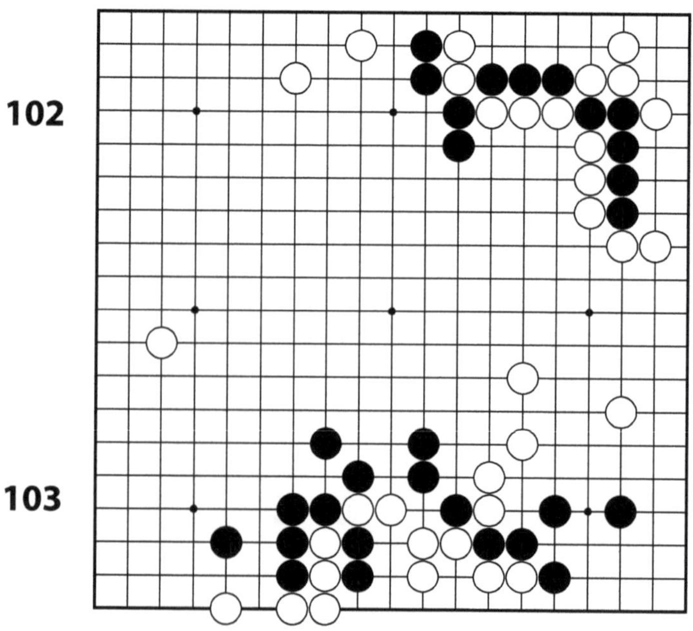

**103**

# Tesuji

Züge, die als Tesuji bezeichnet werden, zeichnen sich durch eine gewisse Raffinesse aus. Oft ist jedoch auch eine spezielle Zugfolge gemeint oder einfach nur ein nicht so offensichtlicher Zug.

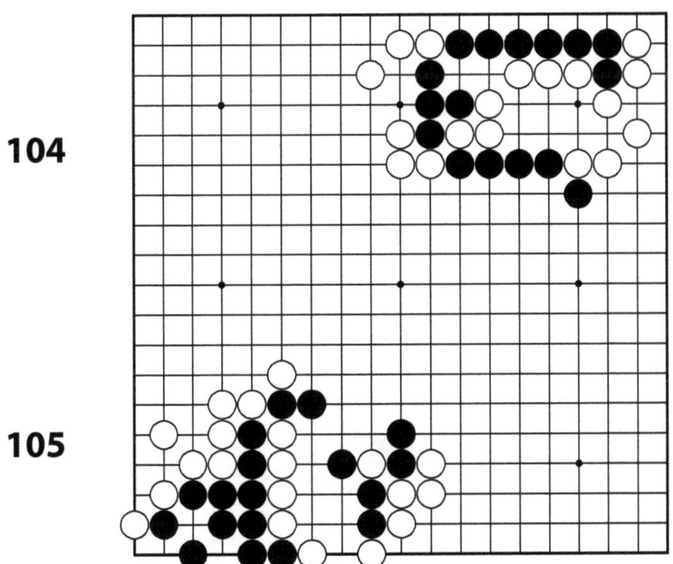

**104**

**105**

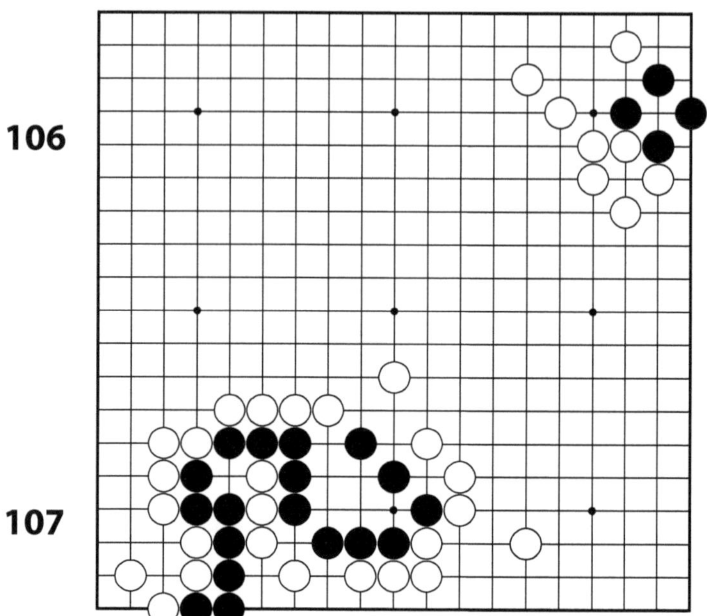
106
107

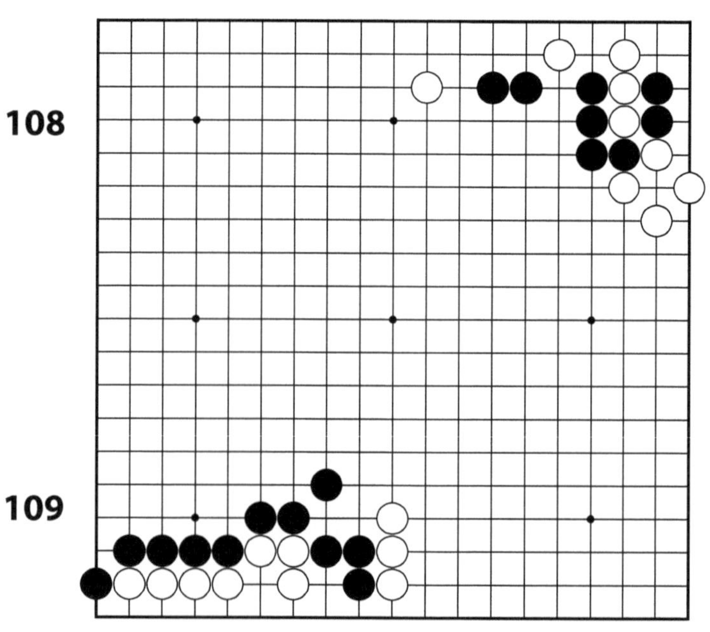
108
109

110

111

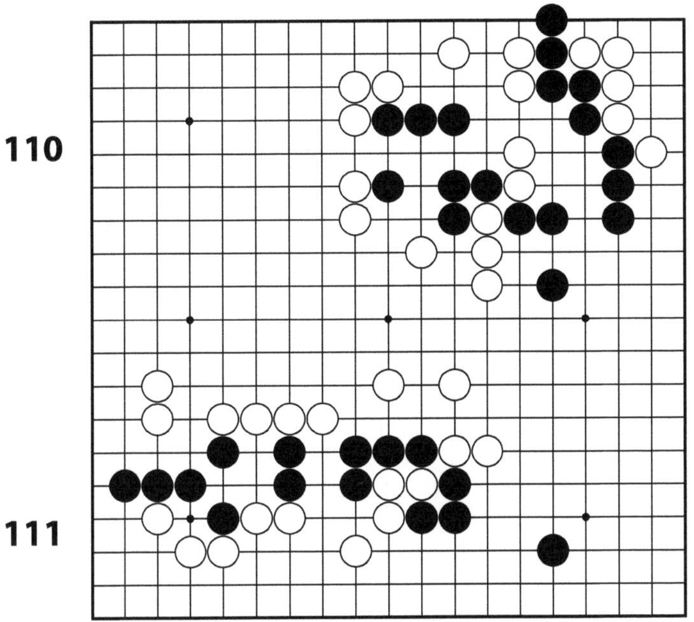

112

113

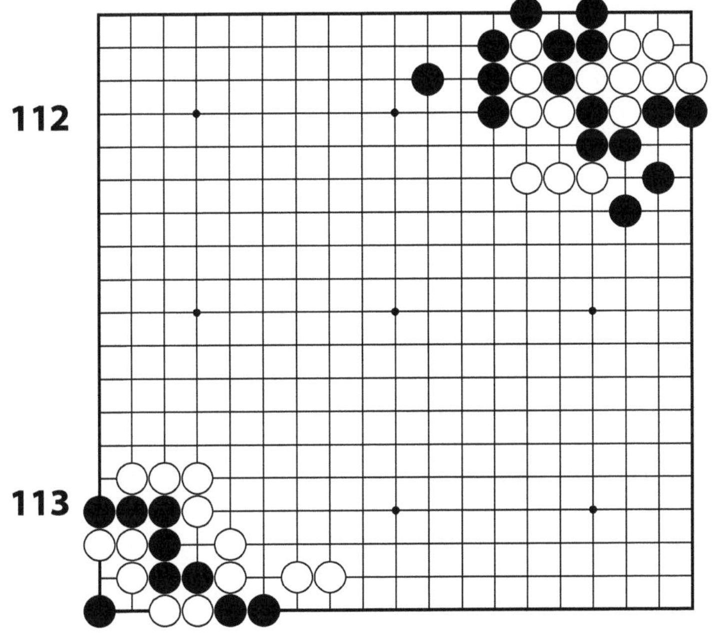

114

115

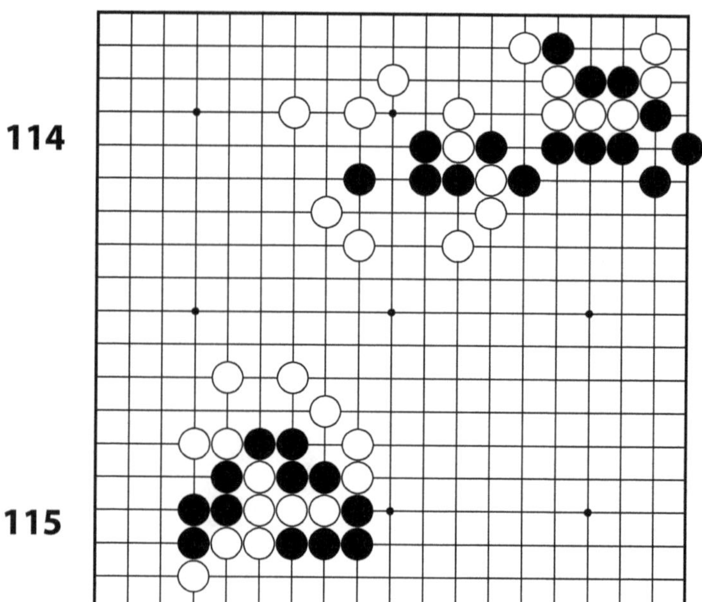

116

117

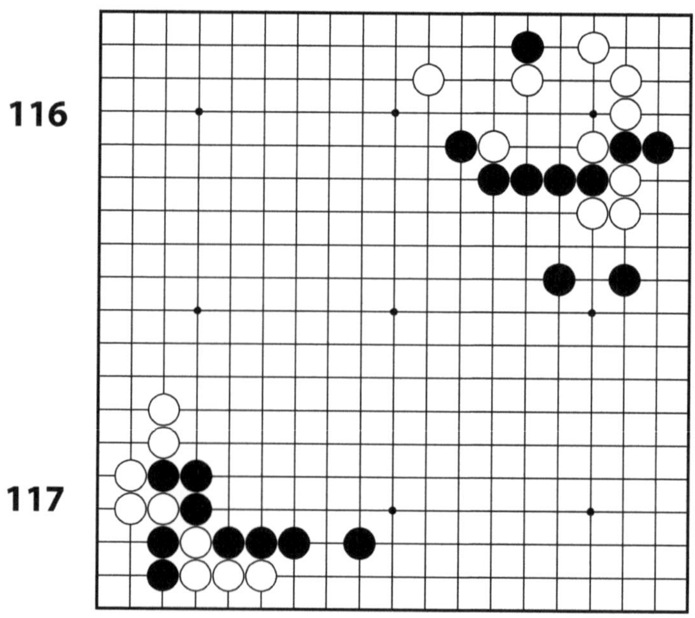

118

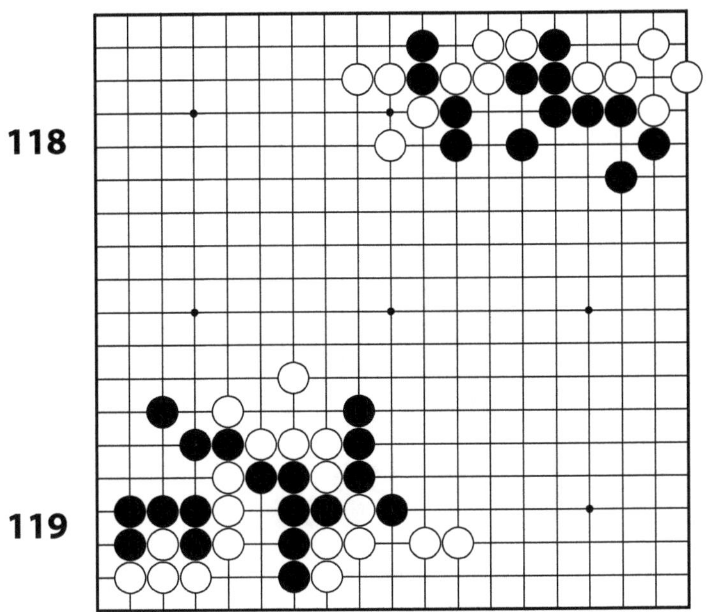

119

120

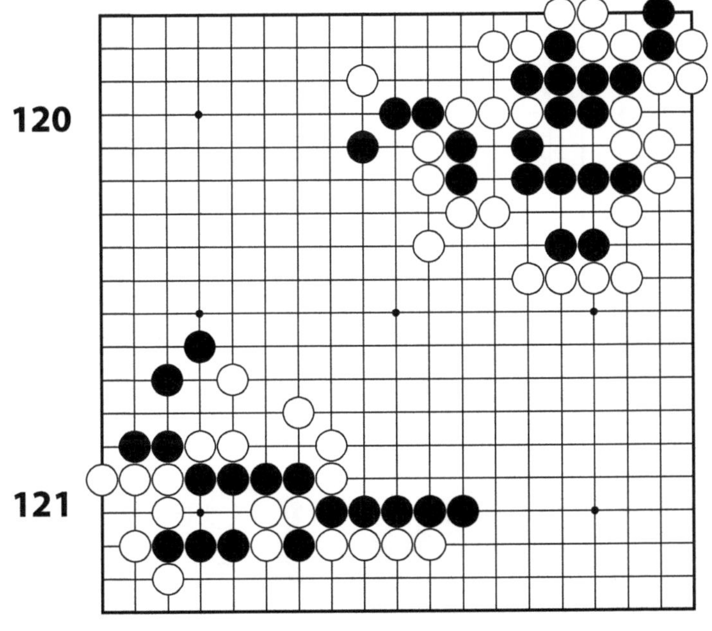

121

122

123

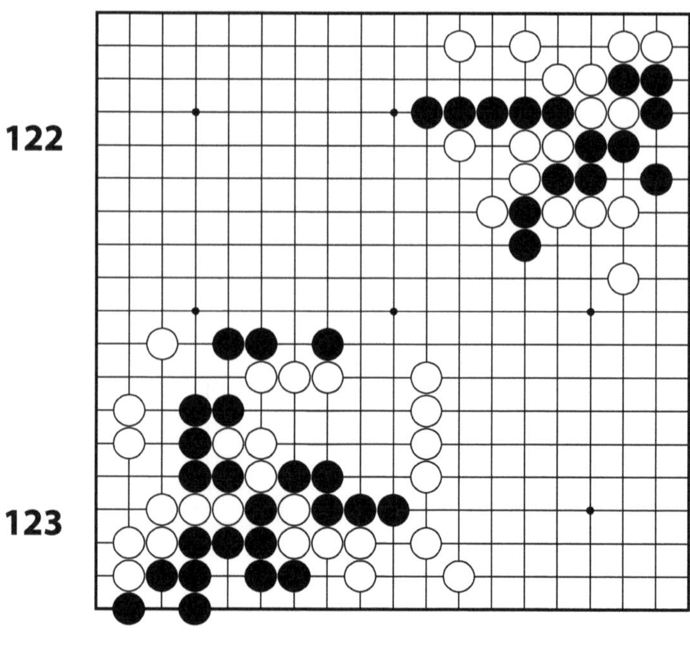

124

125

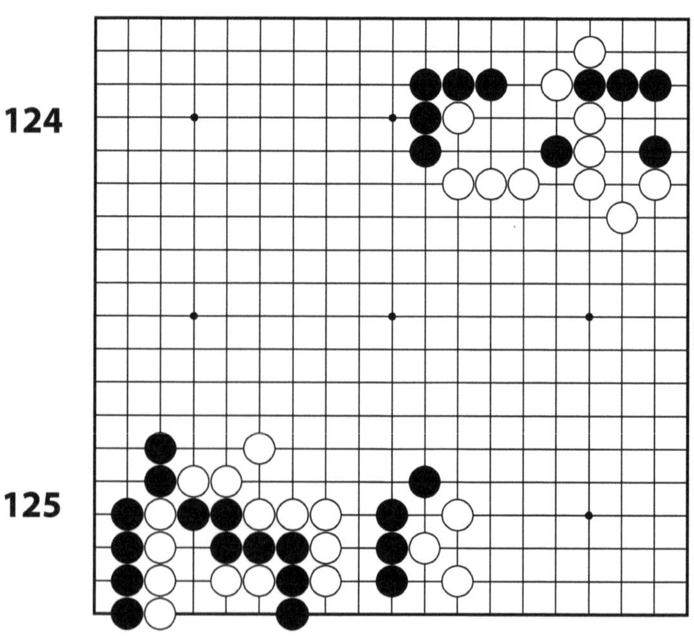

126

127

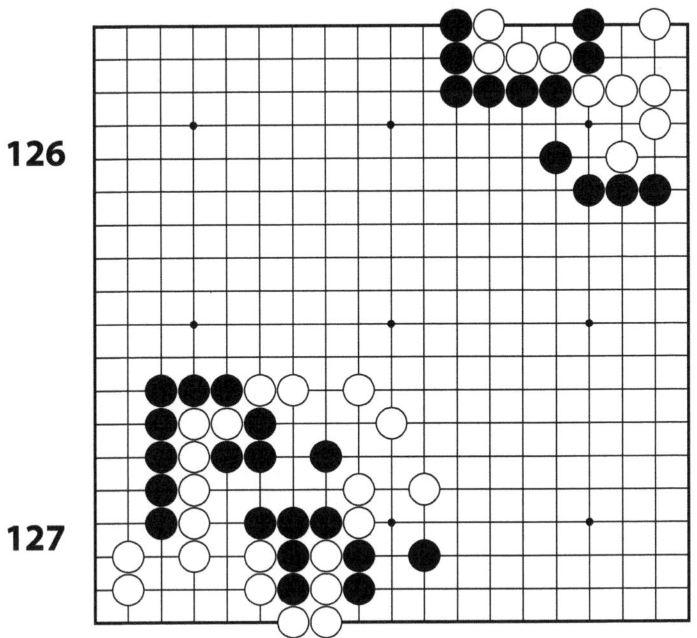

128

129

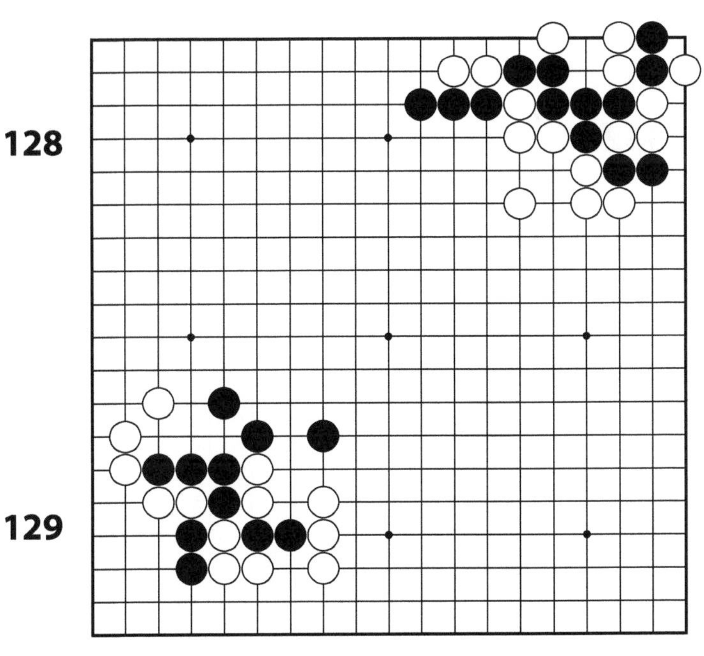

**130**

**131**

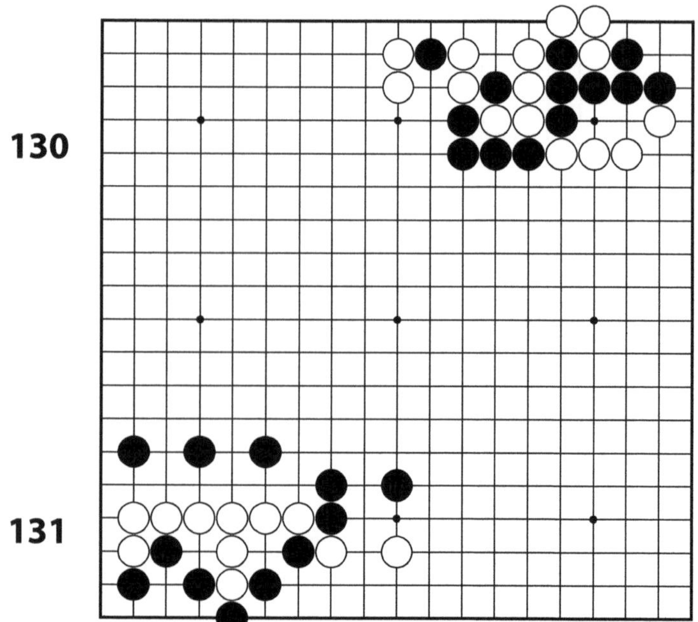

**132**

**133**

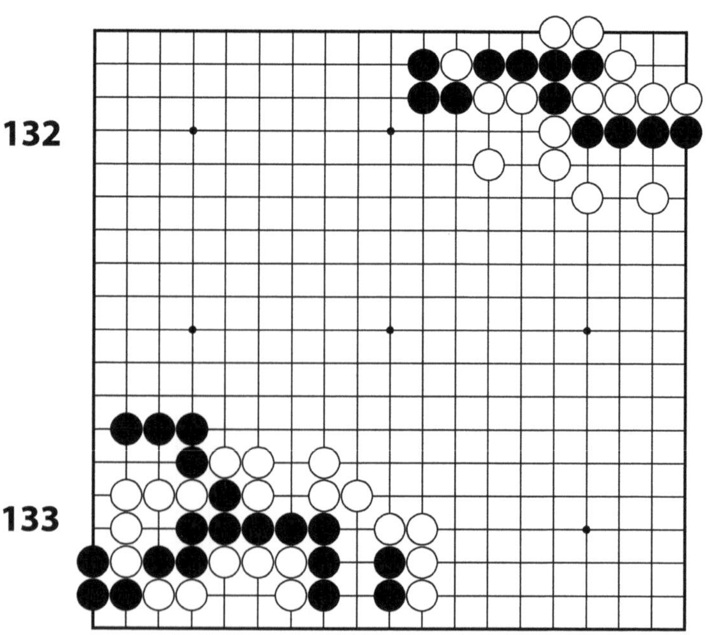

# 19 × 19

Übungen sind meist auf kleine, abgegrenzte Bereiche des Bretts beschränkt. Hier gilt es, in einer 19×19-Stellung zuerst das Problem zu erkennen und es dann zu lösen. Dabei kommen oft viele Aspekte wie Aji, Leben, Ko, Semeai und Tesuji zusammen. Es gibt keine Hilfestellung – wie in einer Partie.

**134**

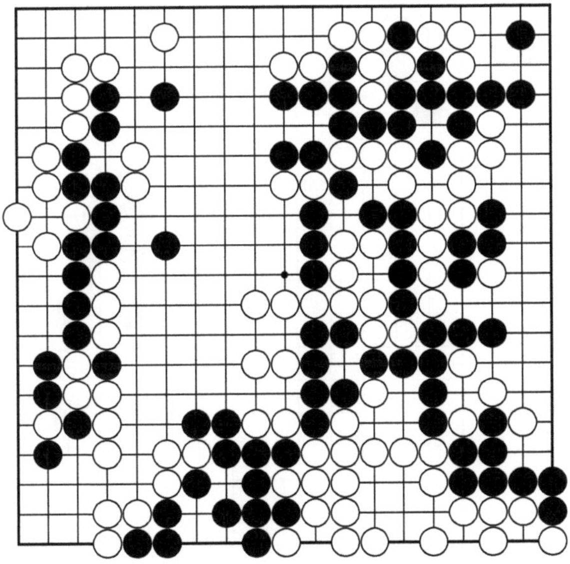

Tuo Jiaxi 9p (W) vs. Shin Jinseo 5p (S), LG Cup 2016

**135**

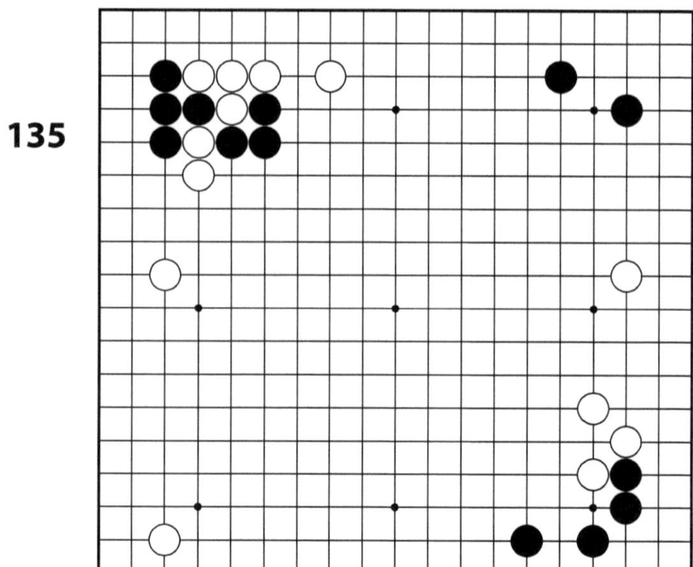

**136**

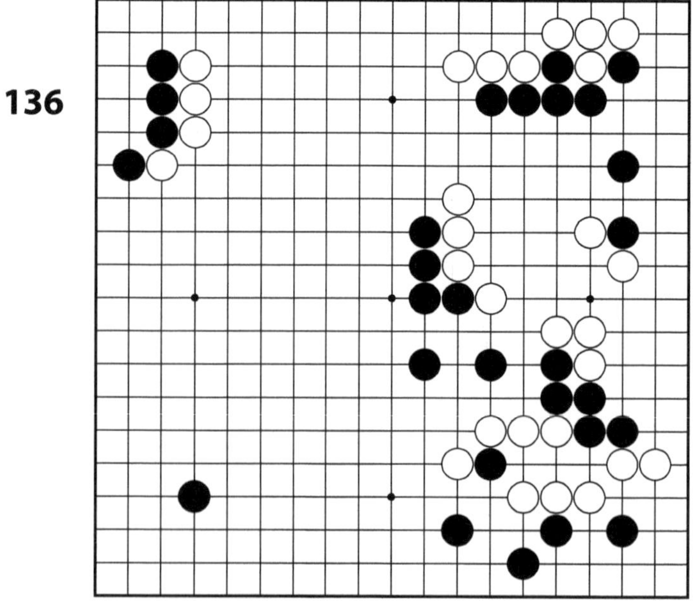

Kim Dayoung 3p (W) vs. Kim Yoonyoung 4p (S), Go Seigen Cup, 2019

137

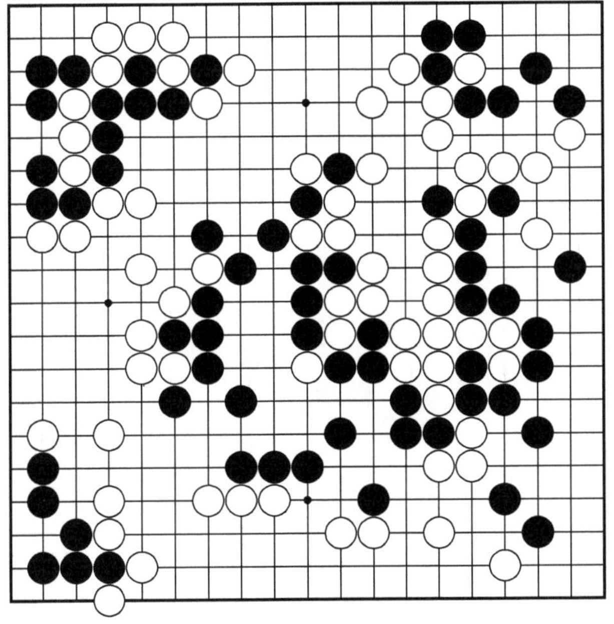

138

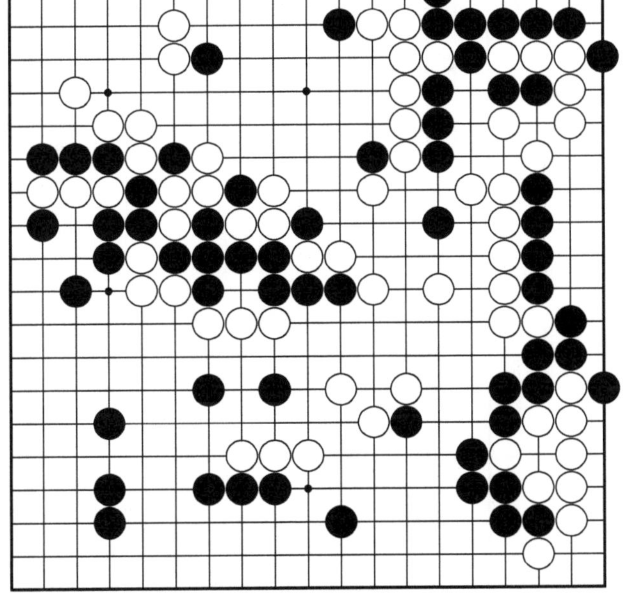

139

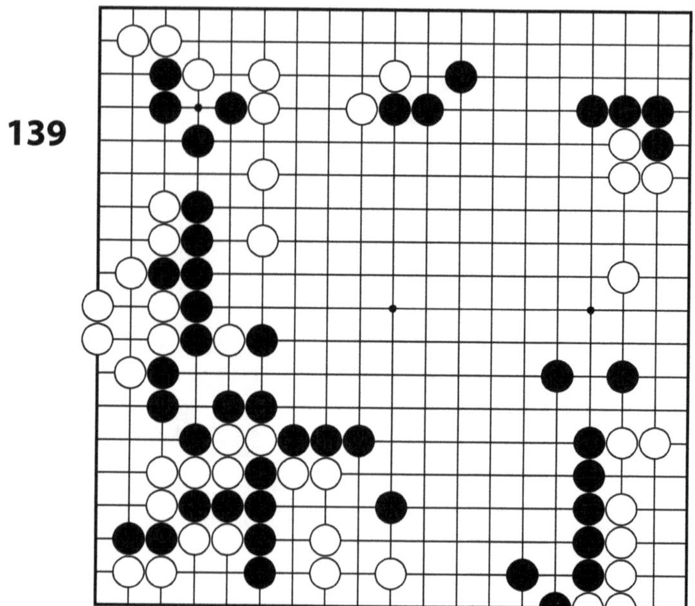

140

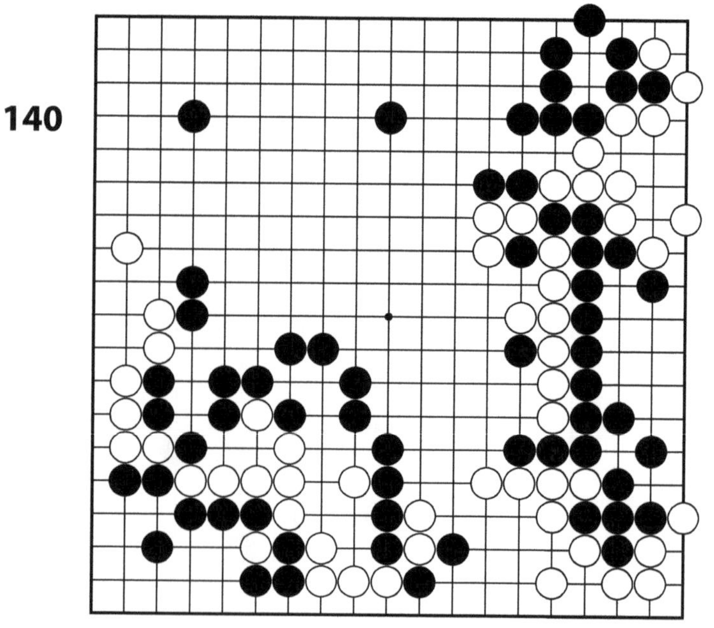

**141**

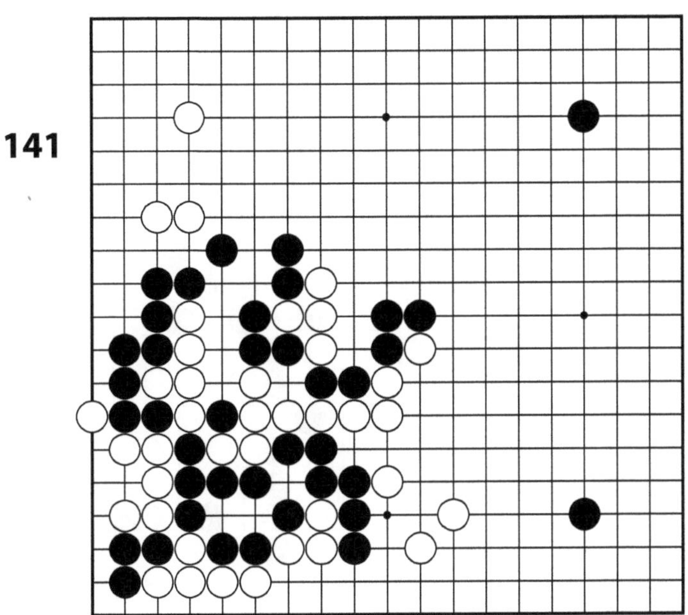

An Choyeong 7p (W) vs. Lee Changho 9p S), 36. Paewang, 2002

**142**

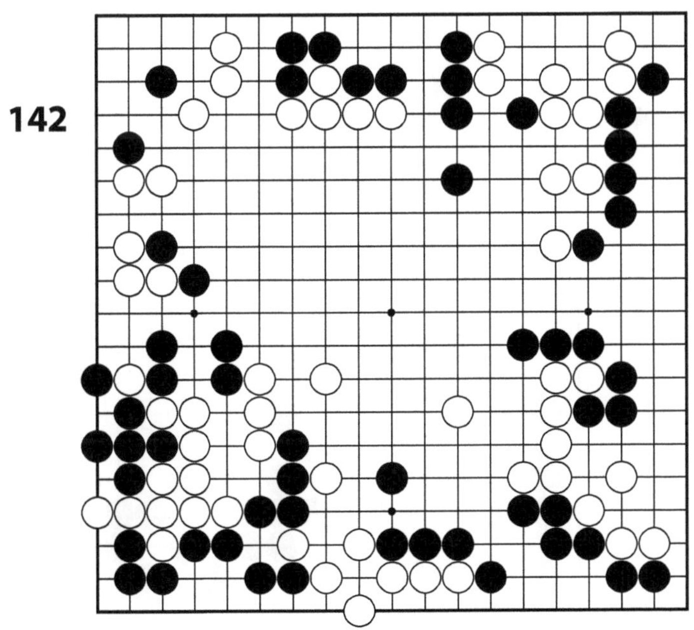

143

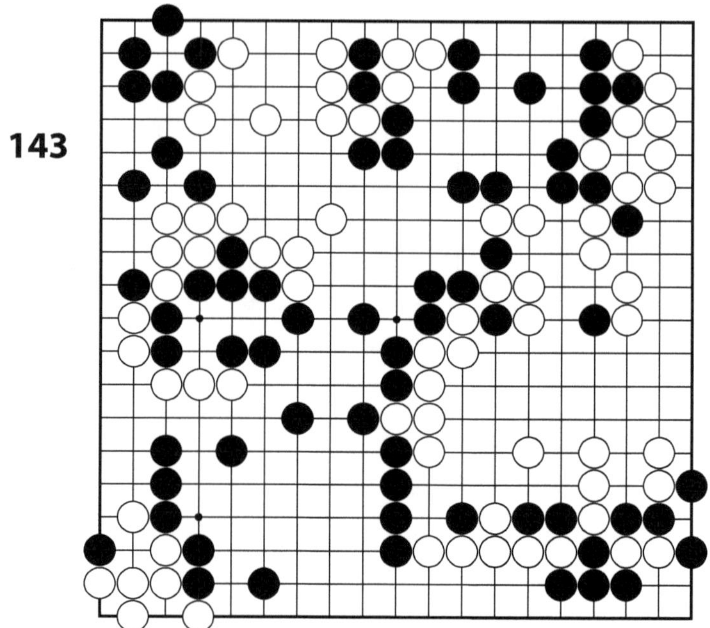

144

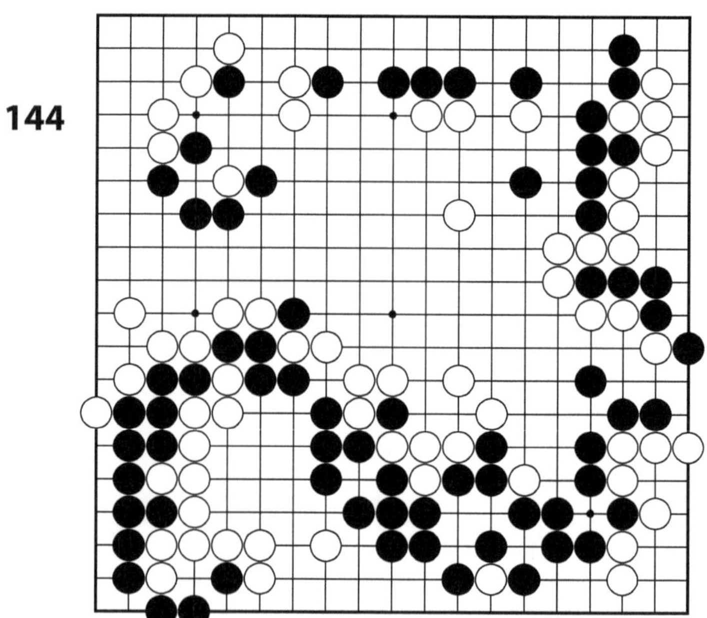

Lu Yiquan 2p (W) vs. Chang Rueijie 3p (S), Taiwan-Japan-Austausch, 2019

**145**

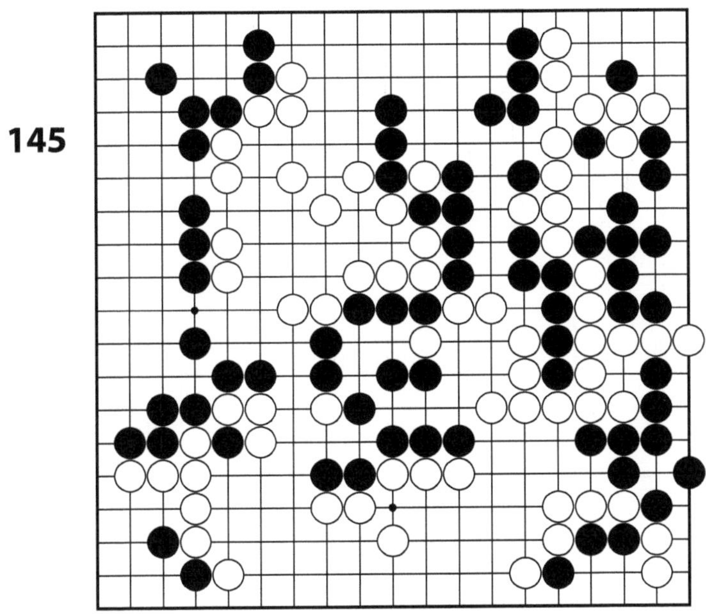

**146**

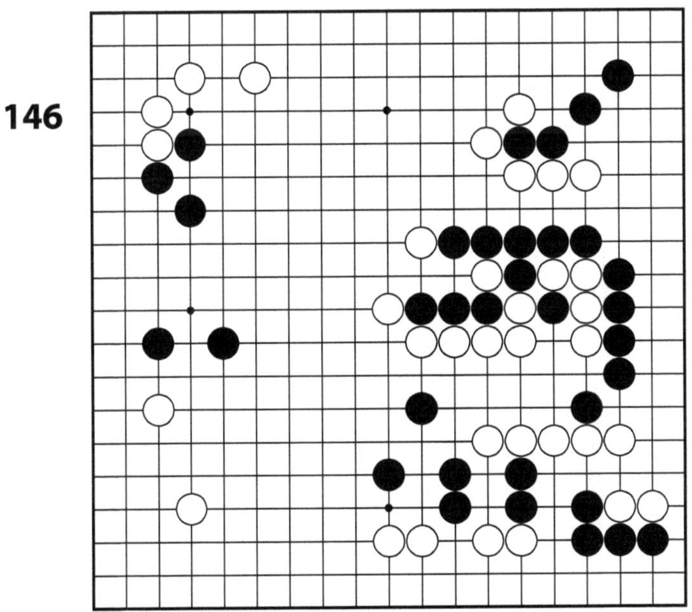

Ishida Akira 3p (W) vs. Otake Hideo 8p (S), Partie für Kido, 1969

**147**

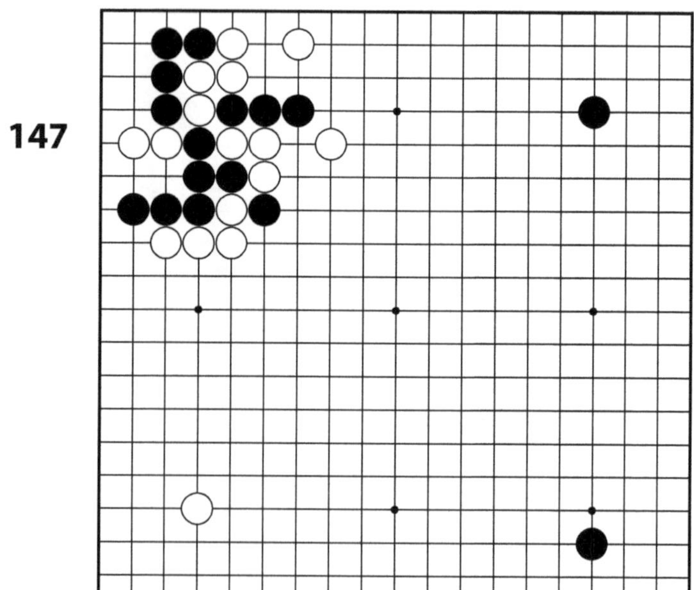

Seo Pong-su 9p (W) vs. An Yeong-kil 4p (S), Wangwi-Liga, 2001

**148**

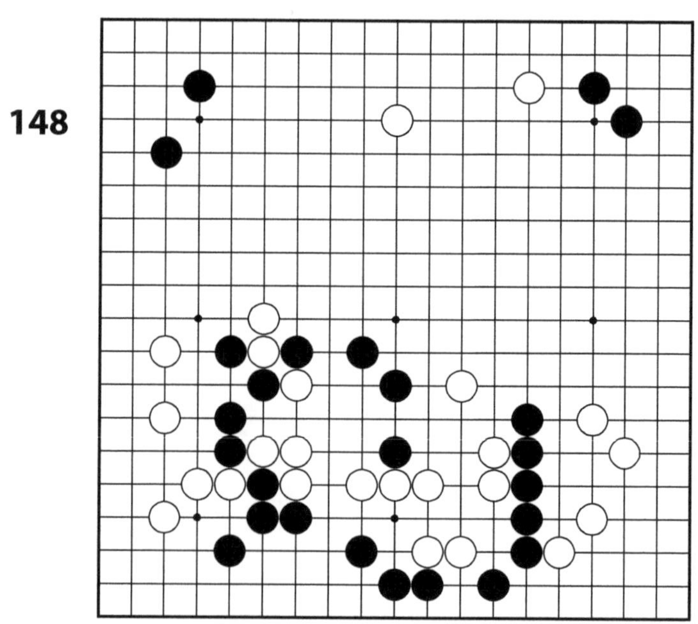

Hane Naoki 9p (W) vs. Choi Cheolhan 8p (S), Ing Cup 2004

149

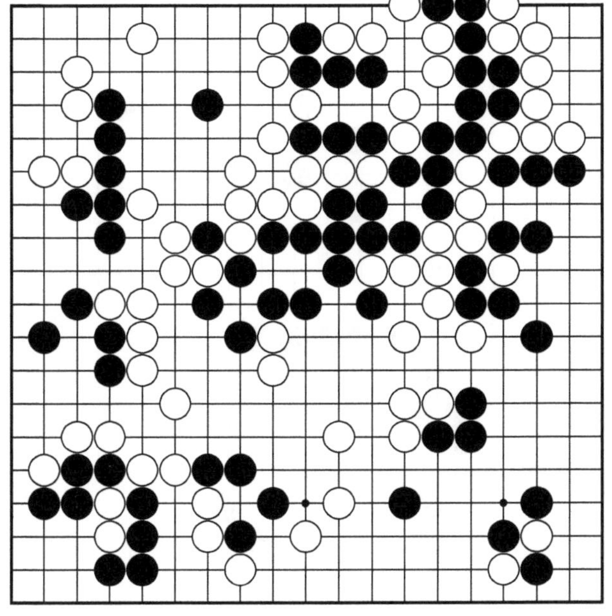

150

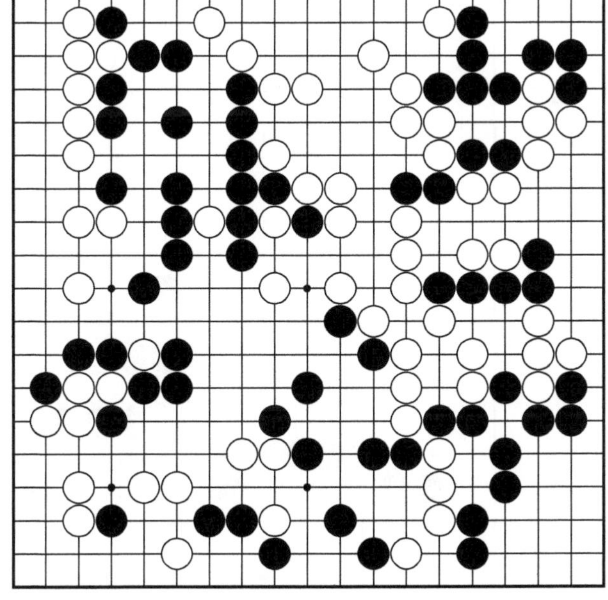

151

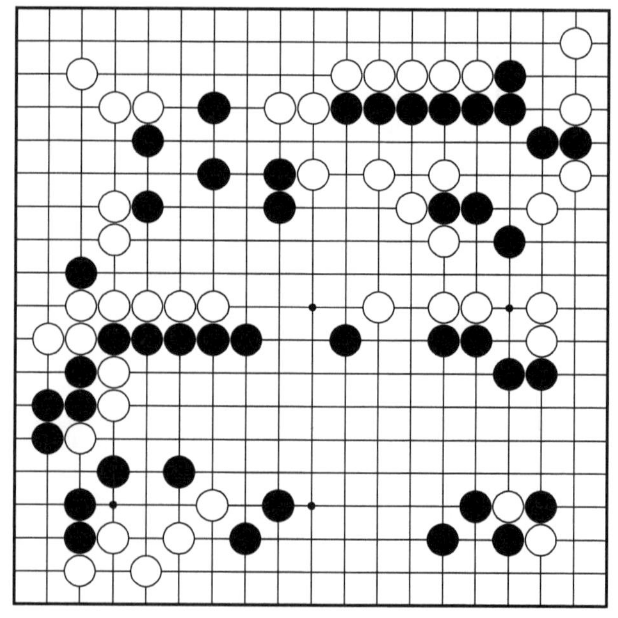

Chang Hao 9p (W) vs. Cho Hunhyun 9p (S), Samsung Cup, 2001

152

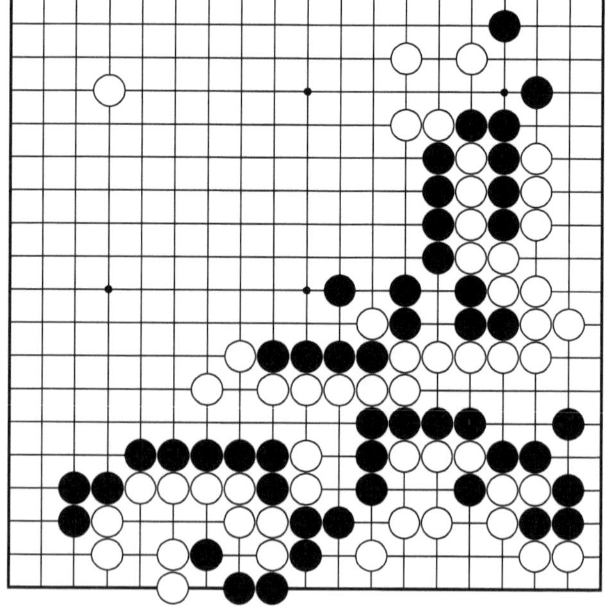

**153**

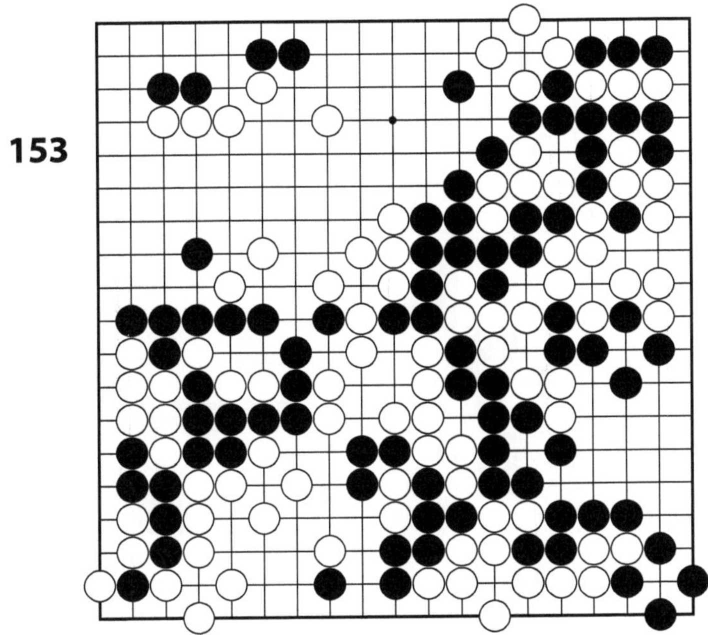

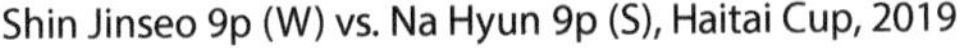
Shin Jinseo 9p (W) vs. Na Hyun 9p (S), Haitai Cup, 2019

**154**

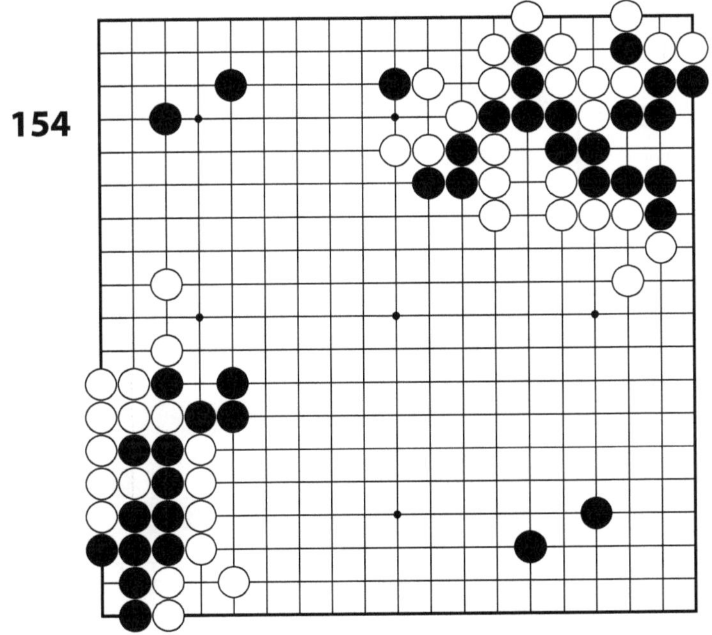

155

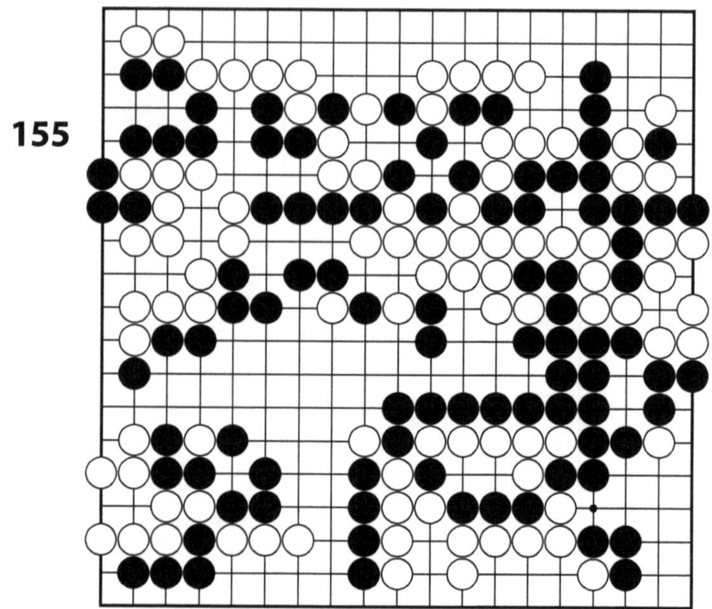

Fujisawa Hideyuki 8p (W) vs. Miyashita Shuyo 8p (S), Nihon Kiin, 1959

156

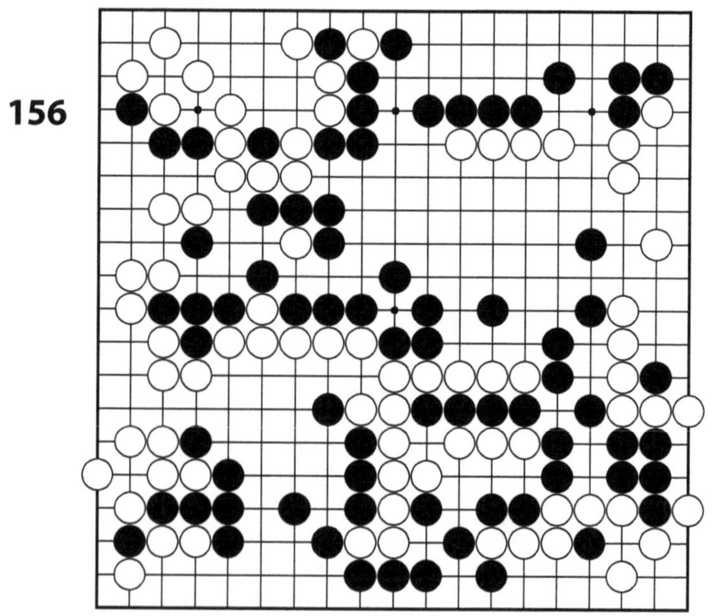

**157**

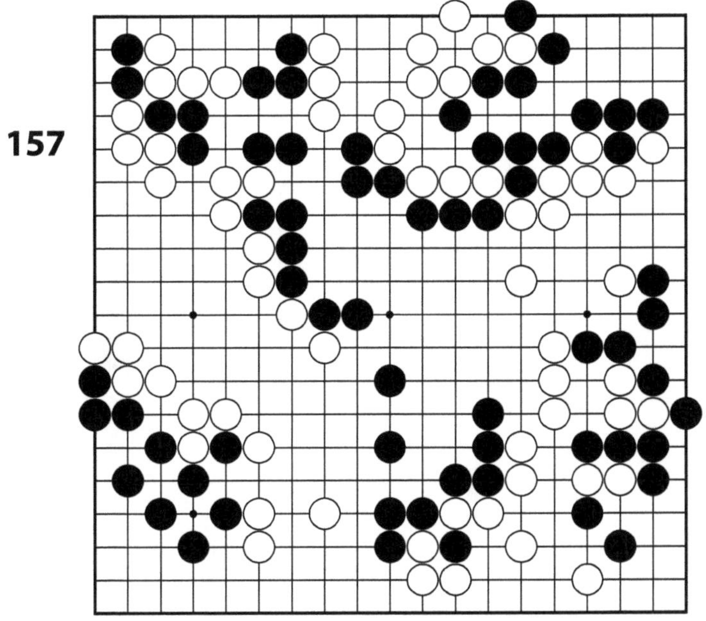

**158**

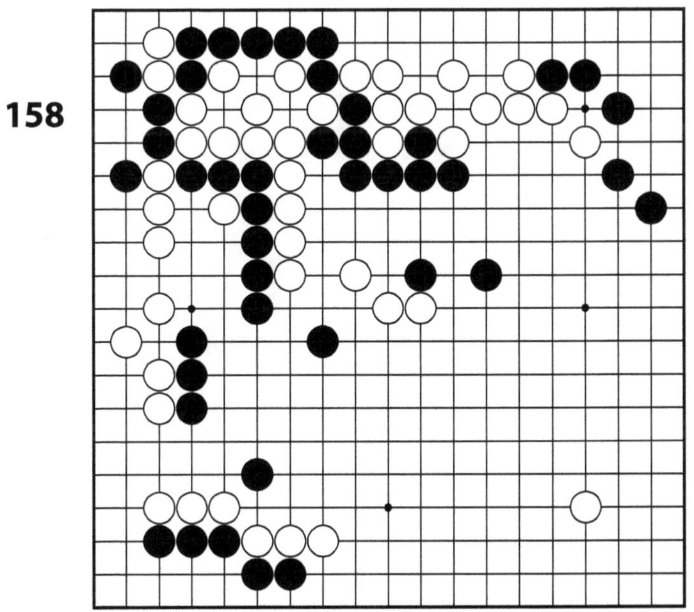

Kim Seongjae 8p (W) vs. Weon Seongjin 9p (S), Caltex Cup 2019

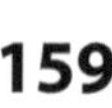

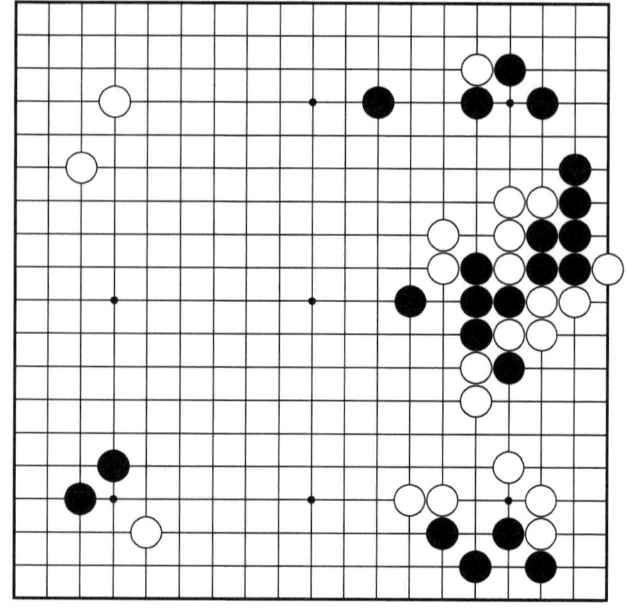

Kawai Tetsuyiki 5p (W) vs. Abe Yoshiteru 9p (S), Tengen Liga

**160**

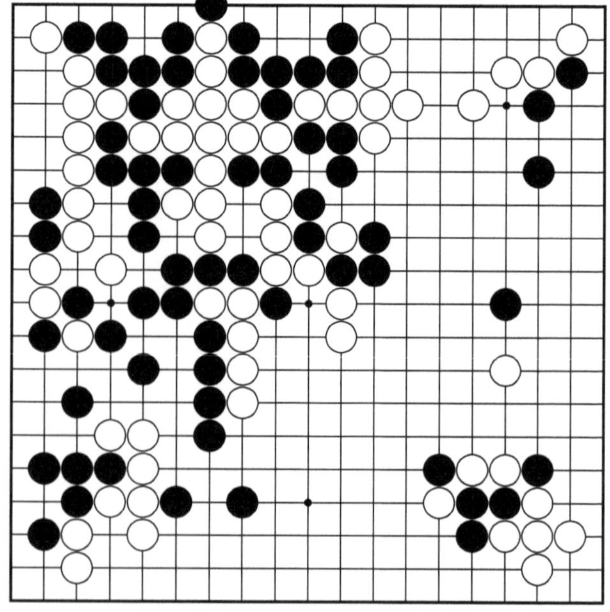

# Endspiel

Läuft eine Partie auf ein knappes Ende hinaus, dann gilt es im Endspiel keine Punkte zu verschenken. Jeder Punkt zählt und kann entscheidend sein.

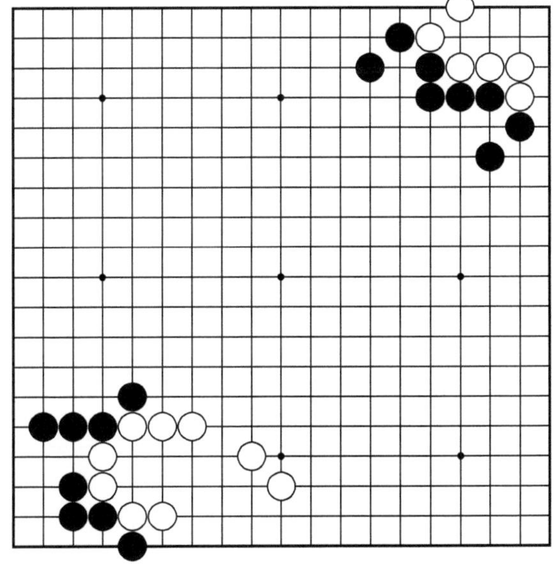

**161**

**162**

163

164

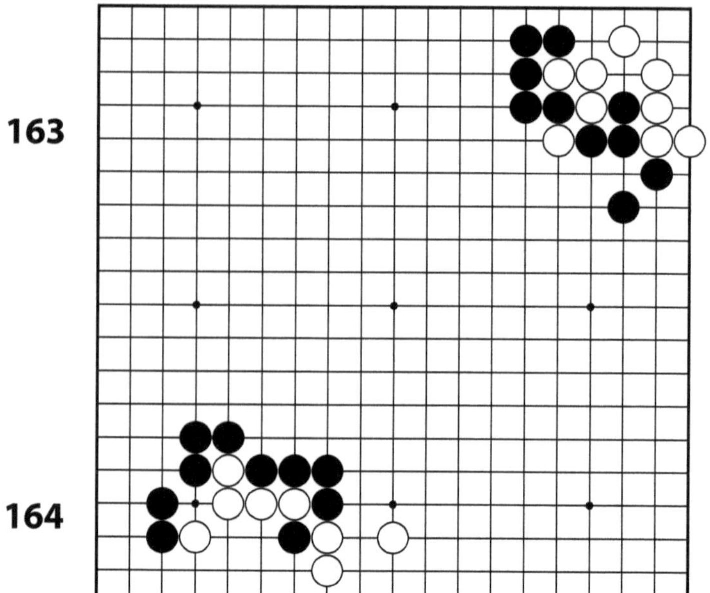

165

166

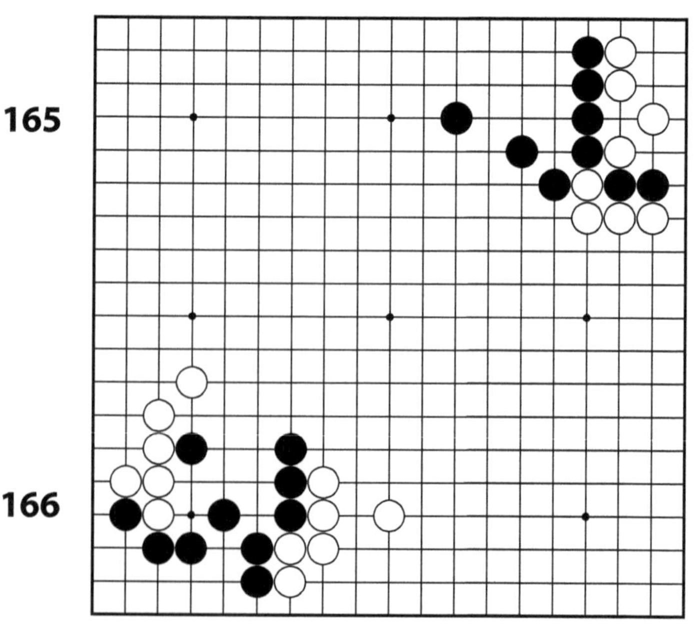

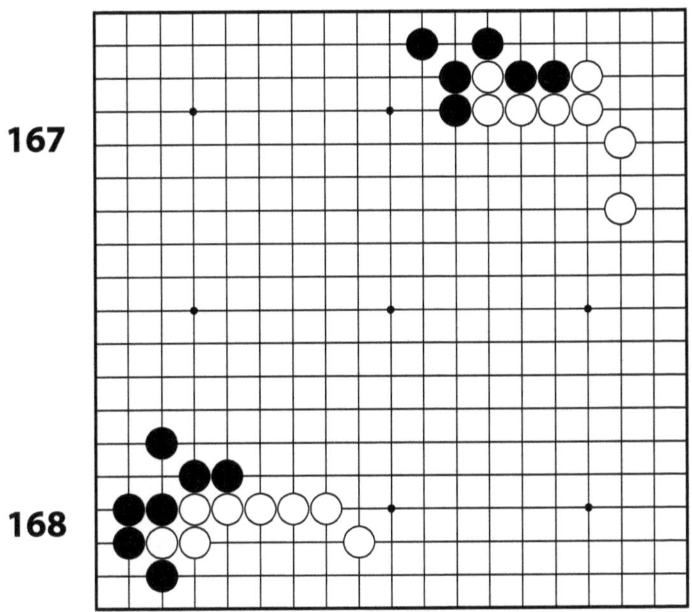
167
168

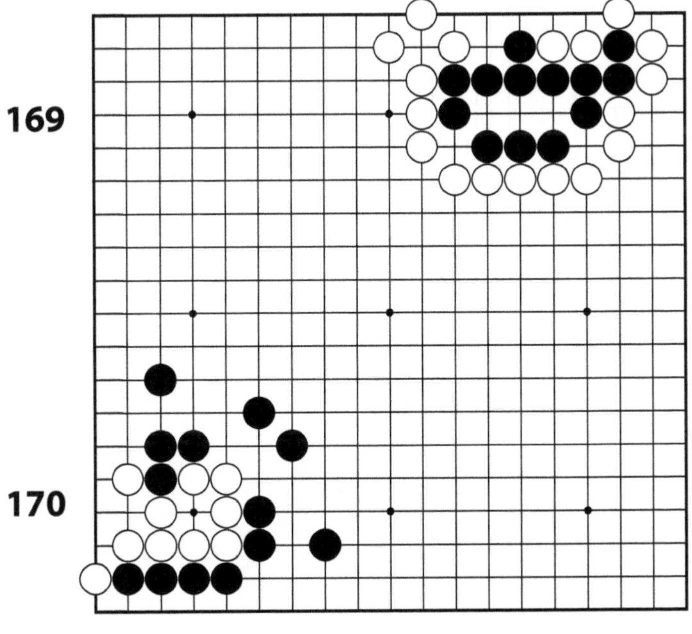
169
170

**171**

**172**

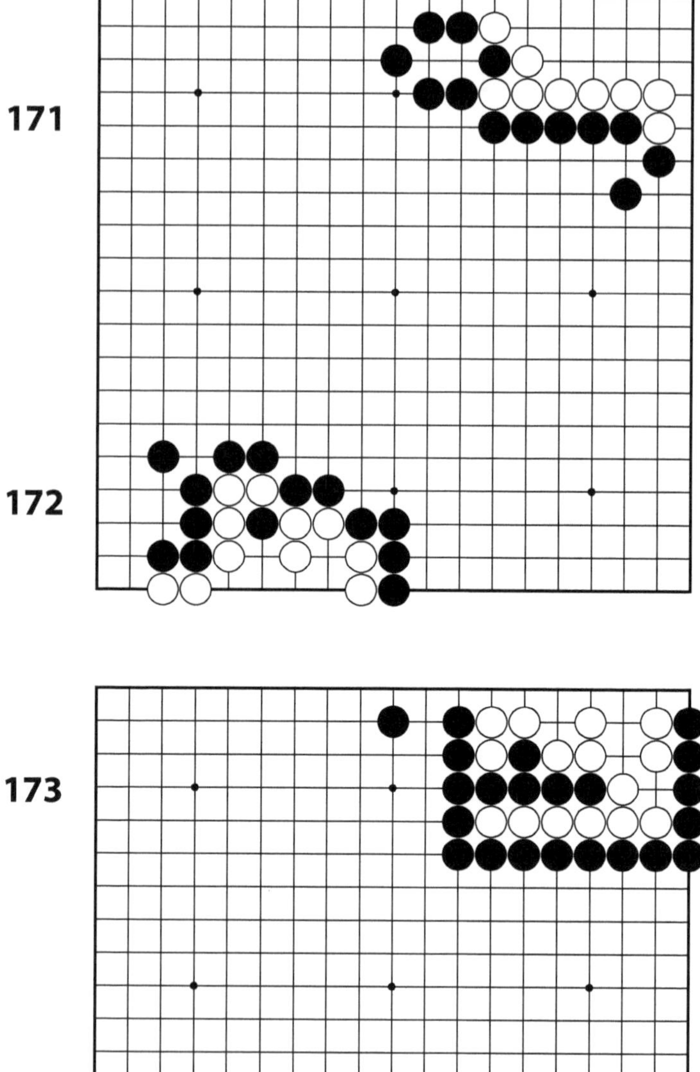

**173**

**174**

175

176

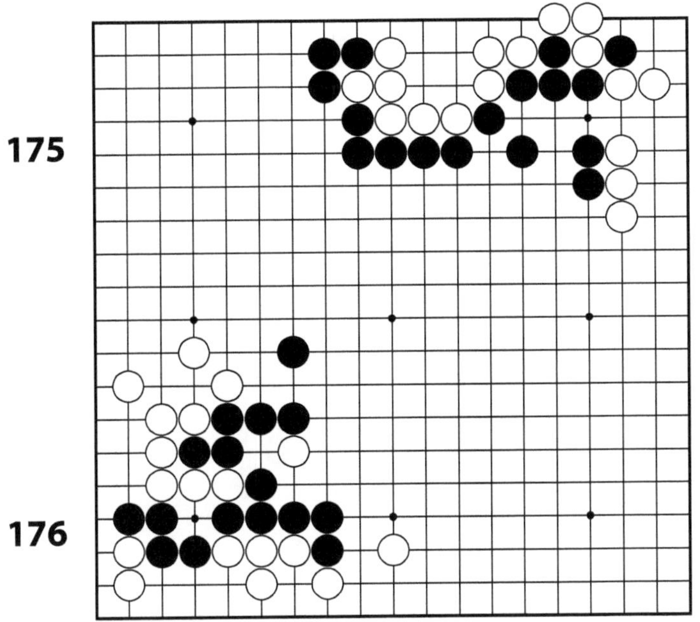

177

178

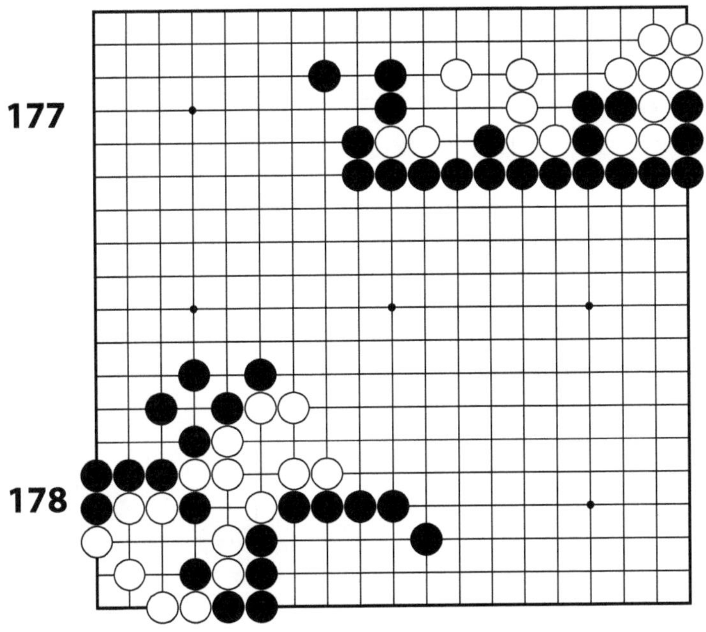

179

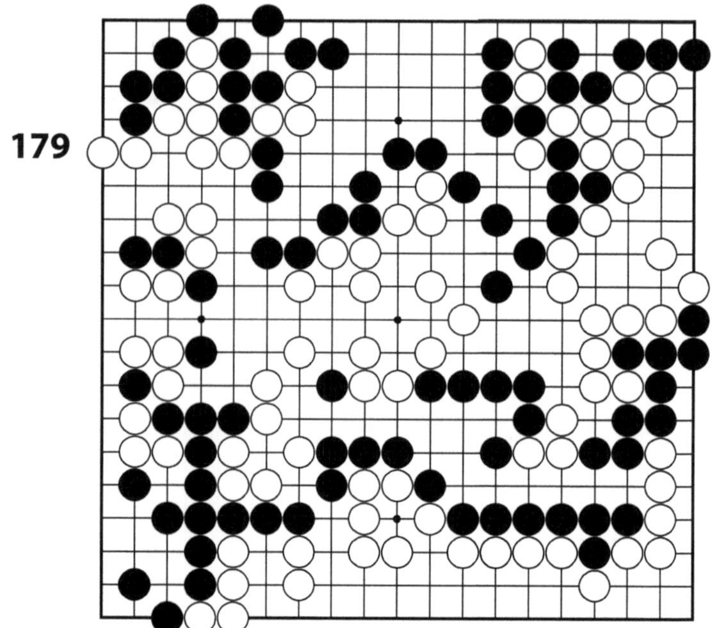

180

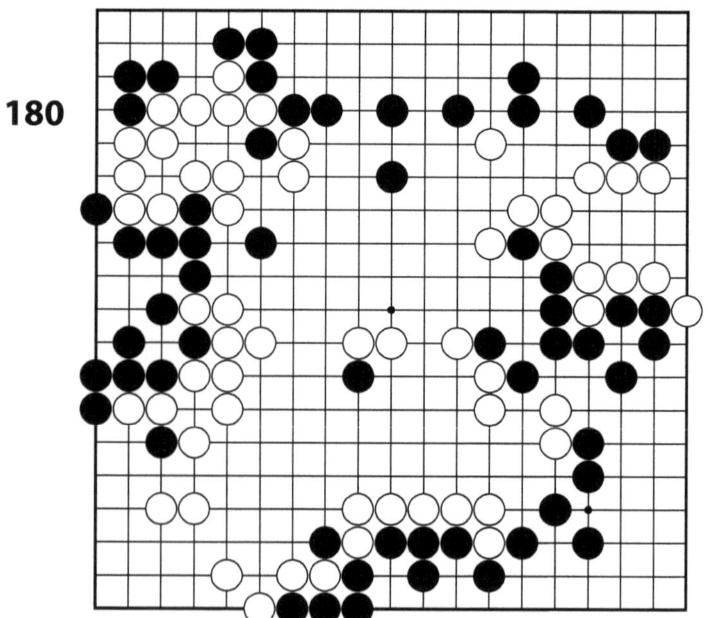

181

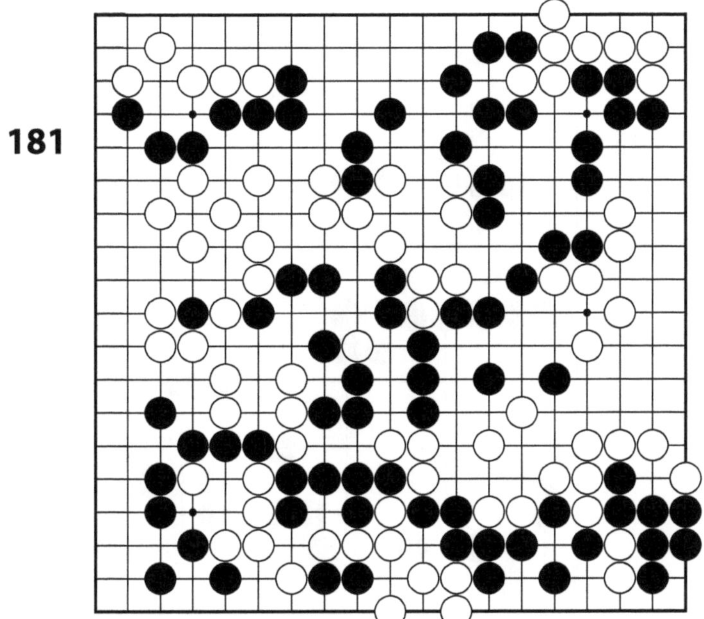

182

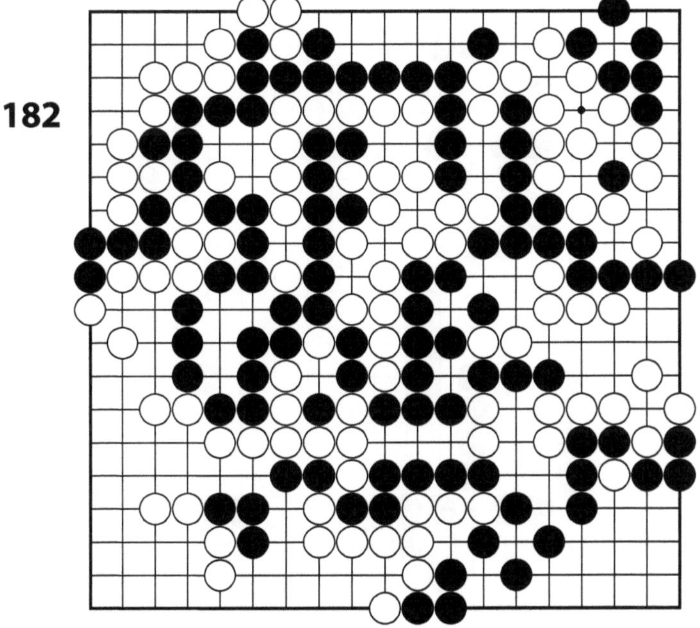

Fujisawa Kuranosuke 9p (W) vs. Go Seigen 9p (S), 2. 9-Dan Juban Go, 1953

183

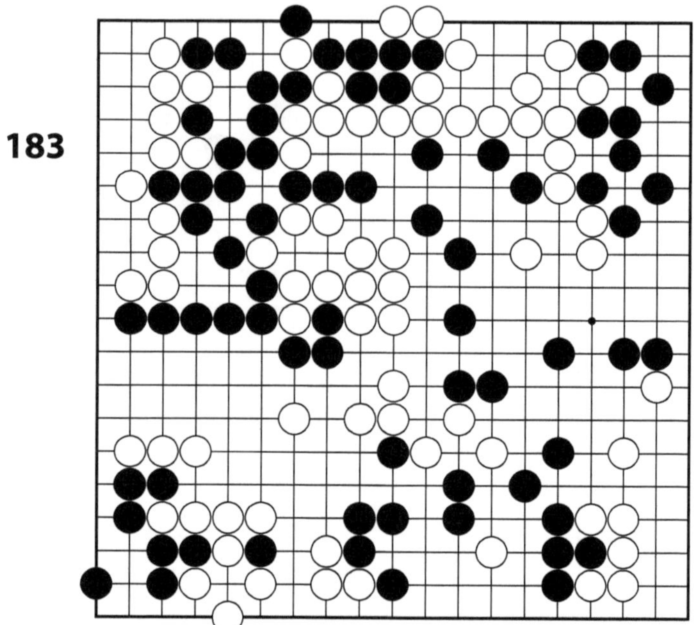

Wang Lei 8p (W) vs. Kobayashi Koichi 9p (S), 5. Nongshim Cup, 2003

184

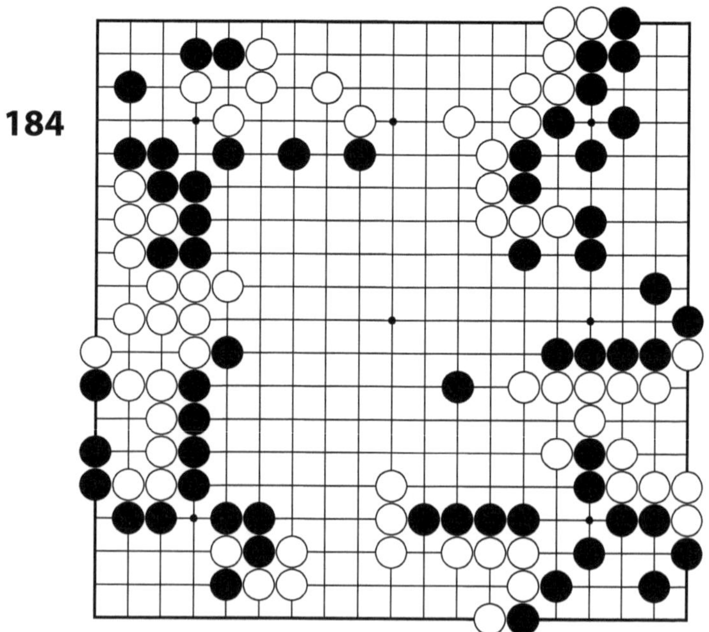

Yasui Chitoku (W) vs. Inoue Genan Inseki (S), Oshirogo, 1826

185

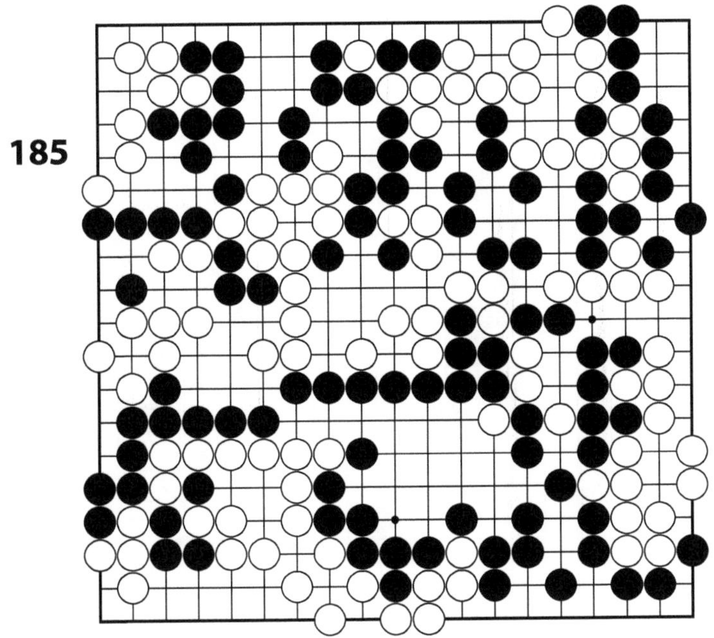

186

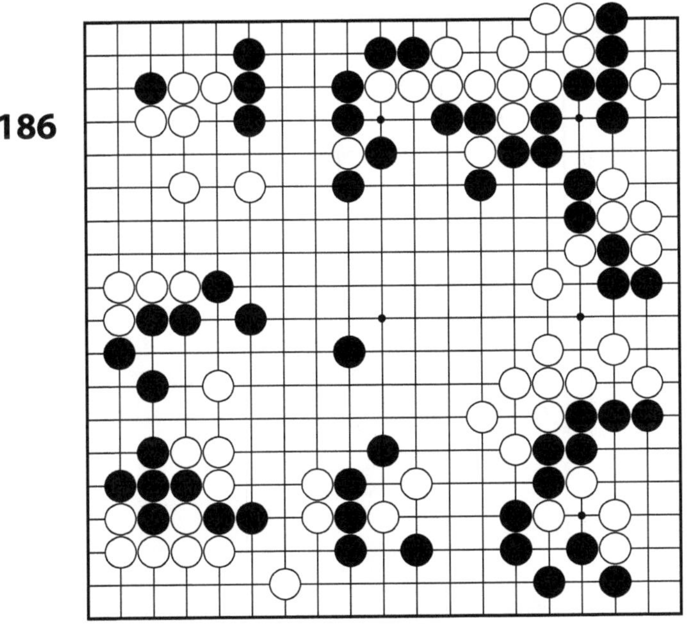

Rin Kaiho 9p (W) vs. Otake Hideo 8p (S), 3. Meijin, 1978

187

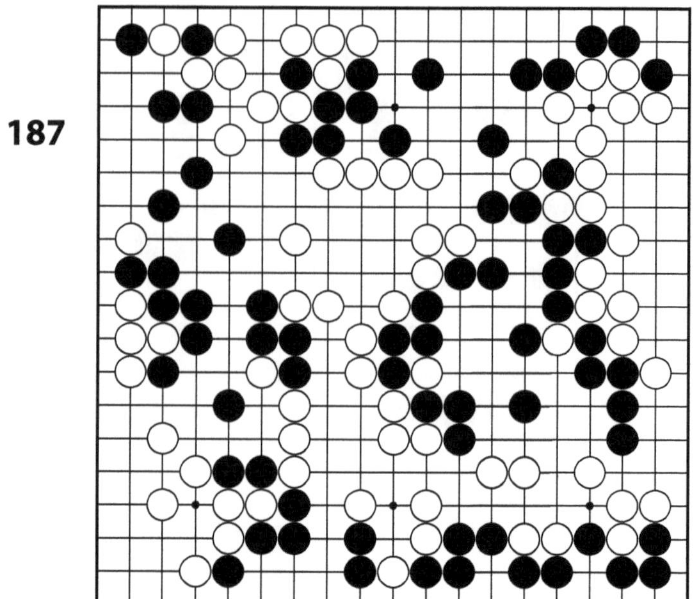

188

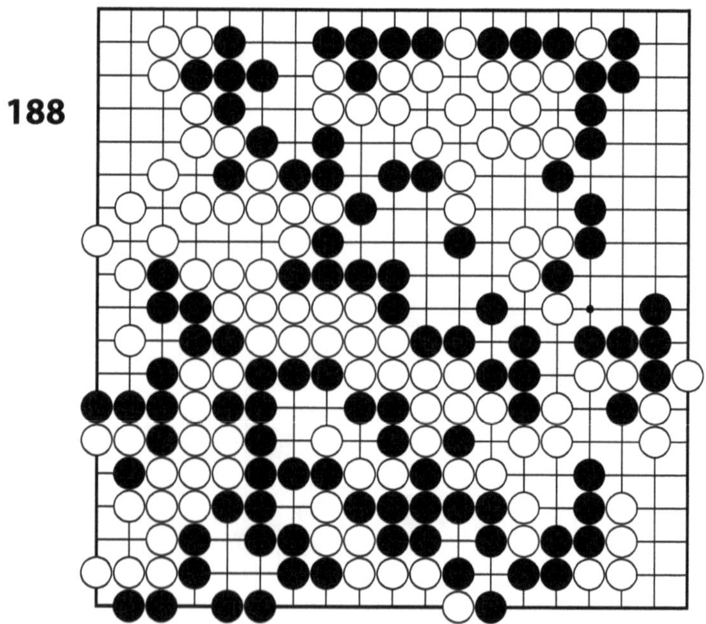

Ke Jie 9p (W) vs. Park Junghwan 9p (S), Chinesisches Neujahr Turnier, 2019

# Lösungen

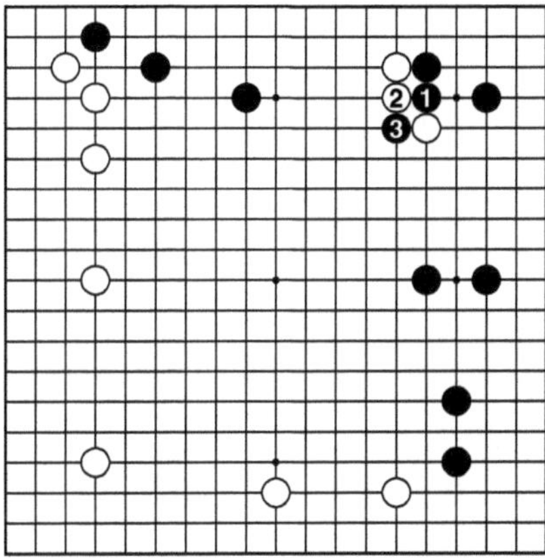

**[1A]** Richtig.
Hier gibt es nur einen Zug. Schwarz soll mit 1 schieben und nach Weiß 2 auf 3 schneiden. Der nun folgende Kampf ist aufgrund der Stärke rund herum gut für Schwarz.

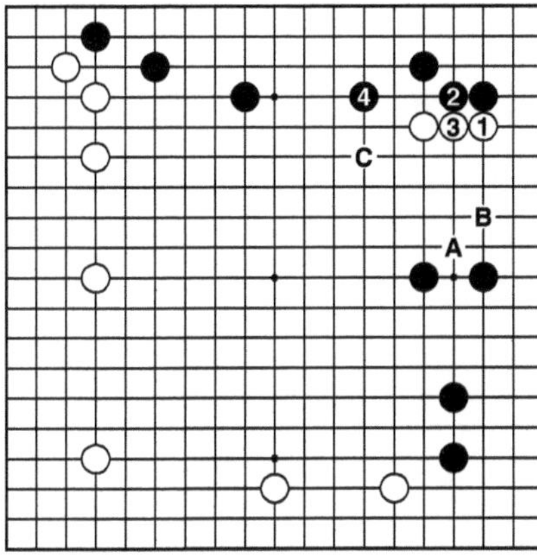


**[1B]** Weiß hätte besser auf dieser Seite am Keima angelegt, um zu vermeiden, in zwei Gruppen getrennt zu werden.

Nach Schwarz 4 kann Weiß sich nun mit A oder B in der schwarzen Einflusssphäre eine Basis verschaffen oder mit C hinauslaufen.

## Lösung 2

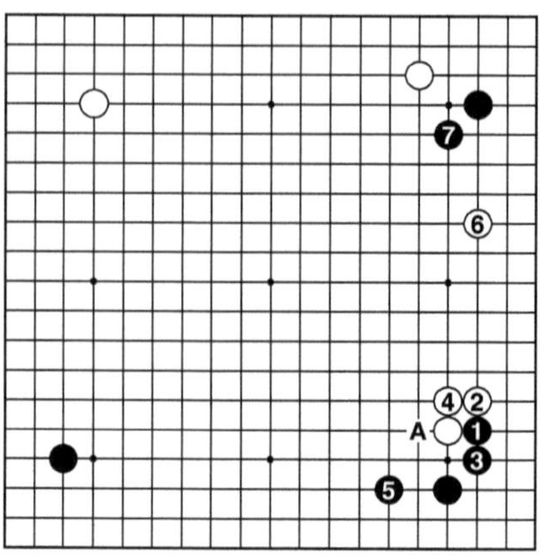


**[2A]** Richtig.
In dieser Partie setzt Schwarz mit einem einfachen Joseki fort. Weiß bekommt die weite Ausdehnung 6, die zugleich ein Angriff gegen die Ecke oben ist.

Der Anleger A außen ist ebenfalls spielbar, ihn wählte zum Beispiel Go Seigen 1956 im Juban-Go gegen Takagawa Shukaku.

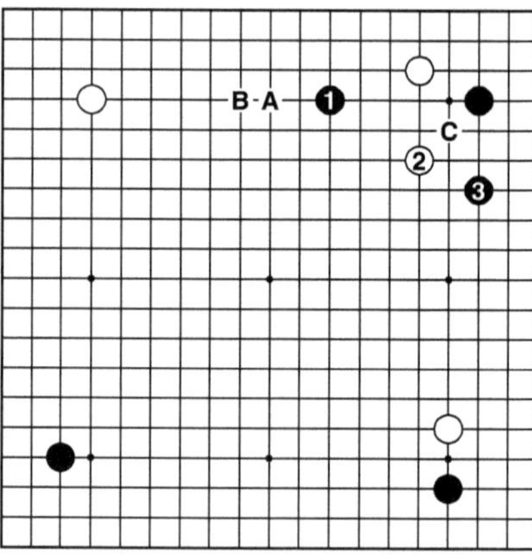


**[2B]** Richtig.
Der Klemmzug 1 ist ebenfalls eine gute Wahl. Nach Schwarz 3 wird Weiß auf A oder B einen eigenen Klemmzug spielen.

Für diese Variante hat sich unter anderem Otake Hideo im Finale des NHK Cup 1994 gegen Kato Masao entschieden.

Statt 1 ist C ebenfalls eine gute Option für Schwarz.

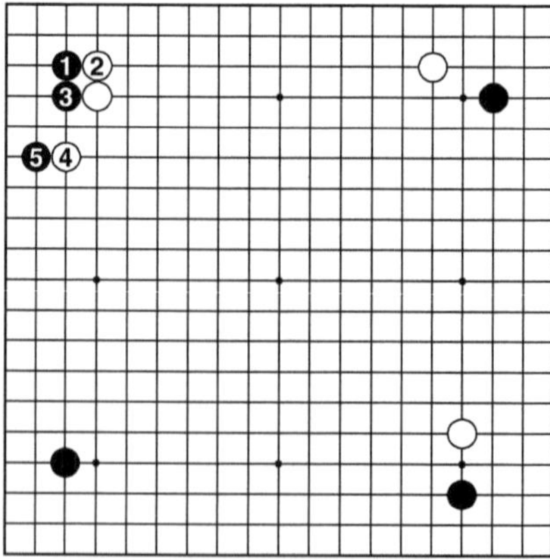

**[2C]** Richtig.
Seit 2018 empfehlen KIs die Ecke links oben direkt auf 3-3 zu invadieren, da Weiß noch keine geeignete Ausdehnung hat, anhand derer er sich für das Blocken auf der einen oder anderen Seite entscheiden könnte.

Schwarz möchte die Invasion in Vorhand abschließen, um einer Ausdehnung von Weiß am oberen Rand zuvorzukommen.

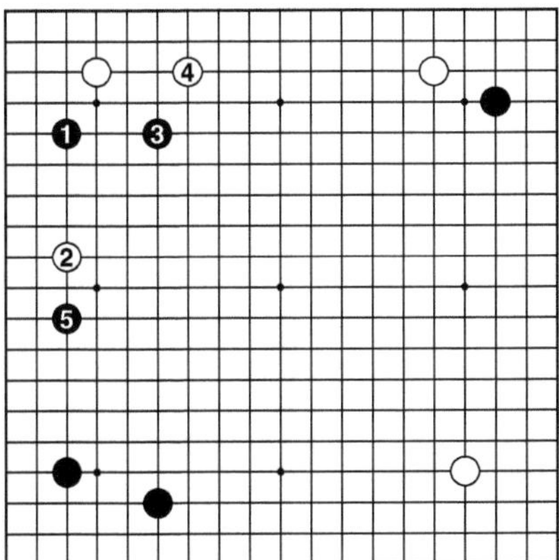

**[3A]** Richtig.
Eine Annäherung an die linke obere Ecke wird allgemein als richtig angesehen.

In der Partie hat Weiß mit 2 einen Klemmzug gespielt, den Schwarz nach dem Abtausch 3 für 4 mit 5 in die Zange nimmt. Die Entwicklung ist ausgeglichen.

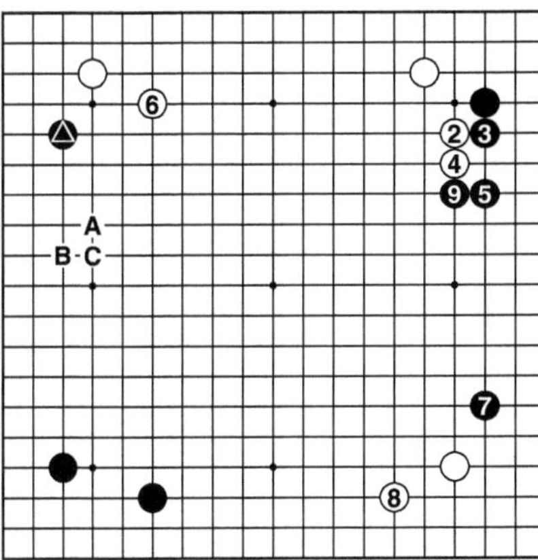

**[3B]** Variante.
Während die menschlichen Spieler als Antwort auf die schwarze Annäherung einen Klemmzug um A, B oder C erwägen, schlagen die KIs das Drücken mit Weiß 2 hier vor. Auch diese Entwicklung wird als ausgeglichen eingeschätzt.

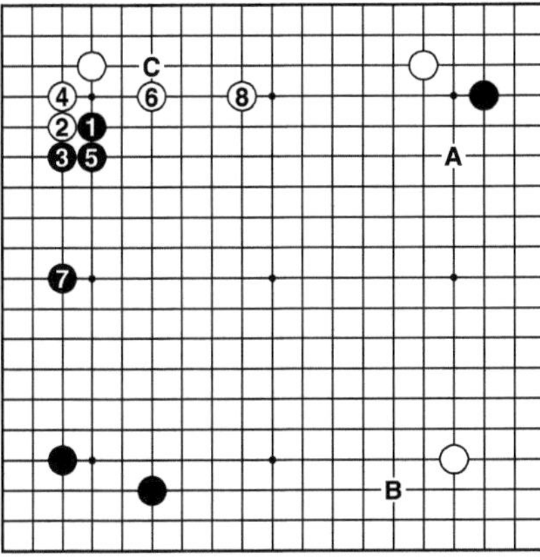

**[3C]** Variante.
Die hohe Annäherung ist ebenfalls spielbar und die KI erwartet die Abfolge bis 8. Schwarz hat nun die Punkte A und B als große Fortsetzung zur Auswahl.

Schwarz wählt statt 1 meist die tiefe Annäherung, da er befürchtet, dass Weiß statt 6 das Joseki auf C abschließt und so nach 7 die Vorhand nehmen kann.

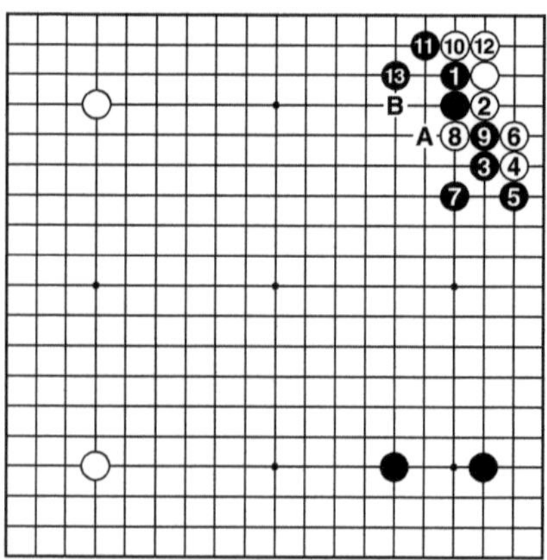

**[4A]** Die Partie. Schwarz hat sich in der Partie für das Blocken zum oberen Rand hin entschieden.

Nach 13 kann Weiß überlegen, sofort mit A herauszulaufen und zu kämpfen, oder eine andere Fortsetzung auf dem Brett wählen. Schwarz wird nach A auf B antworten.

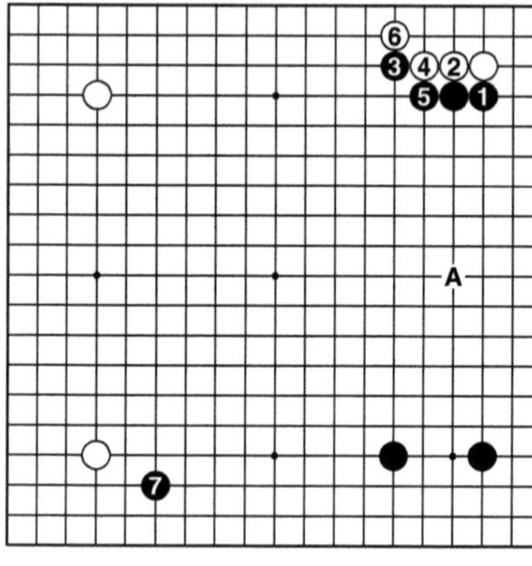

**[4B]** Variante. Die Faustregel besagt, dass auf der Seite geblockt werden solle, auf der bereits ein schwarzer Stein steht. Dem folgen zahlreiche Profi-Spieler und blocken hier auf 1.

Nach Weiß 6 wird das Kakari 7 für eine schnelle Entwicklung präferiert.

Nun ist es sehr groß, um A herum zu spielen. Weiß muss abwägen, dort selbst zu spielen oder auf das Kakari zu reagieren.

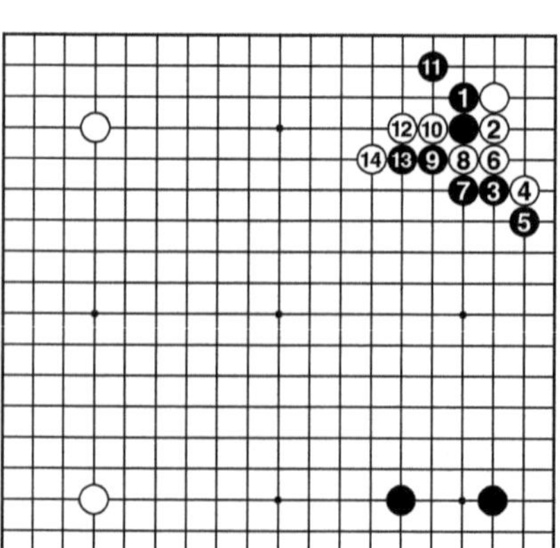

**[4C]** Variante. Mit dem Aufkommen der KI sind einige neue und komplizierte Joseki-Variationen entstanden, wie zum Beispiel das hier gezeigte.

Nach Schwarz 5 kann Weiß auf 6 spielen und nach Schwarz 7 mit 8 und 10 schneiden. Diese Fortsetzung führt zu einem Kampf.

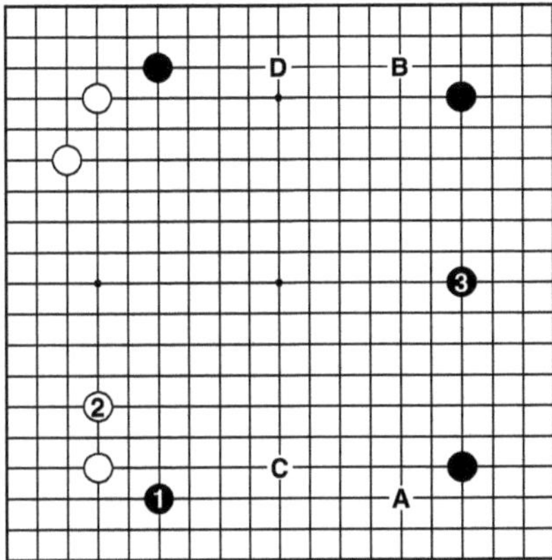


**[5A]** Richtig.
In der Partie hat Schwarz ein zweites Kakari am unteren Rand gespielt und anschließend die Sanren-sei-Formation am rechten Rand abgeschlossen.

Schwarz überlässt nun Weiß den nächsten Zug, zum Beispiel eine eigene Eckannäherung mit A oder B, oder einen weiten Klemmzug auf C oder D.

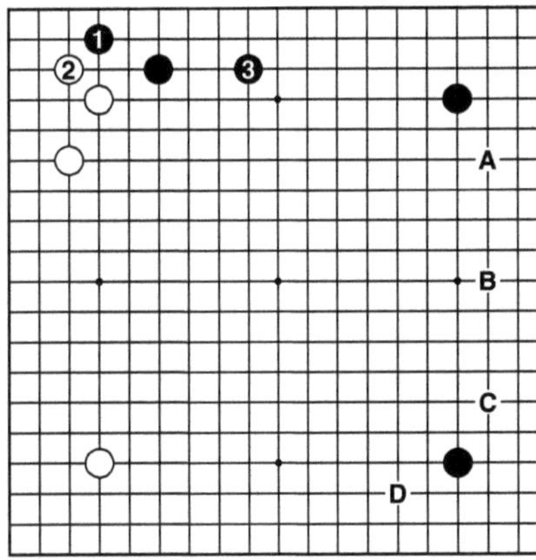


**[5B]** Variante.
In der klassischen Fortsetzung beendet Schwarz das Joseki, mit dem er eine solide Basis errichtet. Weiß kann nun über den weiteren Fortgang der Partie bestimmen, indem er zwischen den Punkten A bis D wählt.

Als nur ein Beispiel sei hier das Kuksu Finale 1995 zwischen Lee Changho 7p (W) und Cho Hunhyeon 9p (S) erwähnt.

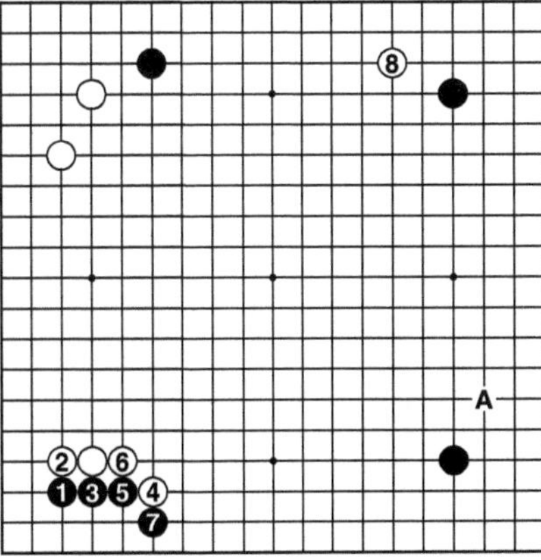


**[5C]** Variante.
Die KIs haben eine Präferenz dafür, direkt in die Ecke zu gehen. Nach der neuen Joseki-Folge lässt Weiß stehen, um einen großen Punkt zu nehmen.

Möchte Schwarz statt der 3-3-Invasion und der zweiten Eckannäherung am rechten Rand spielen, dann ist A ein guter und solider Punkt.

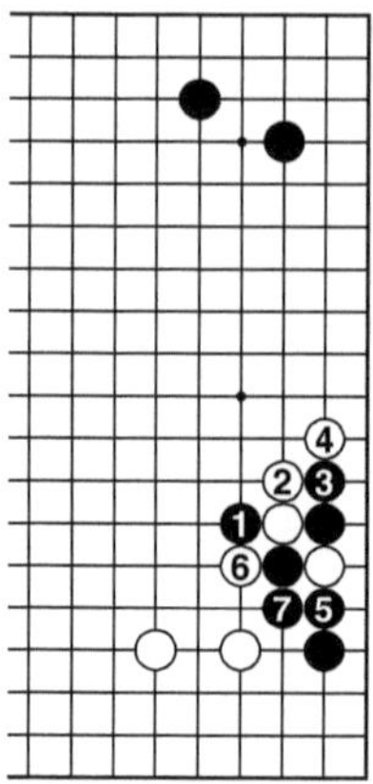

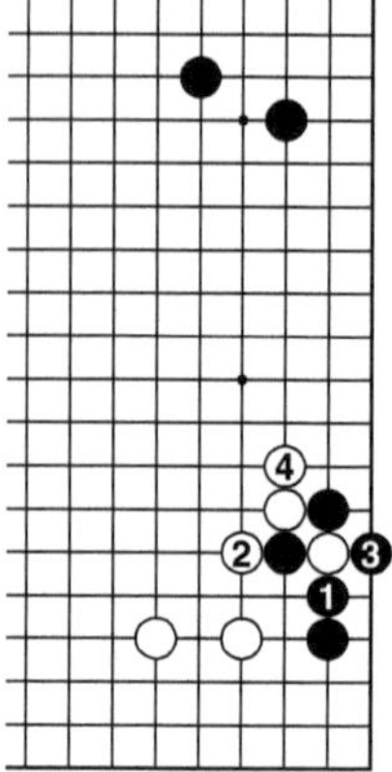

**[6A – links]** Richtig. Das Atari 1 außen ist richtig. Das Diagramm zeigt die Fortsetzung der Partie bis 7, in der Schnitte in der weißen Stellung bleiben.

**[6B – rechts]** Fehler. Schwarz 1 ist nachgiebig und lässt Weiß eine solide Form zum Zentrum errichten.

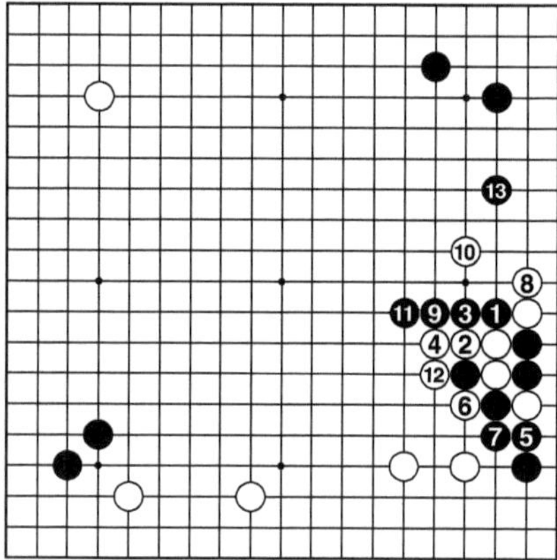

**[6C]** Variante. Um Weiß nicht die Vorhand zu gönnen, die es erlaubt, Schnitte zu decken und der Gruppe eine Basis zu geben, sollte Schwarz statt 5 in Diagramm 6A erst 1 und 3 hier einschieben bevor er den weißen Stein mit 5 fängt.

Anschließend kann er die weiße Gruppe mit 9 bis 13 unter Druck setzen. Dieses Ergebnis ist besser für Schwarz.

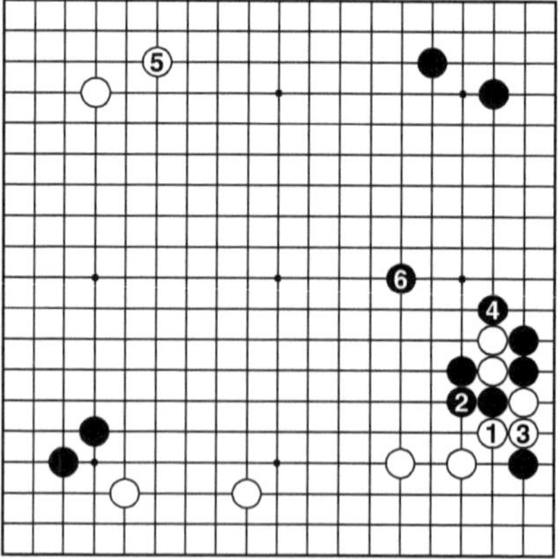

**[6D]** Variante. Da die Variante in 6C nicht gut für Weiß ist, sollte Weiß wiederum statt 4 in 6A wie hier die Ecke nehmen.

Das Ergebnis ist für beide Seiten ausgeglichen.

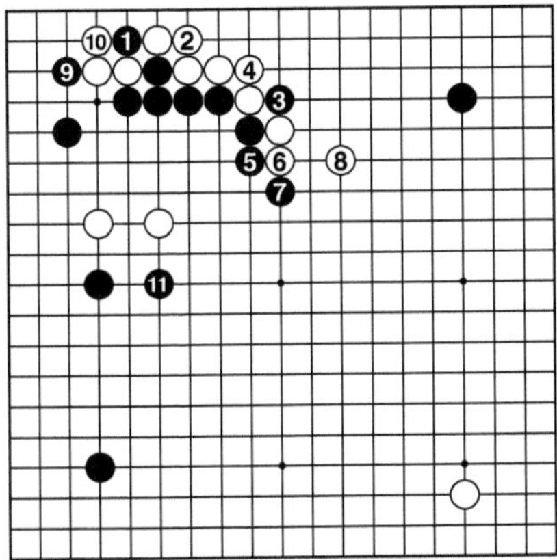

**[7A]** Richtig.
Schwarz schneidet auf der linken Seite. Weiß muss mit 2 decken und Schwarz bekommt so kurz darauf 9 in Vorhand. Die Züge 3 bis 7 schaffen Aji in der weißen Stellung.

Anschließend kann Schwarz mit 11 die zwei weißen Steine angreifen.

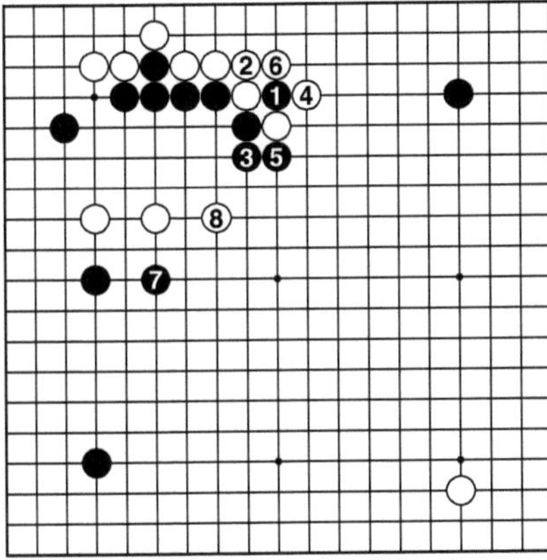

**[7B]** Fehler.
Schwarz 1 ist die falsche Richtung. Weiß stärkt seine Position, so bleibt kein Aji zurück und auch der Vorhandzug in der Ecke geht verloren.

Obwohl das Ergebnis ähnlich aussieht, ist der Unterschied immens.

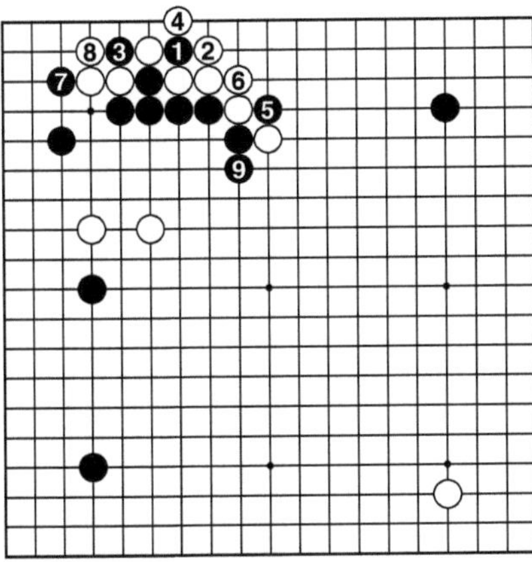

**[7C]** Fehler.
Auch dieser Schnitt ist schlecht für Schwarz. Weiß fängt einen Stein und macht gute Form. Schwarz bekommt zwar den Vorhandzug in der Ecke, jedoch muss Weiß nach 9 aufgrund der stärkeren Position nicht wie in Diagramm 7A reagieren.

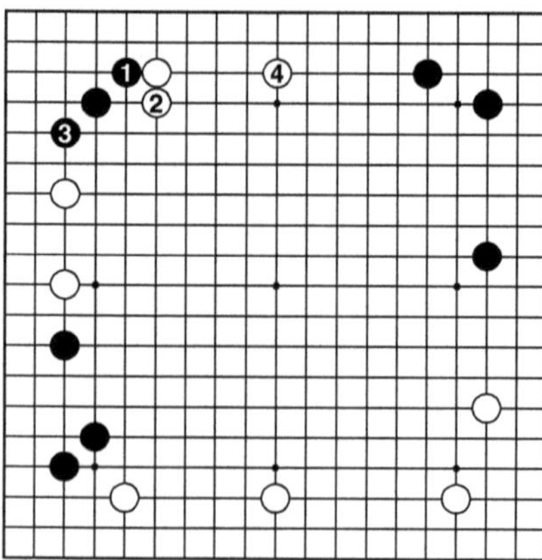


**[8A]** Fehler.
Schwarz 1 und 3 sichern die Ecke, sind jedoch zu passiv. Weiß kann sich bequem am oberen Rand ausbreiten.

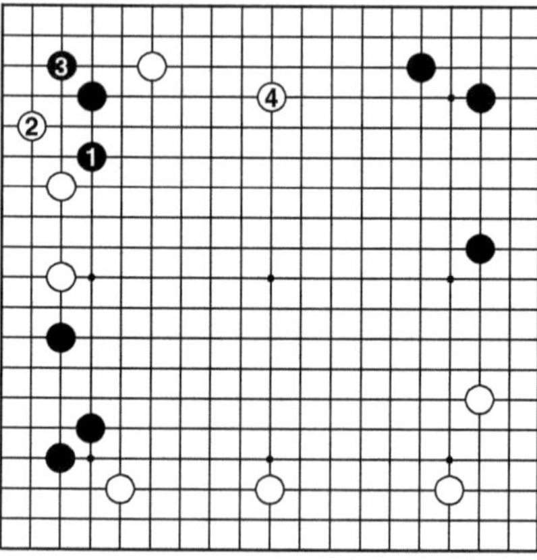


**[8B]** Fehler.
Schwarz 1 hat wenig Wirkung auf die weiße Gruppe. Stattdessen kontert Weiß mit 2 und nimmt anschließend wieder den oberen Rand.

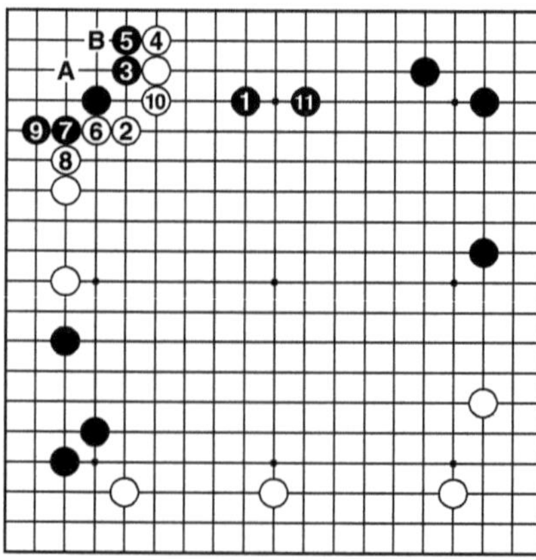


**[8C]** Richtig. Schwarz 1 ist eine aktive Spielweise. Mit 3 bis 9 sichert er eine große Ecke und kann anschließend mit 11 den oberen Rand stärken. Vor der Invasion auf A muss Schwarz keine Angst haben.

Nach Weiß 2 darf Schwarz nicht auf 6 strecken und dann auf B zurückfallen, denn Weiß bekäme Vorhandzüge gegen die Ecke, die ihn außen stärken würden.

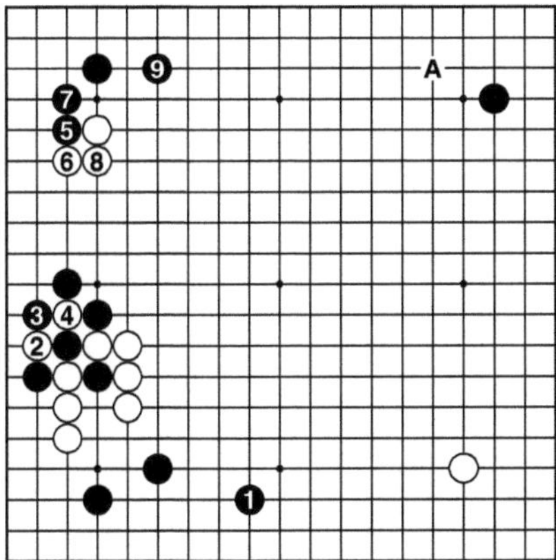


**[9A]** Richtig.
Schwarz sollte mit 1 eine solide Stellung am unteren Rand errichten.

Für Weiß ist das Ko in diesem frühen Stadium der Partie nicht spielbar. Schwarz behandelt die Steine leicht und lässt das Aji stehen. Weiß hat sich unnötig Ballast aufgebürdet. Statt 2 sollte Weiß besser A spielen.

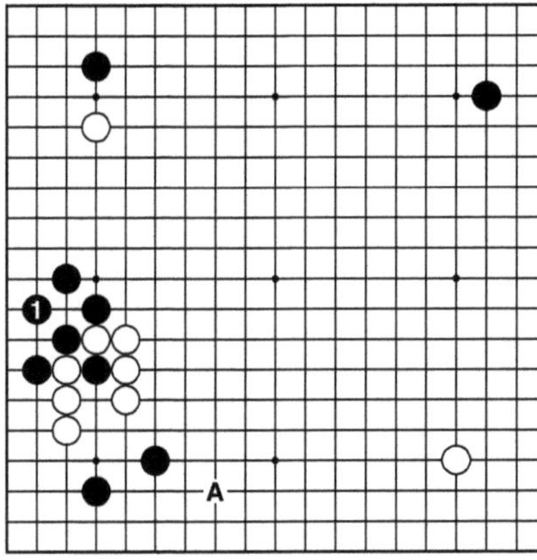


**[9B]** Fehler.
Aus Angst vor dem Ko die Gruppe sofort zu sichern ist nicht gut, denn dies überlässt Weiß die Vorhand.

Diese kann Weiß nutzen, um zum Beispiel die zwei Steine am unteren Rand mit A anzugreifen. Schwarz verliert hier die Initiative.

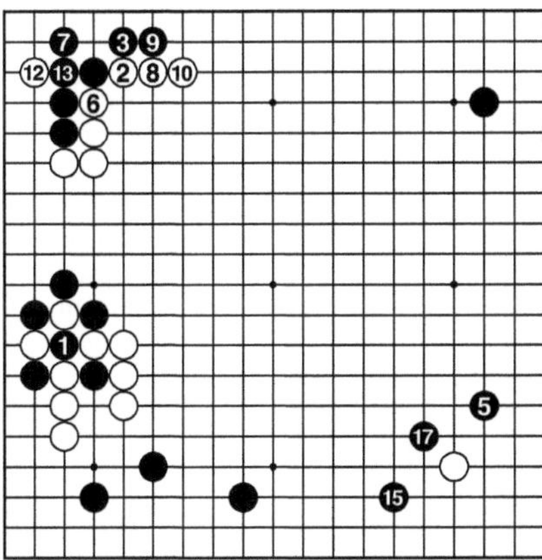

**[9C]** Die Partie.
In der Partie hat Schwarz nach Weiß 8 in Diagramm 9A das Ko aktiviert.

Nach dem Decken mit Weiß 16 nimmt Schwarz einen weiteren großen Punkt auf 17 und hat ein hervorragendes Ergebnis erzielt.

Ko: Weiß 4, Schwarz 11, Weiß 14, Weiß 16 deckt.

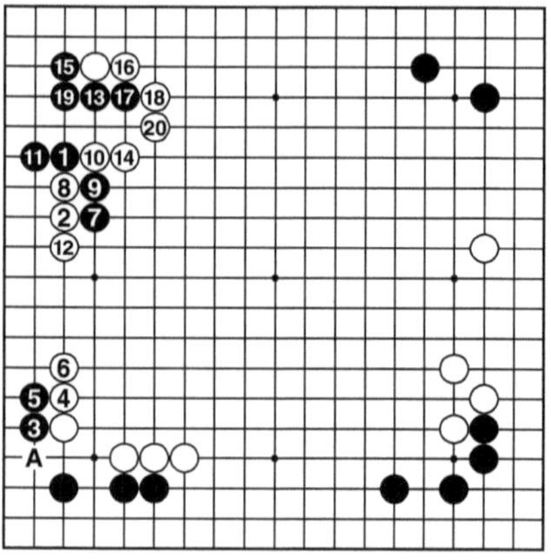


**[10A]** Richtig.
In der Partie wählt Schwarz 1 für eine vorsichtige Annäherung. Statt dem Aufleger 7 kann Schwarz auch das bekannte Joseki mit 15 spielen, das zu einem Tausch führt.

Nach 20 hat Schwarz vier Ecken und Weiß setzt alles auf eine Karte: das Zentrum. Die KI bewertet das Ergebnis als gut für Schwarz. Statt 4 hätte Weiß besser auf A spielen sollen.

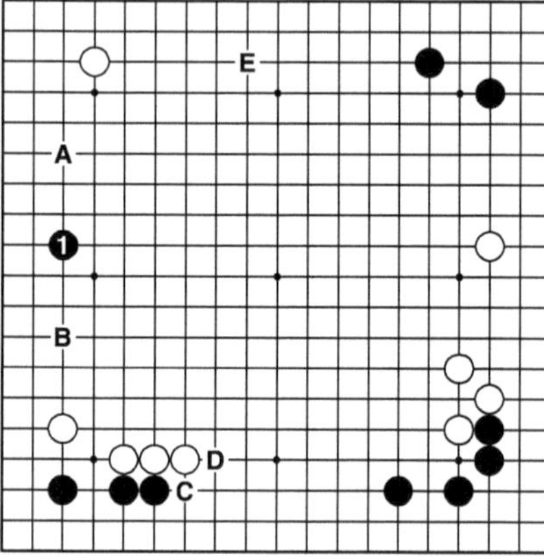


**[10B]** Variante.
Vieles spricht für ein einfaches Aufbrechen des linken Randes mit Schwarz 1. Weiß wird um A einen Eckeinschluss spielen. Nun sieht B wie eine natürliche Entwicklung aus, da Schwarz sich eine Basis verschafft. Doch die KI präferiert nach Weiß A erst auf C zu schieben und dann den großen Punkt E am oberen Rand zu nehmen.

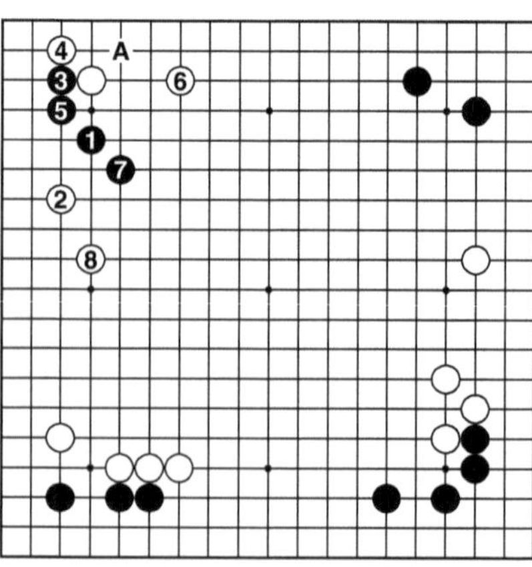


**[10C]** Richtig.
Mit Schwarz 1 die Ecke direkt anzugreifen ist ebenfalls gut. Die KI empfiehlt hier ein einfaches Joseki, indem Schwarz nach Weiß 8 auf A fortsetzt. Schwarz bekommt Vorhand und kann so die Initiative übernehmen.

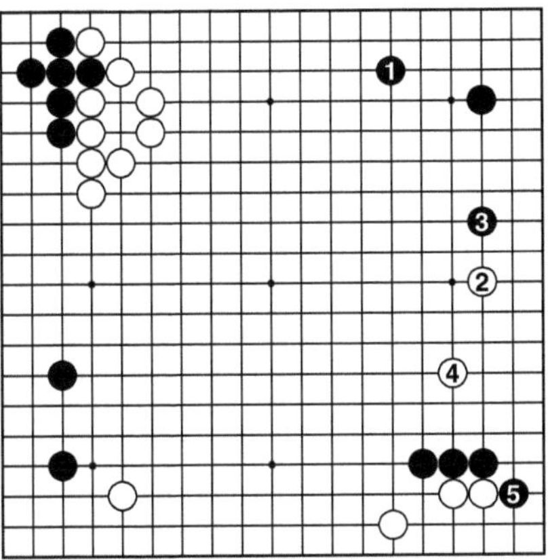

**[11A]** Richtig.
Schwarz beugt mit 1 einer Eckannäherung von Weiß vor. Auch ein anderes Shimari in dieser Ecke ist spielbar.

Bricht Weiß mit 2 den Rand auf, kann Schwarz eine schöne Ausdehnung von seinem Shimari spielen.

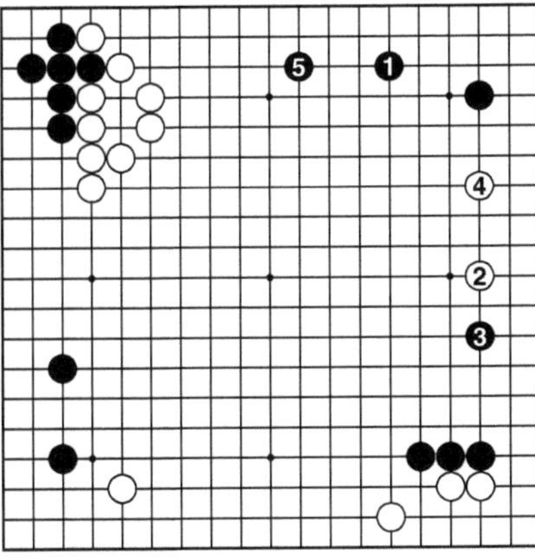

**[11B]** Variante.
Nach Weiß 2 ist auch eine Ausdehnung von der unteren Wand denkbar. Weiß sichert mit 4 eine Basis und Schwarz kann sich mit 5 entwickeln und so die weiße Stärke entwerten.

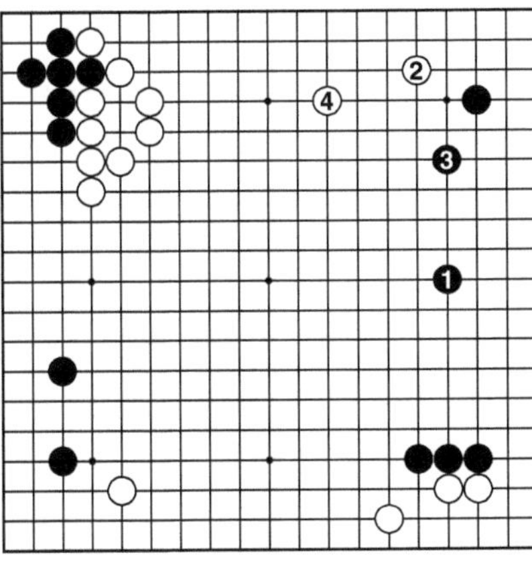

**[11C]** Richtig.
Hier besetzt Schwarz mit 1 den Hoshi am rechten Rand. Nun kann Weiß mit 2 eine Eckannäherung spielen und mit 4 seine Stärke optimal ins Spiel bringen. Diese Entwicklung ist spielbar für Schwarz, jedoch werden die Diagramme 11A und 11B als bessere Fortsetzung für Schwarz angesehen.

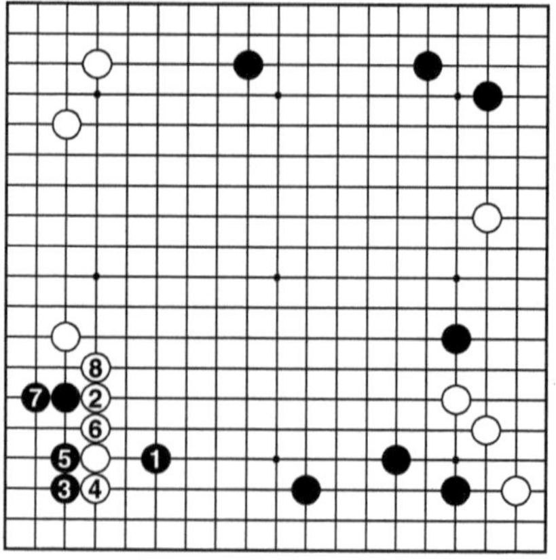

**[12A]** Richtig.
Schwarz 1 ist eine Ausdehnung von der Gruppe am unteren Rand und zwingt Weiß zu einer Antwort. Legt Weiß mit 2 auf, dann springt Schwarz in die Ecke. Nach der Fortsetzung 4 bis 8 entwertet 1 die weiße Stärke.

Statt auf 4 von oben auf 5 zu blocken ist noch weniger attraktiv für Weiß, denn nun zieht Schwarz auf 4 heraus und die weiße Stellung ist überkonzentriert.

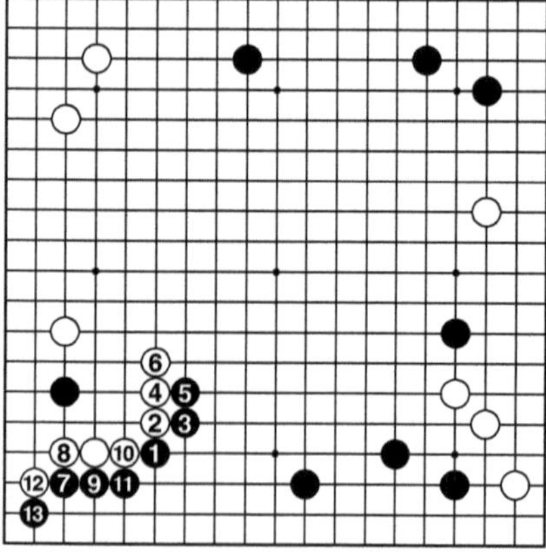

**[12B]** Variante.
Weiß sollte daher auf 2 anlegen und den schwarzen Stein großräumig fangen. Schwarz ist mit der Stärke zufrieden, die zu seiner Gruppe am unteren Rand passt.

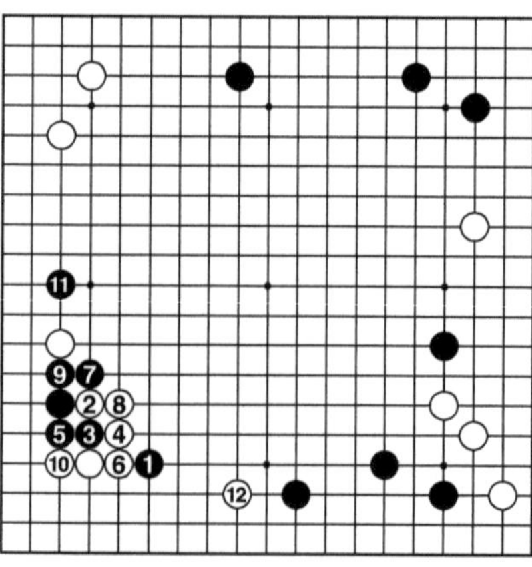

**[12C]** Die Partie.
In der Partie hat Schwarz 1 gespielt und dann einen Tausch mit 3 bis 12 initiiert, der es Weiß nicht so leicht machen sollte, den linken Rand zu beanspruchen. Statt dessen bekommt Weiß eine große Ecke. Die KI bewertet dies als Vorteil für Weiß.

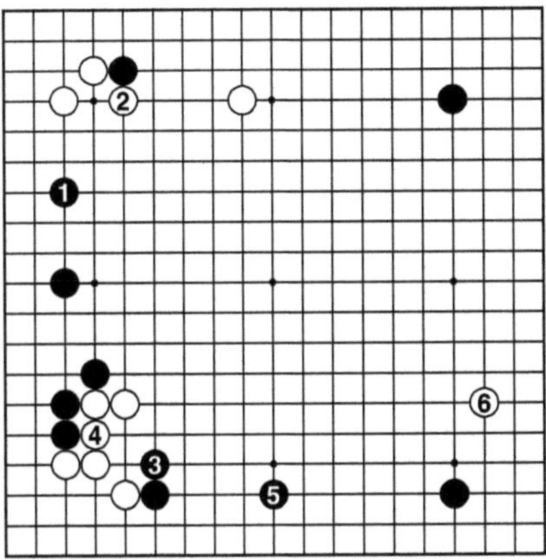

**[13A]** Die Partie.
Schwarz wählte in der Partie die Ausdehnung 1, um die Entwicklungsmöglichkeiten von Weiß links oben einzuschränken. Weiß fängt den schwarzen Stein und nun setzt Schwarz das Joseki unten fort.

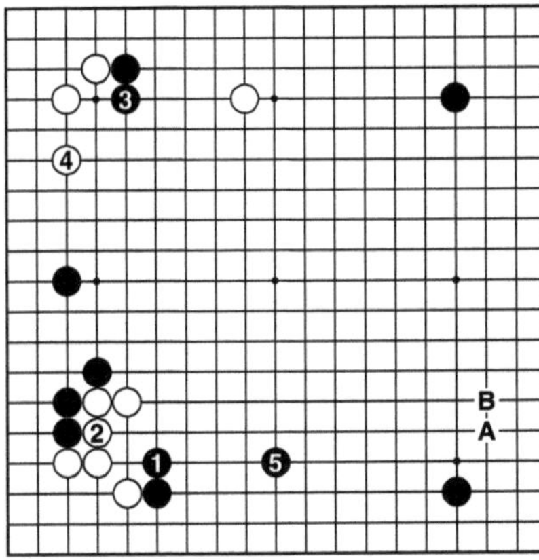


**[13B]** Richtig.
Der Abtausch von 1 und 2 im letzten Diagramm festigt die weiße Gruppe. Daher wird es als besser erachtet, diesen Abtausch auszulassen.

Stattdessen bevorzugen die KIs, einmal auf 3 zu strecken, um das Aji-Potential zu steigern, bevor das Joseki am unteren Rand abgeschlossen wird.

Nach 5 kann Weiß sich auf A oder B der Ecke rechts unten annähern.

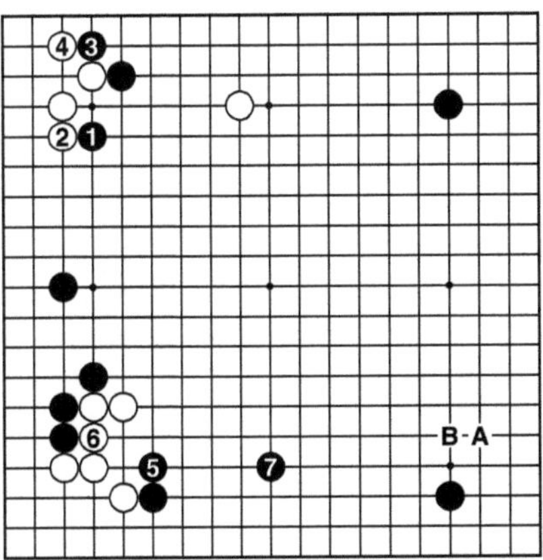


**[13C]** Variante.
Die KI schlagen vor, vor dem Abschluss des Joseki am unteren Rand erst die Züge 1 und 3 hier zu spielen.

Dies macht es Weiß noch schwieriger, die Ecke links oben mit einem Zug zu sichern. Erst danach sollen 5 und 7 gespielt werden. Weiß kann nun auf A oder B fortsetzen, so bleibt die Partie im Gleichgewicht.

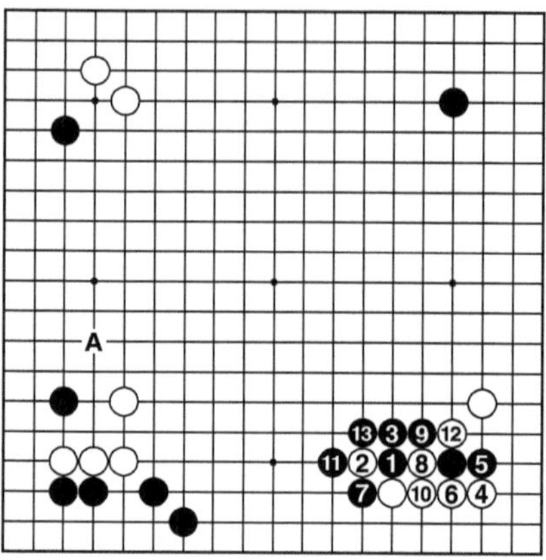

**[14A]** Richtig.
Schwarz 1 ist die richtige Richtung. Weiß springt mit 4 in die Ecke und Schwarz opfert die Ecke für Einfluss außen.

Doch statt 13 sollte Schwarz den großen Punkt A am linken Rand nehmen, denn Weiß hat keinen Treppenbrecher, der den einzelnen Stein links oben mit einem Zug verhaftet.

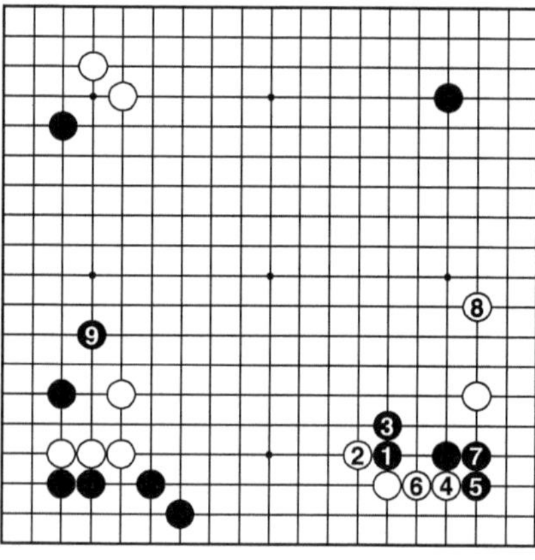

**[14B]** Variante.
Weiß sollte nach Schwarz 1 nur auf 4 anlegen und das Joseki bis 8 spielen. Er kann so auf beiden Seiten eine Position errichten und Schwarz muss irgendwann zurückkommen, um den Schnitt zu decken.

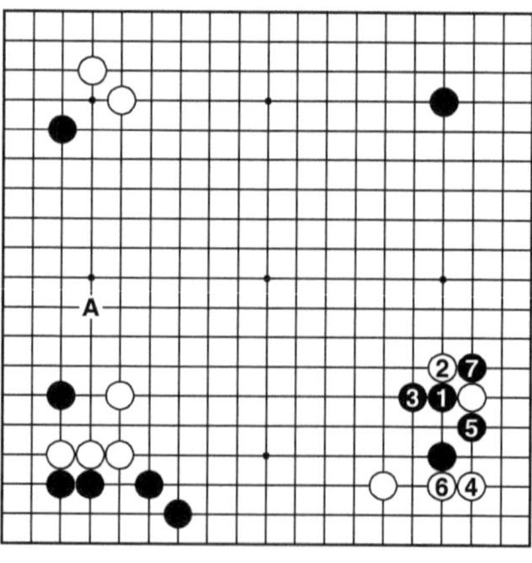

**[14C]** Fehler.
Das Auflegen auf den anderen Stein ist die falsche Richtung. Weiß nimmt die Ecke und es verbleibt nach 7 Aji, sodass es Schwarz nicht so leicht gemacht wird, sich dem rechten Rand zuzuwenden.

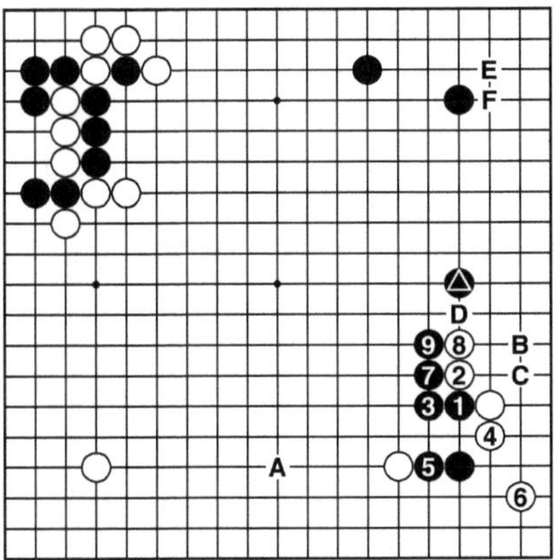


**[15A]** Richtig.
Das Auflegen mit 1 am rechten Rand ist richtig, denn Schwarz nutzt so die Position des markierten Steins am besten aus.

Die Züge 2 bis 9 sind Joseki und bauen eine starke Wand Richtung Zentrum. Springt Weiß jetzt auf A, dann tauscht Schwarz B für C ab und spielt D. Die 3-3-Invasion auf E ist jetzt willkommen. Schwarz blockt auf F.

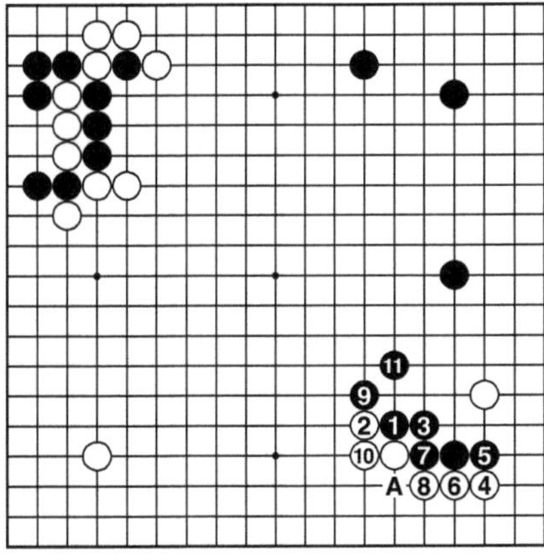


**[15B]** Fehler.
Das Anlegen auf 1 am unteren Rand ist nicht gut, denn Weiß baut eine starke Position am unteren Rand, die der schwarzen mindestens ebenbürtig ist.

Zudem birgt der weiße Stein noch immer etwas Aji.

Das Anlegen von unten auf A, statt 1, hilft Weiß ebenfalls eine solide Stellung am unteren Rand zu errichten.

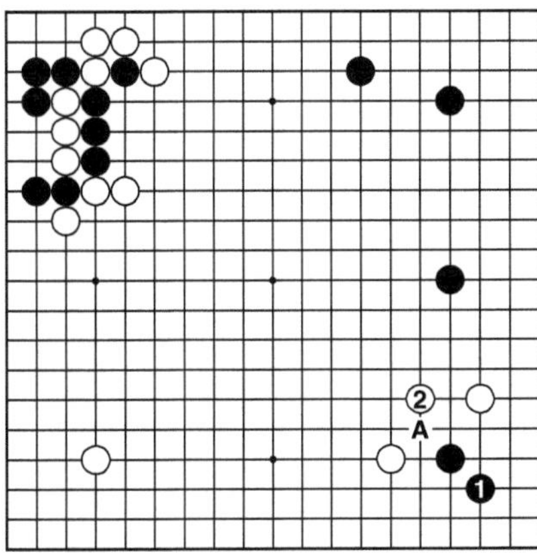


**[15C]** Fehler.
Mit 1 auf dem 3-3-Punkt zu verteidigen ist eine defensive Spielweise, die nicht zur hier gewählten Sanren-sei-Eröffnung passt.

Selbst wenn Schwarz später auf die idee kommt, mit A zu schieben und zu schneiden, ist dies hier nicht die beste Wahl.

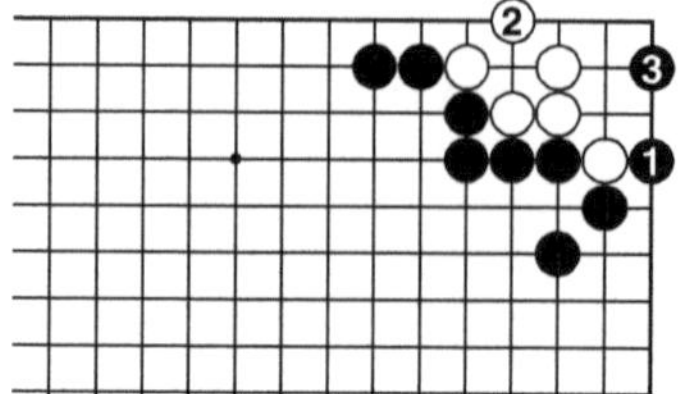

**[16]** Richtig. Das Atari 1 verhindert zwei Augen, denn Schwarz kann auf 3 in die Ecke springen.

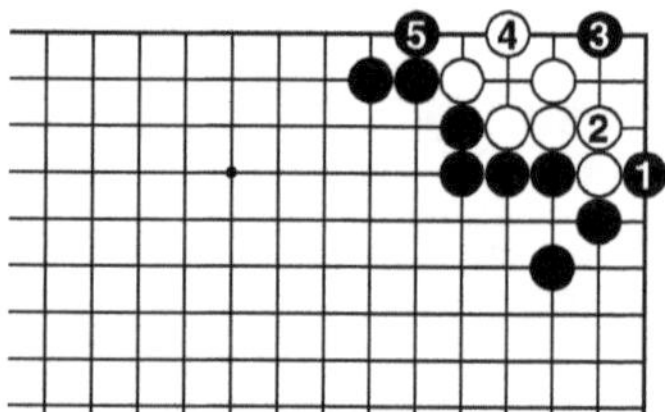

**[16]** Variante. Deckt Weiß auf 2, dann tötet Schwarz mit 3 und 5.

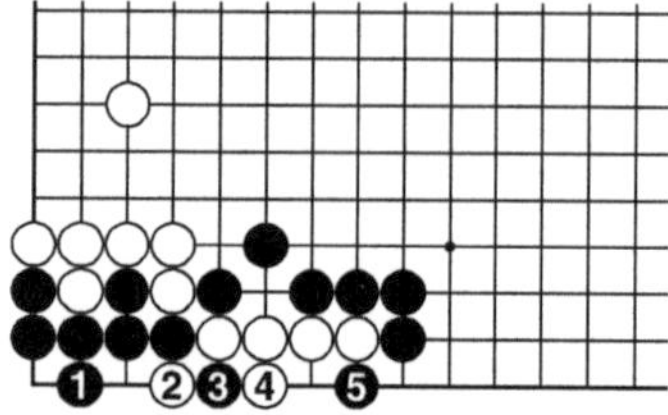

**[17]** Richtig. Schwarz macht mit 1 ein Auge und verhindert, dass Weiß sich annähern kann.

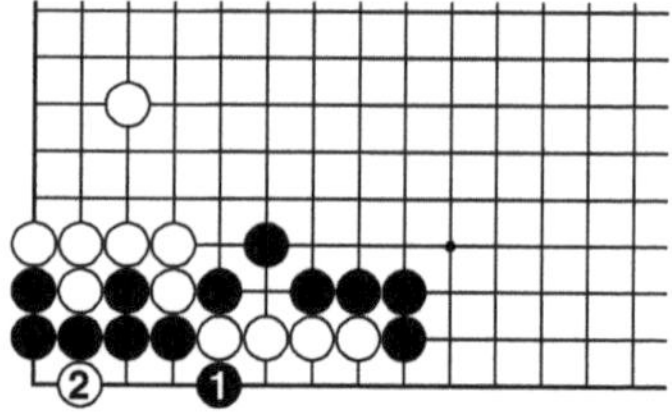

**[17]** Fehler. Jeder andere Zug wie zum Beispiel 1 hier scheitert, denn Weiß kann das vermeintlich größere Auge von innen auffüllen.

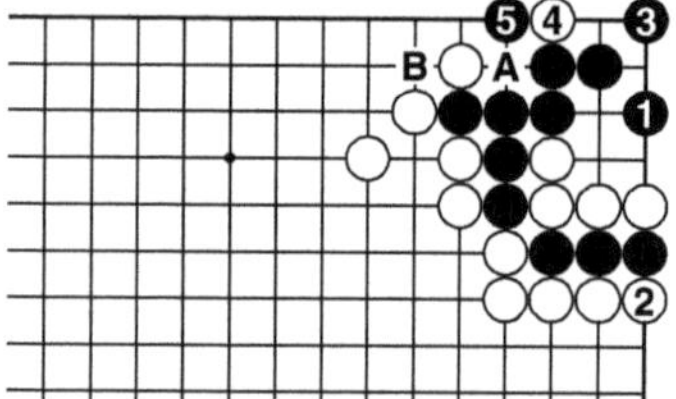


**[18]** Richtig. Schwarz 1 bereitet die Augenform vor. Weiß kann sich nicht annähern und so macht Schwarz mit 3 das zweite Auge. Nach 5 sind A und B Miai.

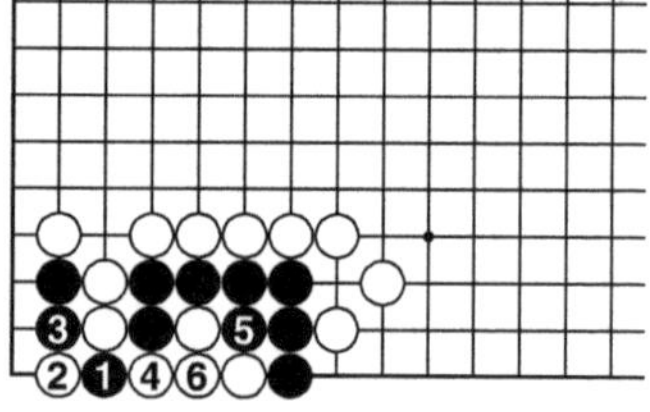

**[19]** Richtig. Das Umbiegen auf der ersten Linie ist das Tesuji. Nach der Abfolge bis Weiß 6 schlägt Schwarz mit 7 auf 1. Anschließend …

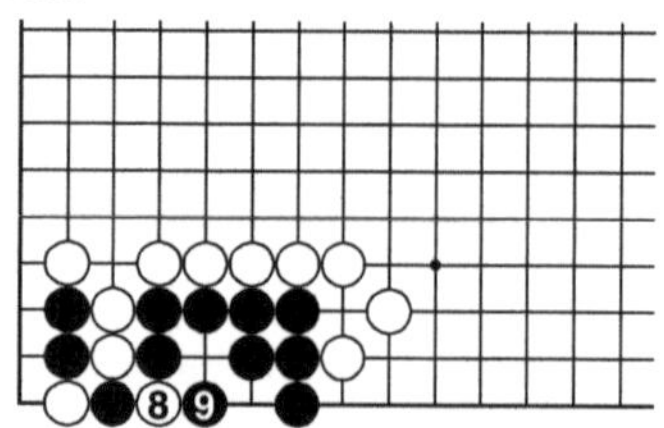

**[19]** Fortsetzung. … kann Weiß nicht selbst auf 9 die Augenform zerstören, denn er steht in Atari. So lebt Schwarz nach 8 mit 9.

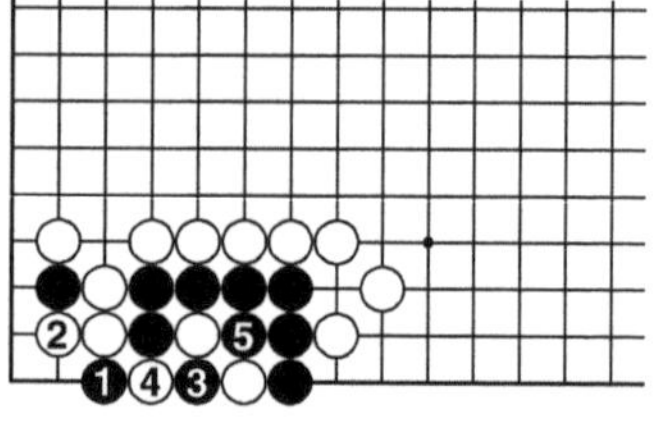

**[19]** Variante. Zieht Weiß nach Schwarz 1 auf 2 zurück, dann wirft Schwarz auf 3 ein. Nach 5 kann Weiß nicht decken.

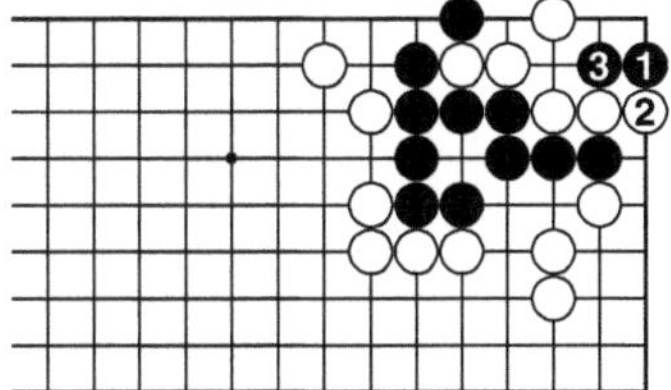

**[20]** Richtig. Das Tesuji findet sich wieder auf der ersten Linie. Weiß kann zwar drei Steine anbinden, aber Schwarz lebt.

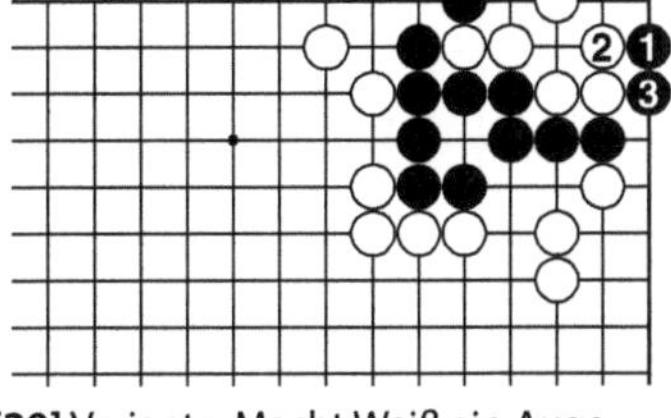

**[20]** Variante. Macht Weiß ein Auge, dann zieht Schwarz heraus. Dank der Außenfreiheiten gewinnt Schwarz das Semeai.

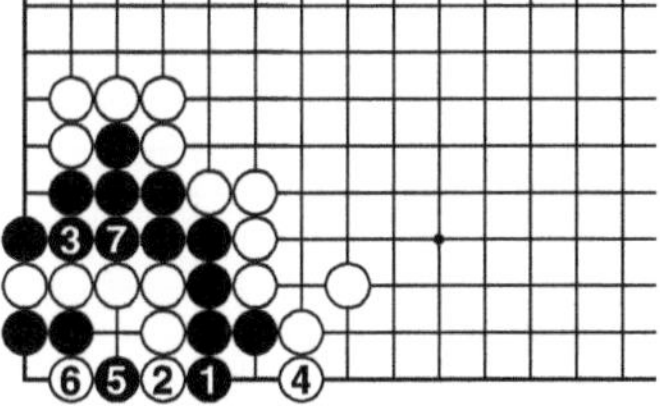

**[21]** Richtig. Hier ist das Strecken zum Rand richtig, denn nur so gewinnt Schwarz das Semeai sicher.

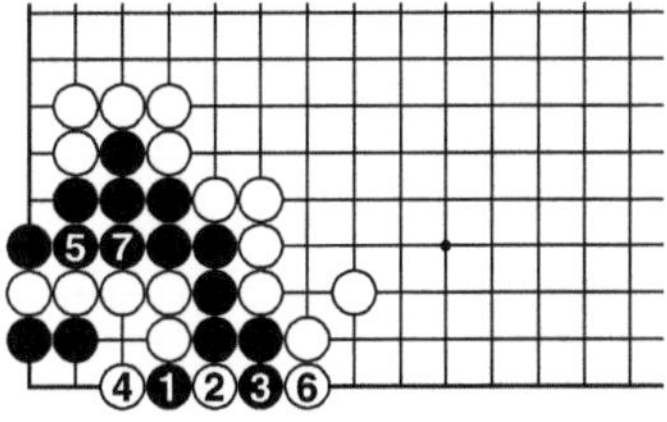

**[21]** Fehler. Spielt Schwarz das Hane, dann wirft Weiß auf 2 ein. Nach der Abfolge bis 7 schlägt Weiß mit 8 auf 2. Schwarz muss ein Ko kämpfen.

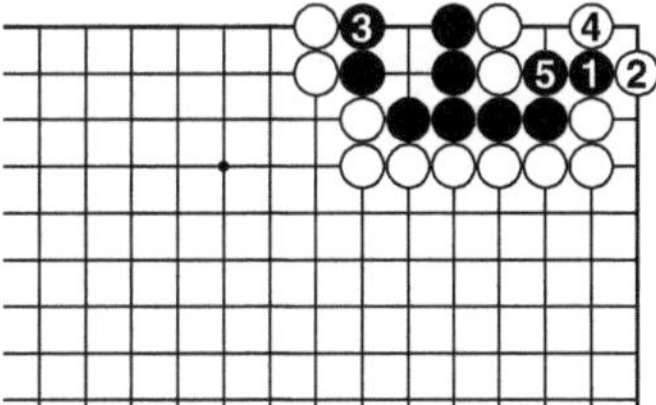

**[22]** Richtig. Schwarz schafft mit 1 Augenraum in der Ecke, bevor er mit 3 das zweite Auge macht.

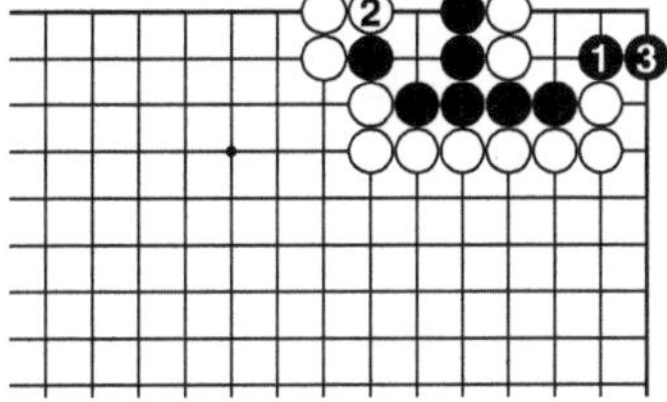

**[22]** Variante. Verhindert Weiß mit 2 das eine Auge, dann kann Schwarz mit 3 ein großes Leben in der Ecke machen.

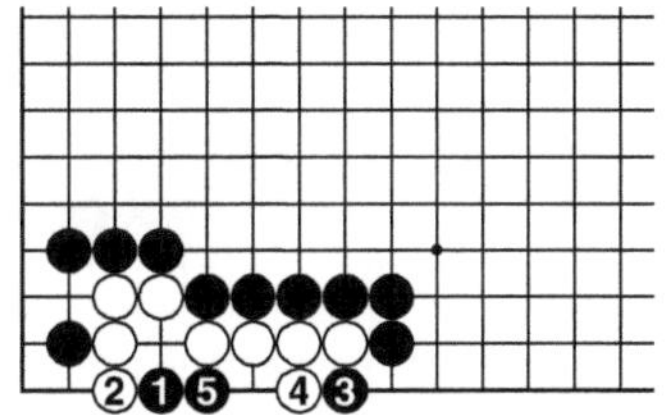

**[23]** Richtig. Schwarz 1 besetzt den vitalen Punkt und tötet Weiß.

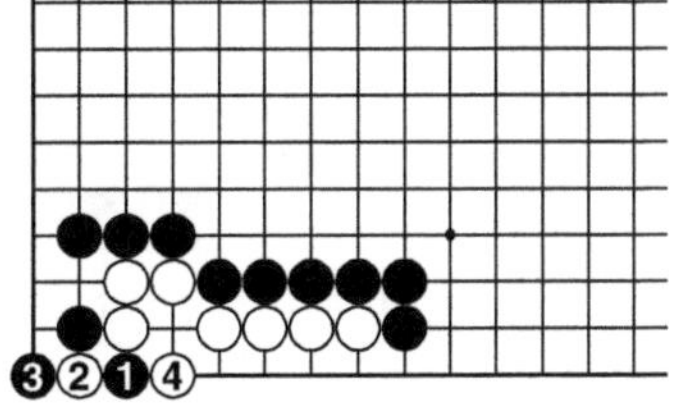

**[23]** Fehler. Mit Schwarz 1 ein Auge unecht machen zu wollen ist ein Fehler, denn Weiß wirft auf 2 ein und erreicht ein Ko.

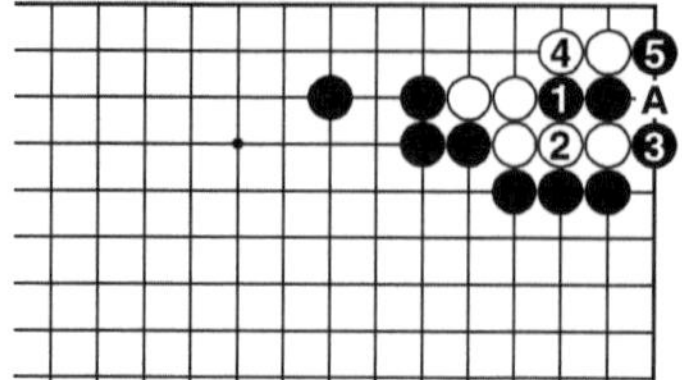

**[24]** Richtig. Schwarz sticht erst in die Augenform, bindet mit 3 an und spielt das Hane 5. Schlägt Weiß auf A, dann schlägt Schwarz zurück.

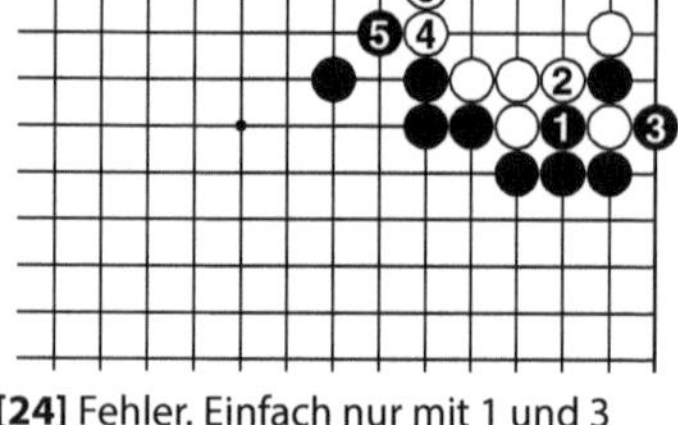

**[24]** Fehler. Einfach nur mit 1 und 3 einen Stein zu fangen, reicht nicht, denn Weiß lebt in der Ecke.

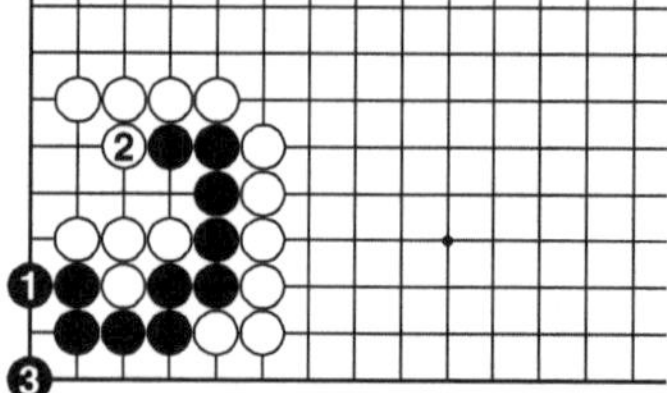

**[25]** Richtig. Schwarz 1 ist Vorhand, vier weiße Steine zu fangen. Danach kann er mit 3 zwei Augen machen.

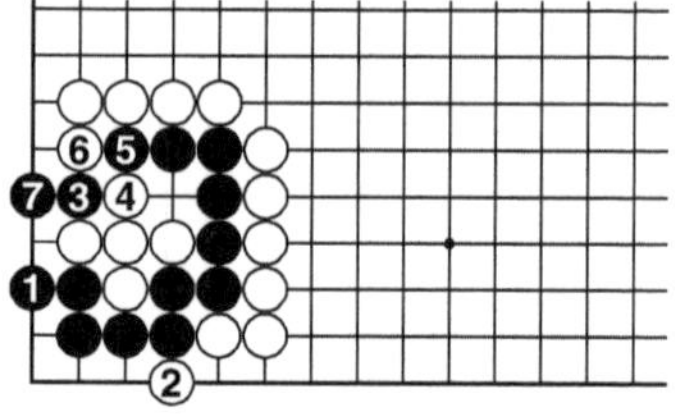

**[25]** Variante. Antwortet Weiß mit 2 hier, um den Augenraum zu reduzieren, dann fängt Schwarz mit 3 bis 7 vier weiße Steine.

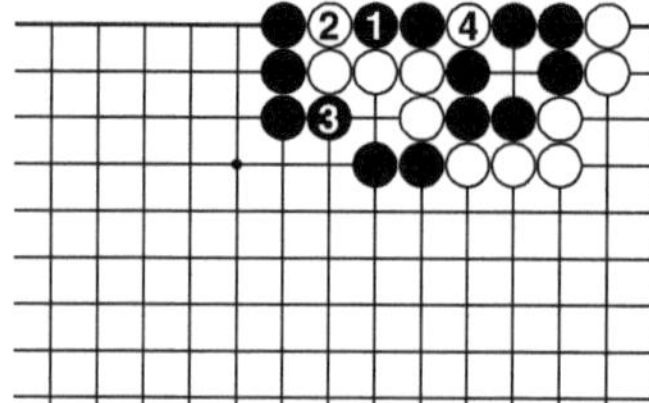

**[26]** Richtig. Schwarz gewinnt mit 1 das Semeai. Nach Weiß 4 schlägt Schwarz zurück. Weiß kann sich nicht mehr annähern.

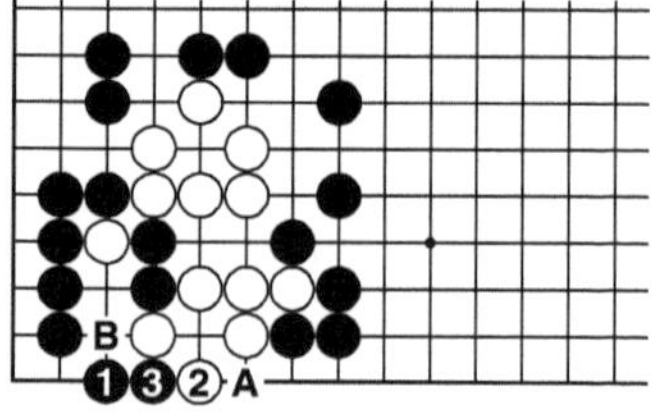

**[27]** Richtig. Das Kosumi 1 tötet Weiß. Blockt Weiß auf 3, spielt Schwarz A. Statt 1 auf 2 zu spielen funktioniert hier nicht, denn Weiß kann B in Vorhand spielen und dann mit A leben.

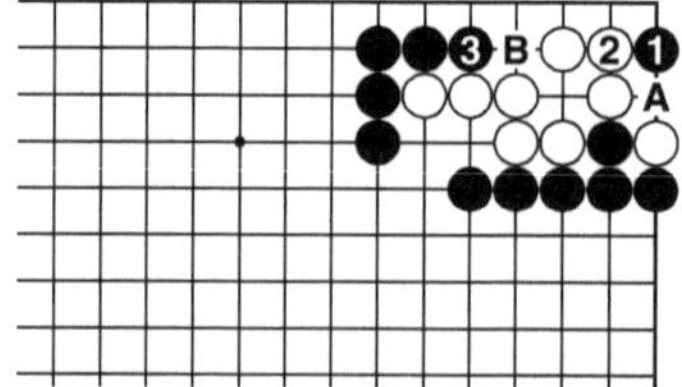

**[28]** Richtig. Schwarz 1 auf der ersten Linie tötet. Nach 3 sind die Punkte A und B Miai.

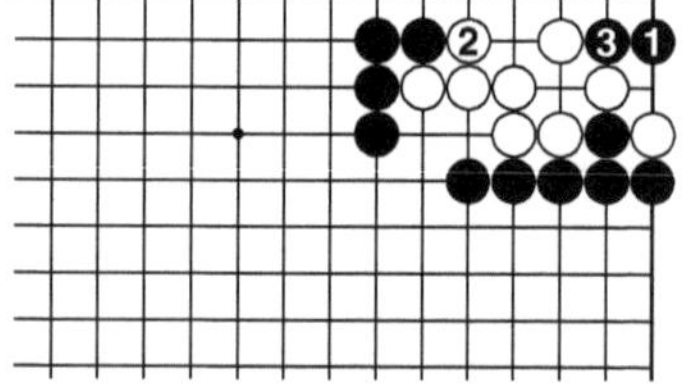

**[28]** Variante. Versucht Weiß mit 2 Augenform zu machen, dann sorgt Schwarz mit 3 dafür, dass eines unecht bleibt.

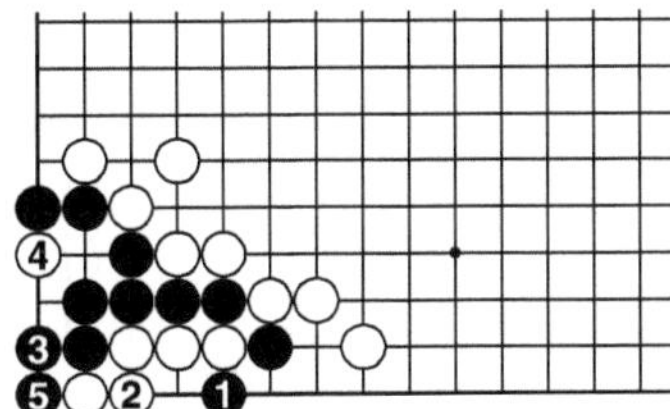

**[29]** Richtig. Schwarz opfert mit 1 einen Stein und kann so leben.

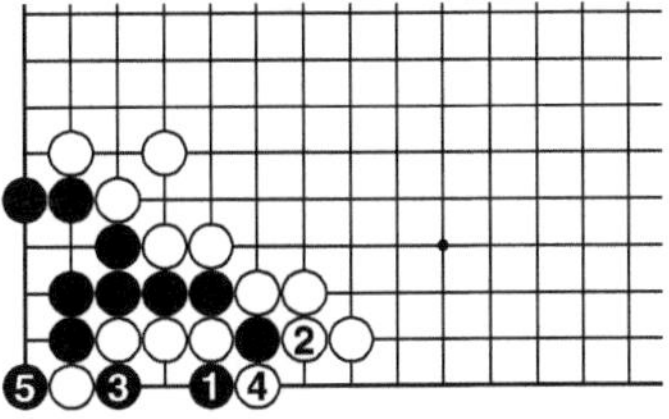

**[29]** Variante. Verhindert Weiß mit 2, dass seine Steine gefangen werden, dann gibt Schwarz mit 3 Doppel-Atari. Nach 5 lebt Schwarz.

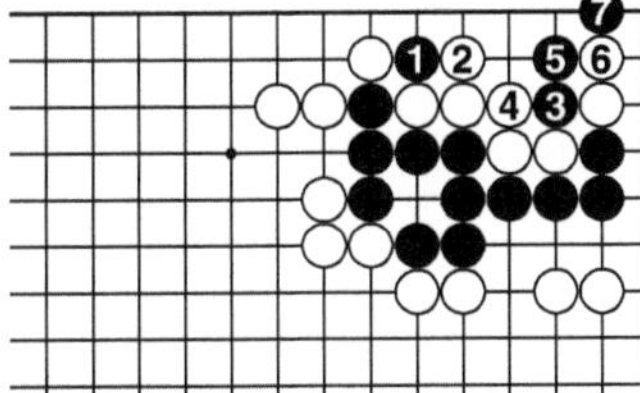

**[30]** Richtig. Schwarz opfert mit 1 einen Stein, um so einen Freiheitenmangel vorzubereiten, denn nach 3 bis 7 kann Weiß sich nicht annähern.

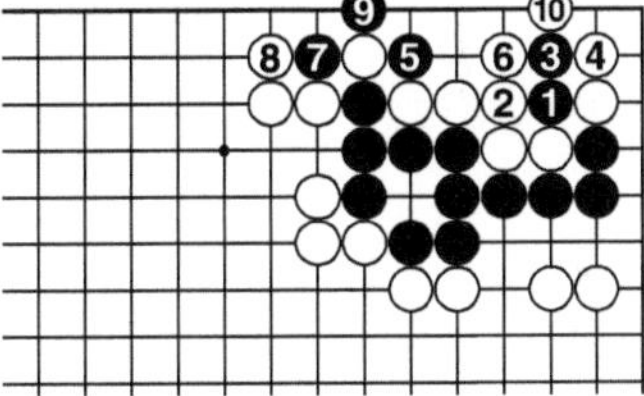

**[30]** Fehler. Wenn Schwarz sofort auf 1 schneidet, dann kann er zwar mit 5 bis 9 einen Stein fangen, aber ein echtes Auge ist das nicht.

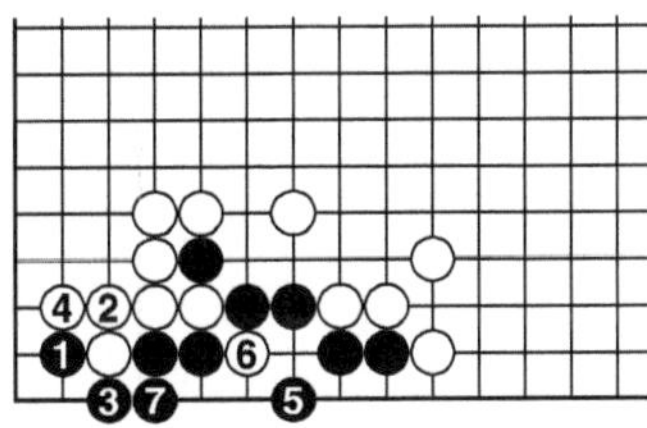

**[31]** Richtig. Das Klemmen mit 1 hilft Schwarz, in der Abfolge bis 7 zwei Augen zu machen.

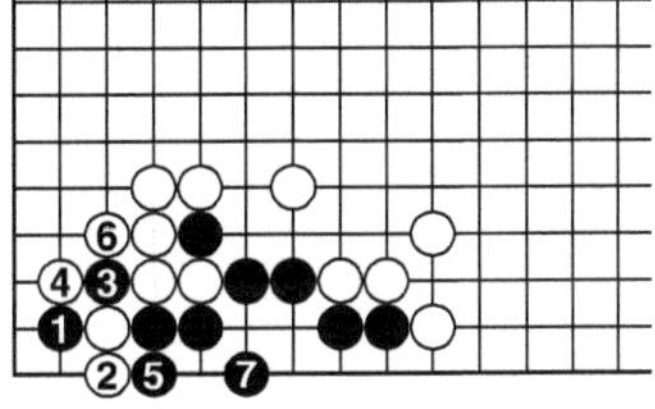

**[31]** Variante. Wenn Weiß auf 2 antwortet, dann opfert Schwarz mit 3, spielt 5 in Vorhand und lebt auf 7.

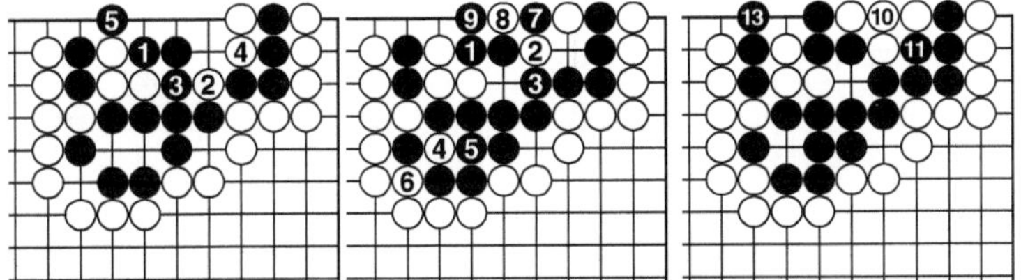

**[32]** Richtig. Schwarz 1 ist das Tesuji. Schneidet Weiß auf 2, dann hat Schwarz das Doppel-Atari 3.

**[32]** Variante. Antwortet Weiß auf 2, dann verbindet Schwarz auf 3. Nach Weiß 4 bis 6 wirft Schwarz auf 7 ein. Mit 10 entsteht eine Nakade-Form, doch wenn Weiß mit 12 auf 10 spielt, dann fängt Schwarz mit 13 drei Steine.

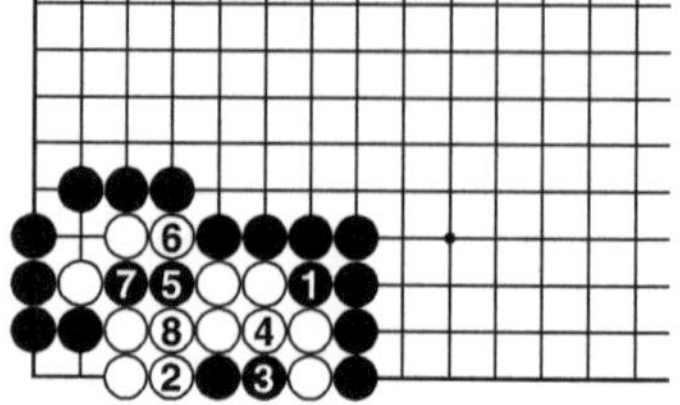

**[33]** Richtig. Mit 1 und 3 nutzt Schwarz die Schwachstelle aus und reduziert den Augenraum. Danach verhindert er mit 5 und 7 das zweite Auge.

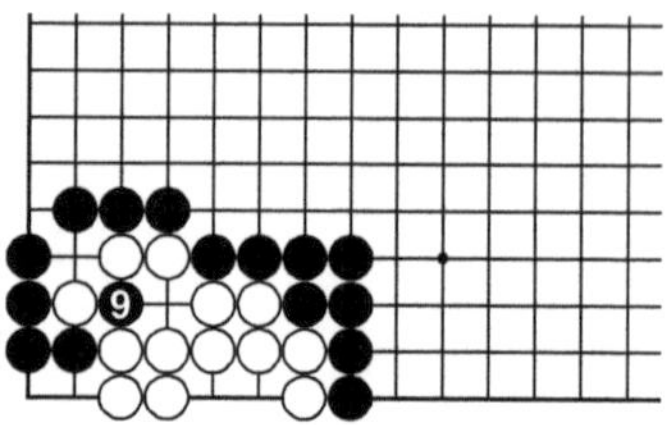

**[33]** Fortsetzung. Nachdem Weiß mit 8 zwei Steine geschlagen hat, tötet Schwarz auf 9.

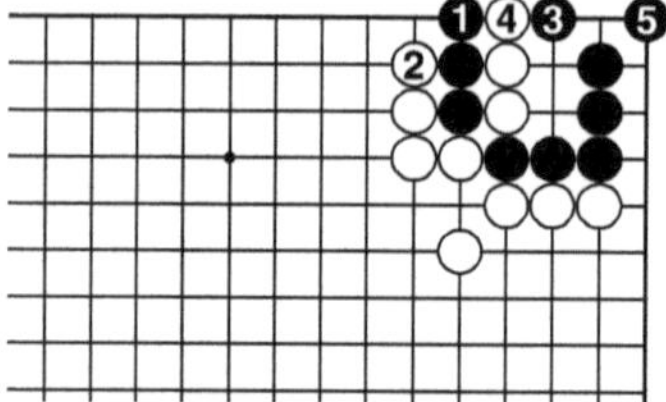

**[34]** Richtig. Schwarz muss mit 1 einen weiteren Stein opfern. Nach 3 und 5 kann Weiß sich nicht annähern, um das zweite Auge unecht zu machen.

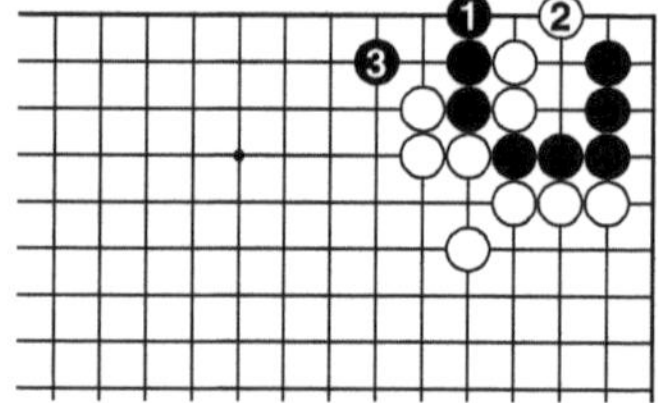

**[34]** Variante. Versucht Weiß mit 2 die zwei Augen in der Ecke zu verhindern, dann springt Schwarz mit 3 hinaus und verschafft sich genügend Freiheiten, um die drei Steine zu fangen.

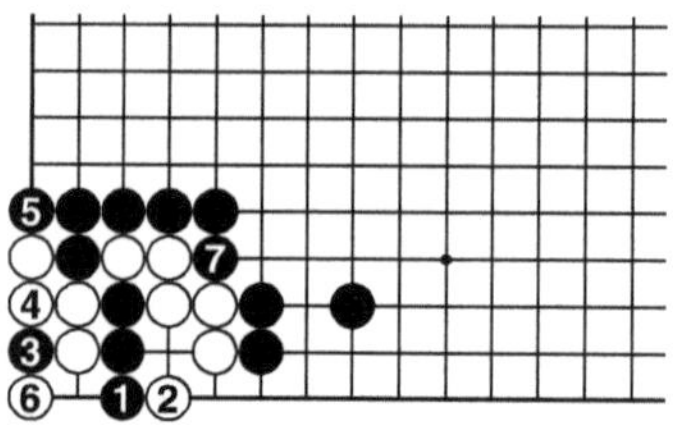

**[35]** Richtig. Auch hier ist das Strecken zum Rand die Lösung. Nach Weiß 2 ist 3 Tesuji. Nach 7 kann Weiß sich von keiner Seite annähern.

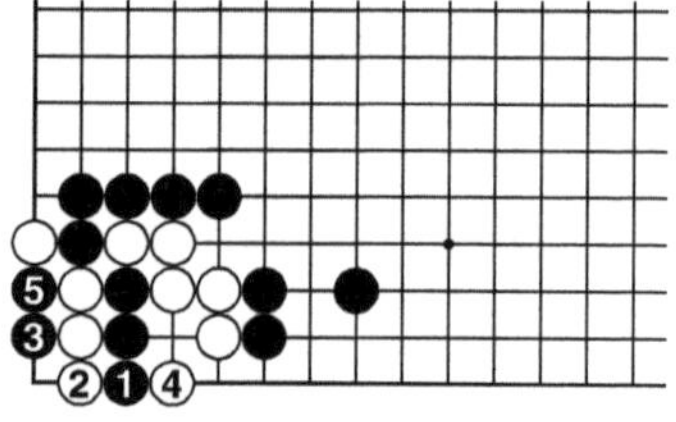

**[35]** Variante. Antwortet Weiß auf 2 hier, dann spielt Schwarz wieder 3. Nach 4 verhindert Schwarz mit 5 das zweite Auge.

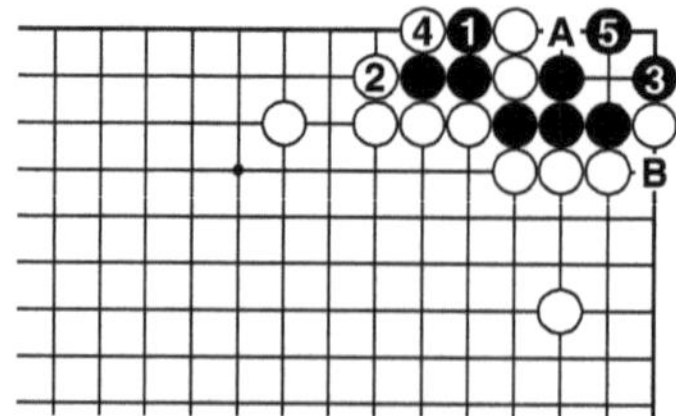


**[36]** Richtig. Das leere Dreieck 1 ist Tesuji. Fängt Weiß mit 2, dann lebt Schwarz mit 3 und 5. Weiß A wird mit dem Schlagen auf B beantwortet.

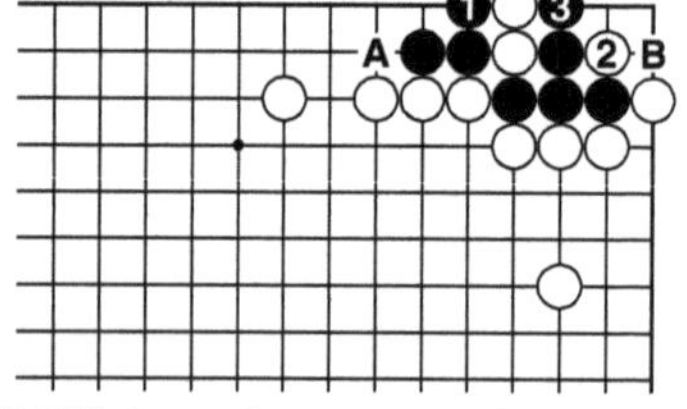


**[36]** Variante. Antwortet Weiß mit 2 hier, dann schlägt Schwarz zwei Steine. Nun sind A und B Miai auf ein zweites Auge.

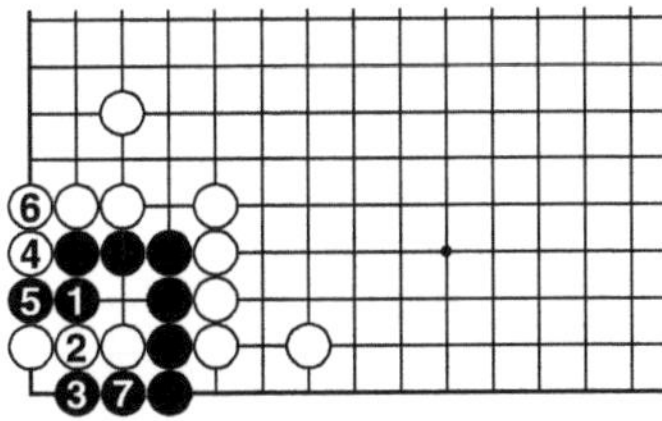

**[37]** Richtig. Das leere Dreieck auf 1 ermöglicht Schwarz mit der Zugfolge bis 7 in Seki zu leben.

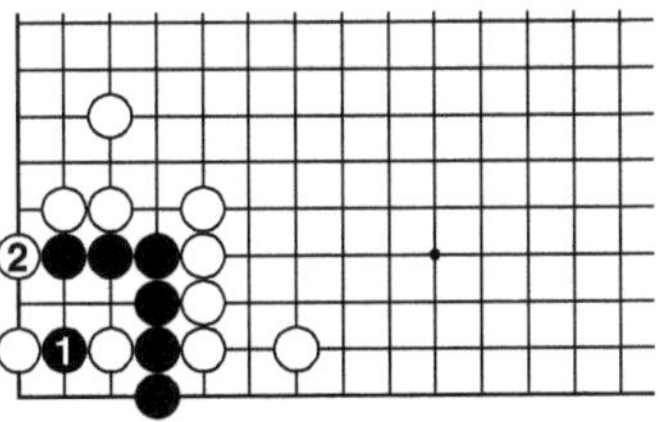

**[37]** Fehler. Schwarz 1 hier ist ein plumper Versuch, den Weiß einfach mit 2 beantwortet.

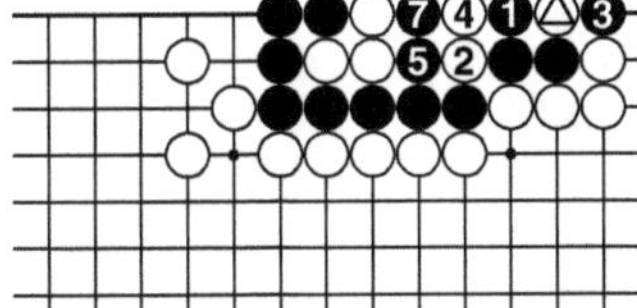

**[38]** Richtig. Schwarz 1 ist ein starker Opferzug. Gibt Weiß mit 2 Atari, dann schlägt Schwarz auf 3. Nach 4 gibt Schwarz selbst Atari. Weiß 6 schlägt drei Steine und Schwarz 7 ebenso.

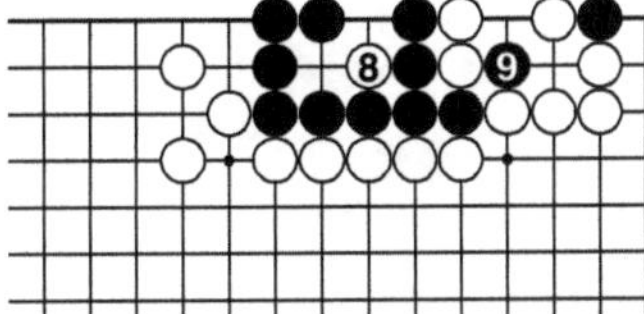

**[38]** Fortsetzung. Will Weiß nun mit 8 zwei Augen verhindern, dann fängt Schwarz mit 9 zwei weiße Steine. Das Fangen von Steinen, wo gerade Steine geschlagen wurden, wird *ishi-no-shita* („unter den Steinen") genannt.

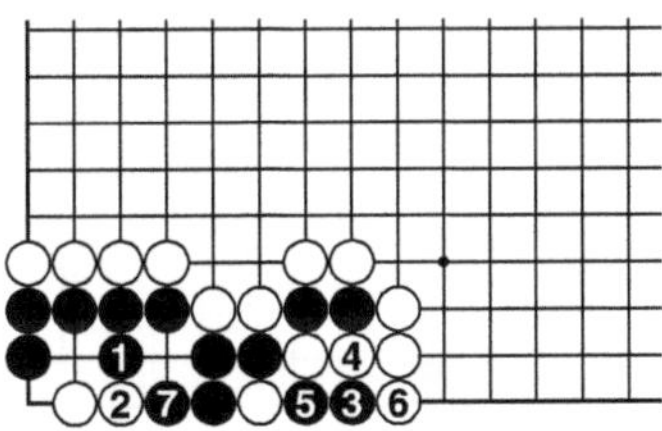

**[39]** Richtig. Schwarz 1 sieht seltsam aus, besetzt aber den Formpunkt. Das Tesuji ist Schwarz 3. Nach 5 und 6 kann Schwarz sich auf 7 annähern, um die zwei weißen Steine innen zu fangen.

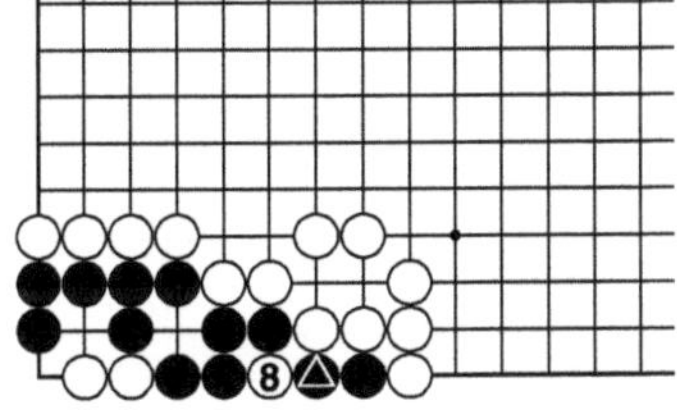

**[39]** Fortsetzung. Schlägt Weiß mit 8 zwei Steine, so schlägt Schwarz zurück und behält die Freiheit. Statt 3 sofort auf 5 zu schlagen bewirkt nur ein Ko, denn Weiß blockt auf 3.

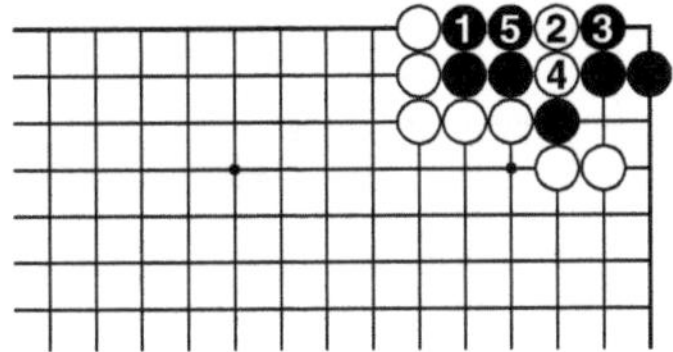

**[40]** Richtig. Schwarz leitet mit 1 eine „unter den Steinen"-Abfolge ein.

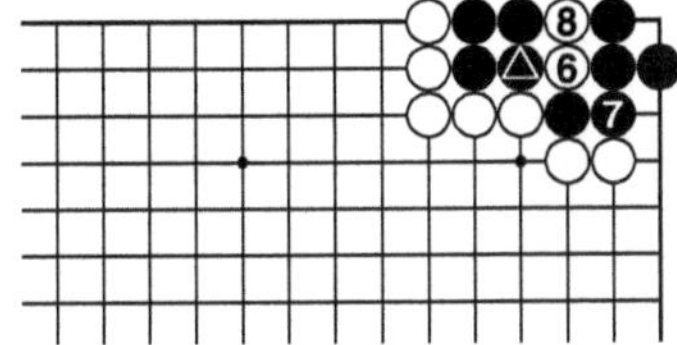

**[40]** Fortsetzung. Wirft Weiß mit 6 ein, so deckt Schwarz auf 7. Weiß schlägt zwar vier Steine, doch Schwarz kontert mit 9 auf dem markierten Punkt und lebt.

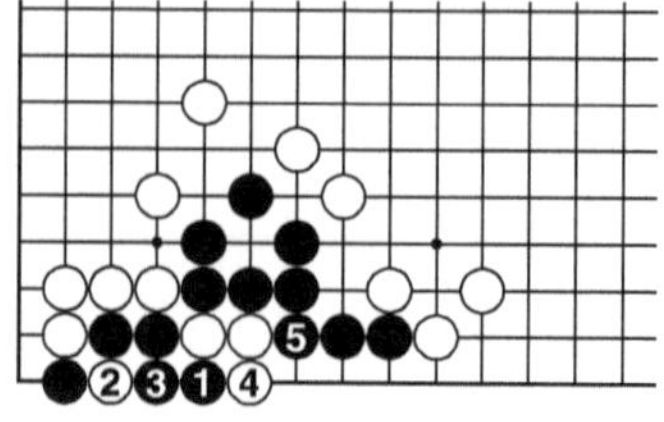

**[41]** Richtig. Auch hier wird „unter den Steinen" gespielt. Schwarz 1 und 3 bereiten das Opfer vor. Nach 5 schlägt Weiß mit 6 auf 2.

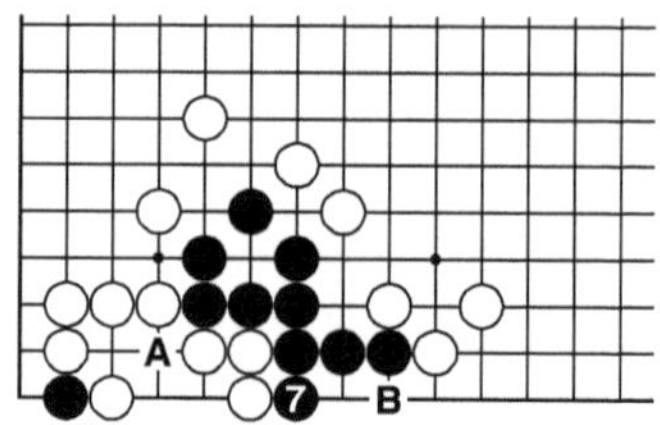

**[41]** Fortsetzung. Nun macht Schwarz mit 7 Miai aus A und B. Schwarz lebt dank des Opfers.

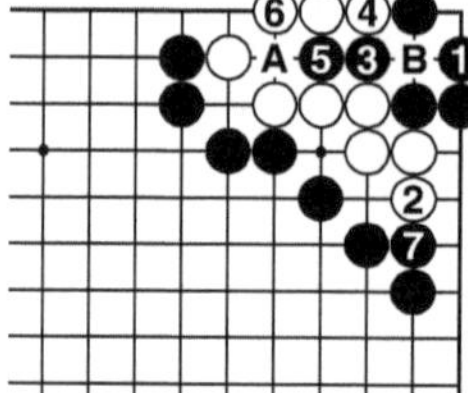

**[42]** Richtig. Schwarz droht zuerst mit 1 herauszulaufen. Weiß 2 unterbindet dies. Mit 3 und 5 baut Schwarz eine tote Innenform – doch nach Weiß A darf er noch nicht auf B verbinden.

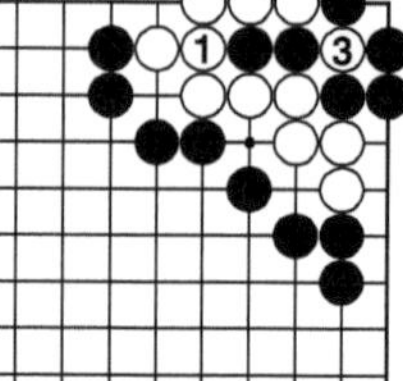

**[42]** Fortsetzung 1. Weiß spielt also erstmal 1 und 3 hier (Schwarz 2 Tenuki), dann erst schlägt Schwarz mit 4 einmal zurück.

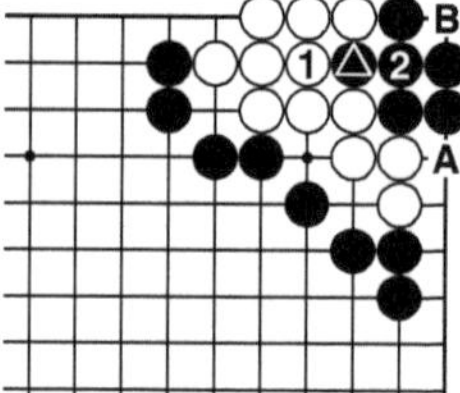

**[42]** Fortsetzung 2. Nach 1 hier deckt Schwarz auf 2. Wieder lässt er Weiß A und B besetzen, um dann schließlich auf 2 den vitalen Punkt zu nehmen.

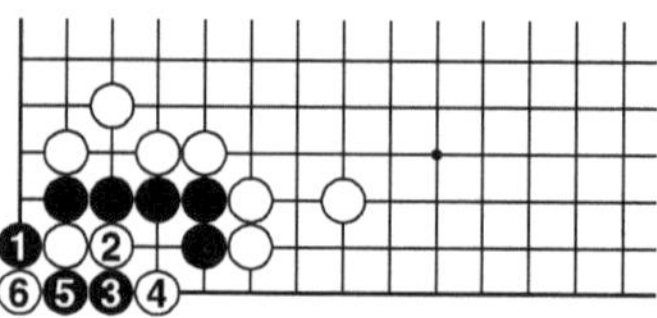

**[43]** Richtig. Nach dem Hane 1 ist Schwarz 3 Tesuji, um zu leben. Nach Weiß 6 schlägt Schwarz mit 7 auf 5 zurück.

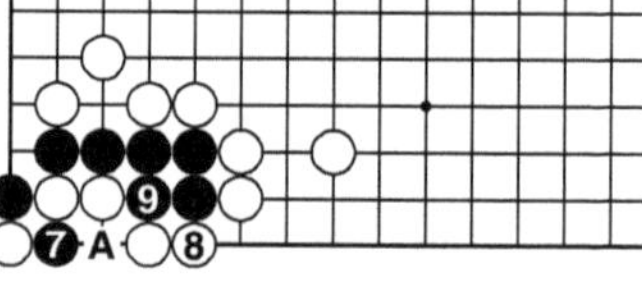

**[43]** Fortsetzung. Wenn Weiß nun seine Steine mit 8 herauszieht, kann Schwarz dank der Außenfreiheit das Atari 9 spielen. Weiß kann mangels Freiheiten nicht decken.

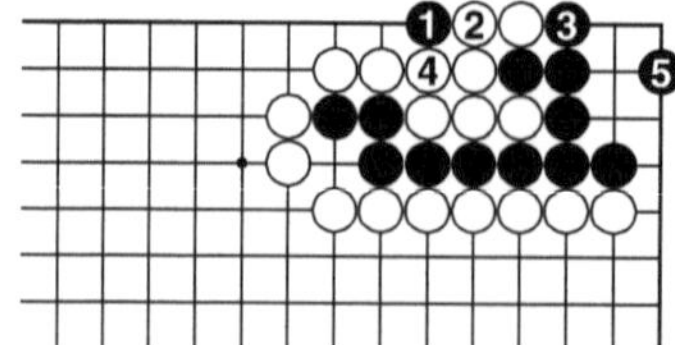

**[44]** Richtig. Schwarz 1 ist das Tesuji, das Leben ermöglicht. 3 ist nun Vorhand und nach 5 lebt Schwarz.

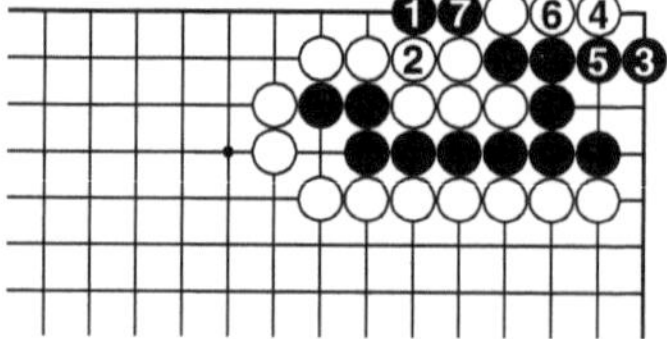

**[44]** Variante. Deckt Weiß auf 2 hier, dann folgt die Sequenz bis 7. Schlägt Weiß mit 8 zwei Steine, dann wirft Schwarz wieder auf 7 ein. Weiß kann das zweite Auge nicht verhindern.

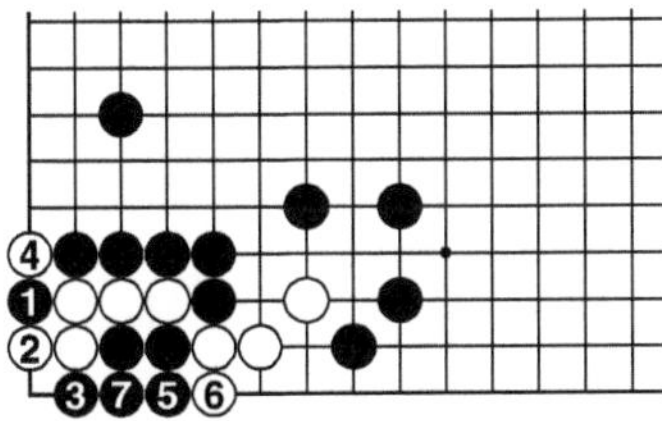

**[45]** Richtig. „Der Tod steckt im Hane". Blockt Weiß auf 2, dann führen Schwarz 3 bis 7 zu einer toten Innenform.

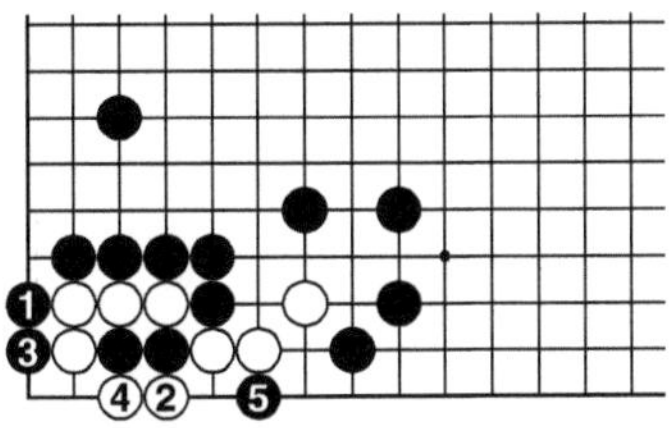

**[45]** Variante. Fängt Weiß mit 2 die zwei schwarzen Steine, dann tötet Schwarz mit 3 und 5.

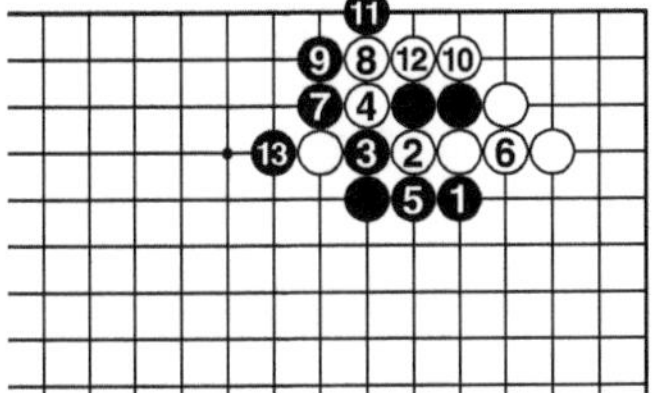

**[46]** Richtig. Der Anleger 1 hilft Schwarz gute Form zu machen. Schneidet Weiß mit 4, dann opfert Schwarz zwei Steine für gute Form außen.

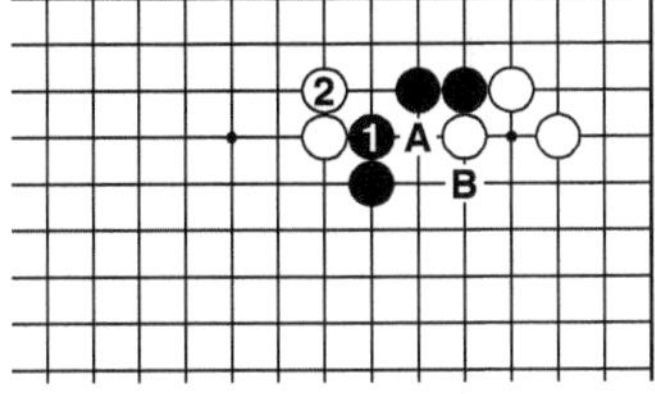



**[46]** Fehler. Mit 1 herauszulaufen macht keine gute Form. Weiß besetzt mit 2 den Formpunkt. Spielt Schwarz stattdessen A, läuft Weiß auf B mit.

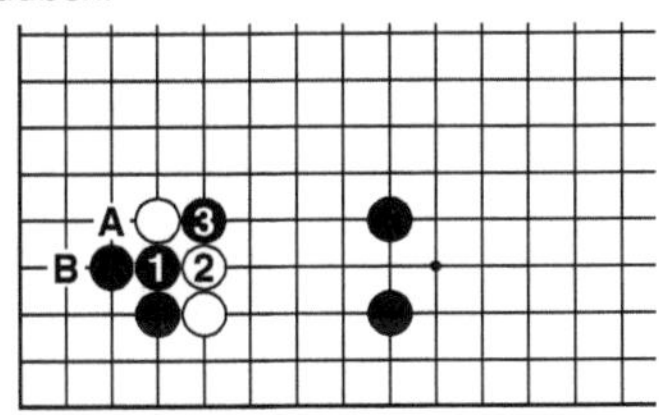



**[47]** Richtig. Das leere Dreieck ist zumeist keine gute Form, jedoch hier angebracht, um keine gute Form bei Weiß entstehen zu lassen. Spielt Weiß nun A, dann antwortet Schwarz auf B.

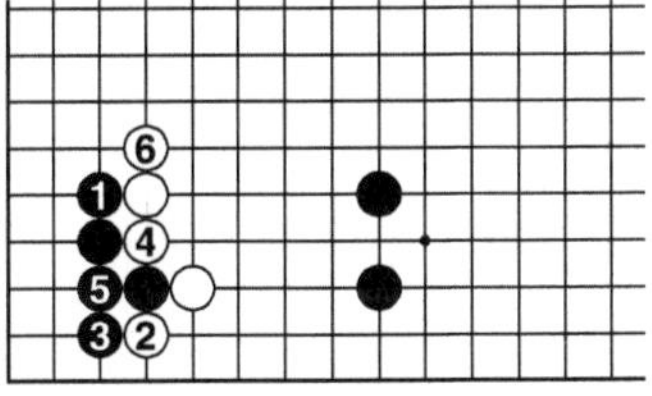

**[47]** Fehler. Mit 1 zu schieben sichert zwar eine Ecke, aber auch Weiß kann sich angesichts der Umgebung gut entwickeln.

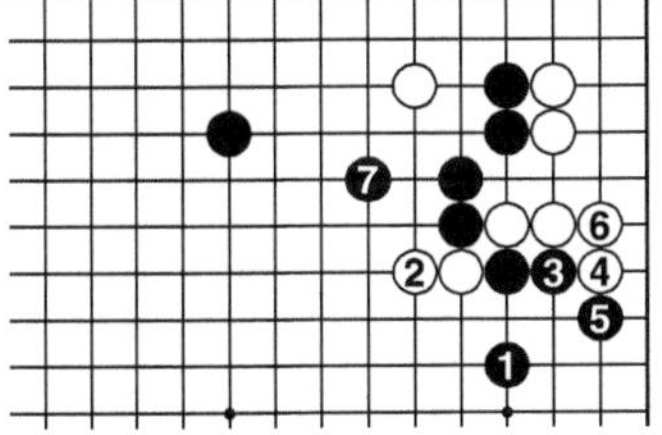

**[48]** Richtig. Der Sprung auf 1 macht gute Form für Schwarz.

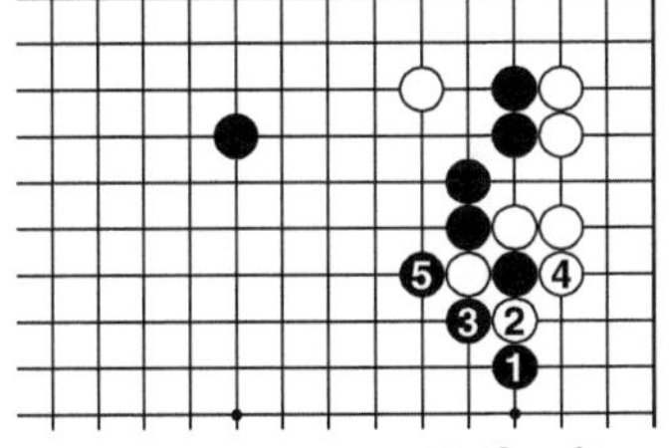

**[48]** Variante. Antwortet Weiß auf 2 hier, dann kontert Schwarz mit 3 und 5.

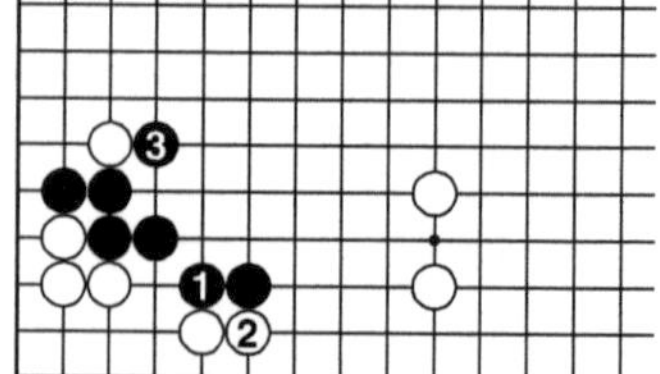

**[49]** Richtig. Schwarz macht mit 1 Form und verhaftet dann mit 3 einen weißen Stein.

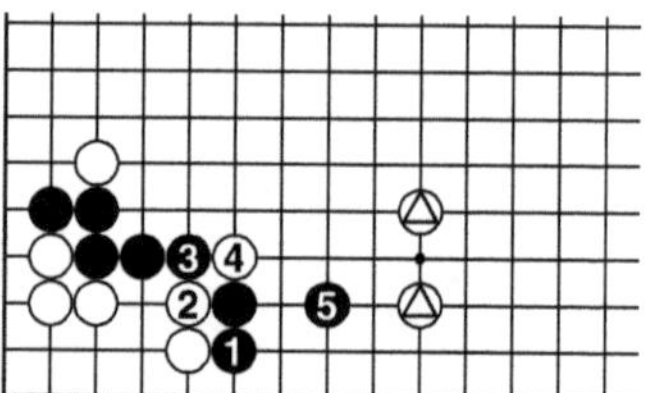

**[49]** Fehler. Mit 1 zu blocken ist ein Fehler, denn Weiß kontert mit 2 und dem Schnitt 4. Aufgrund der markierten Steine hat Schwarz Probleme.

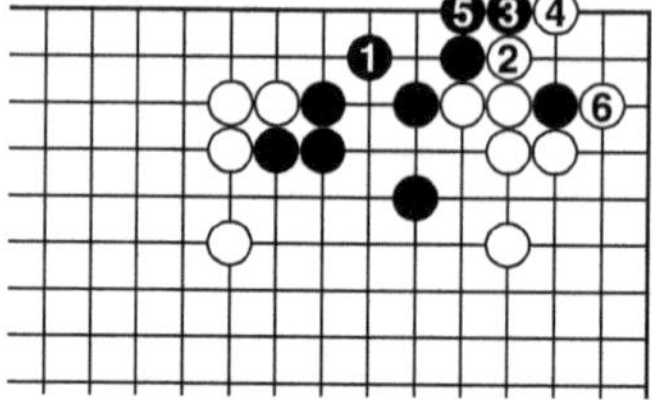

**[50]** Richtig. Schwarz besetzt mit 1 den vitalen Punkt. Nach 2 sichert er mit 3 und 5 Augenform.

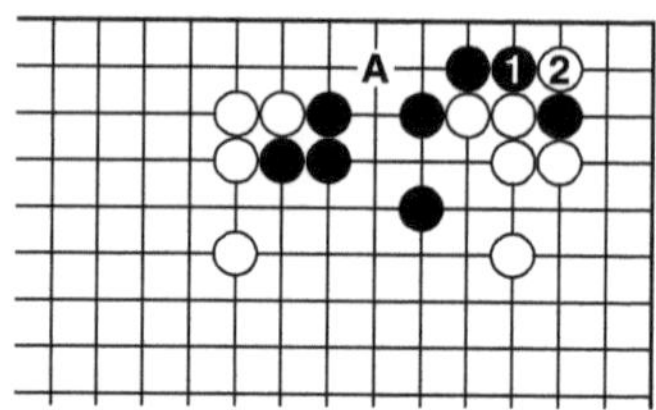

**[50]** Fehler. Das Schieben mit 1 ist keine gute Form. Nach Weiß 2 muss Schwarz noch immer auf A die Schwäche decken.

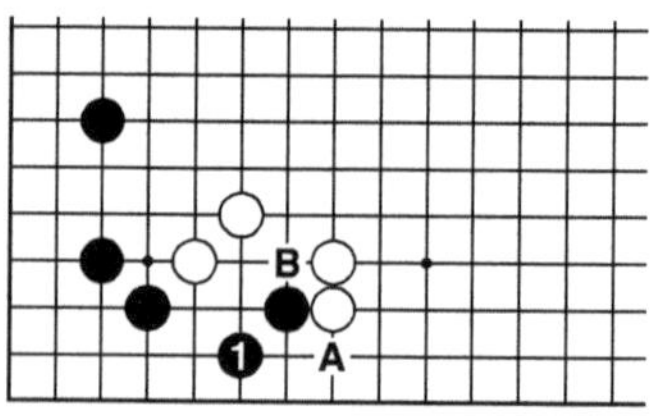

**[51]** Richtig. Das Kosumi 1 macht gute Form und erlaubt Fortsetzungen auf A und B.

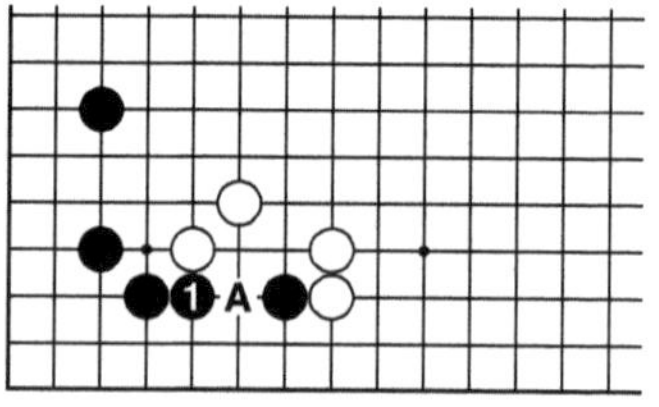

**[51]** Fehler. Schwarz 1 bindet nur an und hinterlässt auf A eine weitere Schwäche.

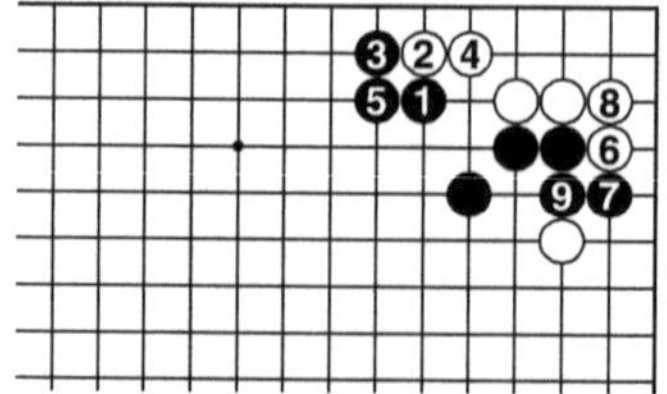

**[52]** Richtig. Schwarz 1 macht gute Form und schließt den Rand nach links ab.

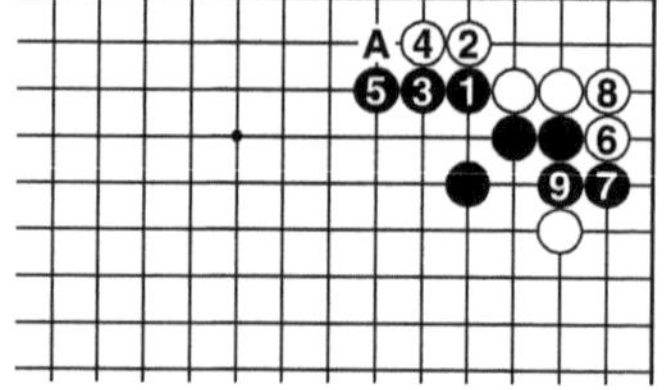

**[52]** Fehler. Schwarz 1 hält Weiß nicht auf, der mit 4 schiebt und später mit A nachlegen kann.

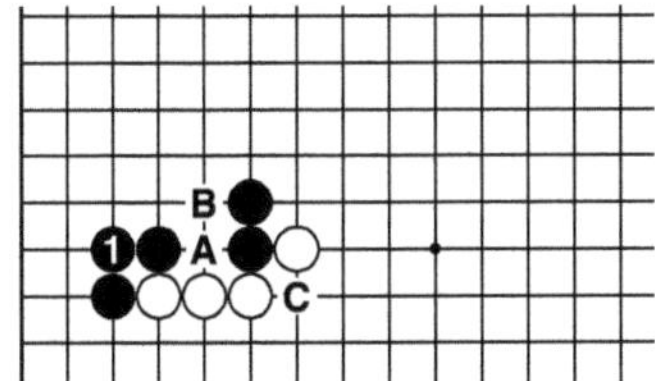


**[53]** Richtig. Schwarz 1 macht feste Form. Weiß kann nicht auf A schieben, denn nachdem Schwarz auf B blockt, droht der Schnitt auf C.

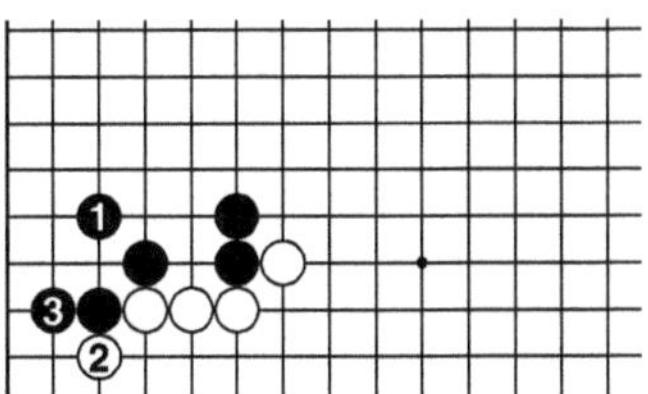


**[53]** Fehler. Schwarz 1 lässt Weiß mit 2 schieben und Schwarz muss mit 3 nachgeben.

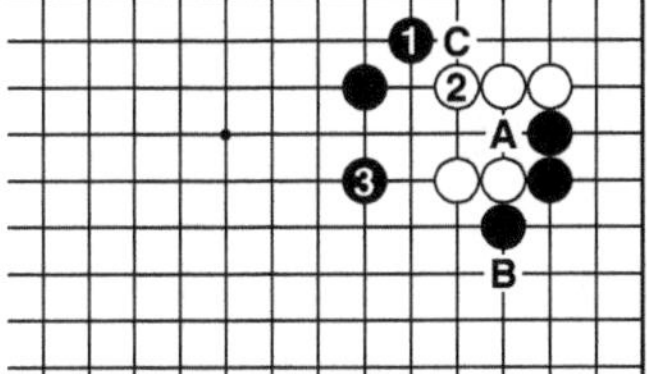


**[54]** Richtig. Das Kosumi 1 macht gute Form und Weiß muss mit 2 verbinden. Deckt Weiß auf A, antwortet Schwarz mit B. Spielt Weiß statt 2 auf C, nimmt Schwarz den Punkt 2.

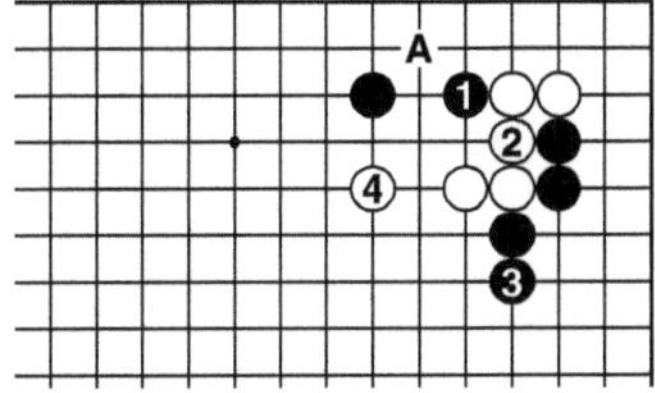


**[54]** Fehler. Der Abtausch 1 für 2 schlecht, denn es bleibt eine Schwäche auf A zurück.

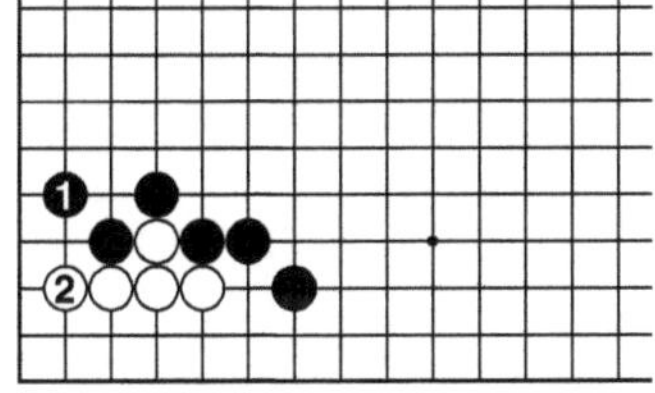


**[55]** Richtig. Die hängende Verbindung auf 1 ist richtig, denn sie droht eine Fortsetzung auf 2 an. Weiß muss mit 2 Leben sichern.

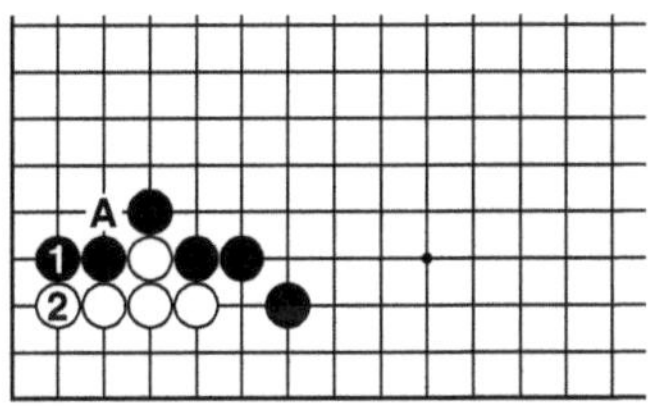


**[55]** Fehler. Mit 1 zu strecken ist keine gute Form, denn nach Weiß 2 verbleibt auf A ein unangenehmer Schnitt.

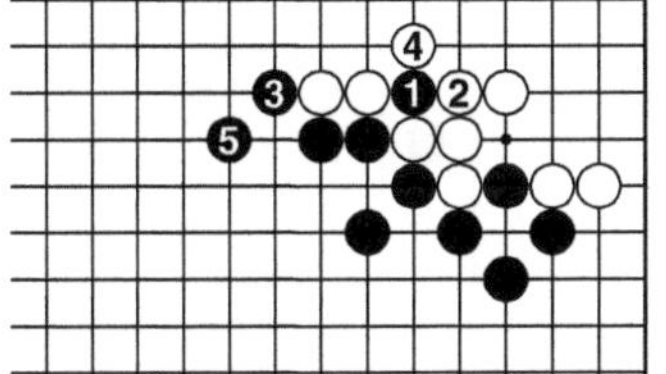


**[56]** Richtig. Mit 1 erzeugt Schwarz eine Schwäche, die Weiß zur Vorsicht zwingt. So bekommt Schwarz 3 und 5.

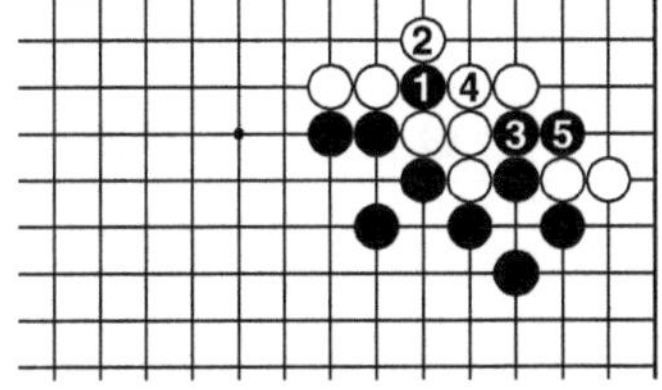


**[56]** Variante. Antwortet Weiß mit 2, dann kann Schwarz mit 3 und 5 in die weiße Stellung einbrechen.

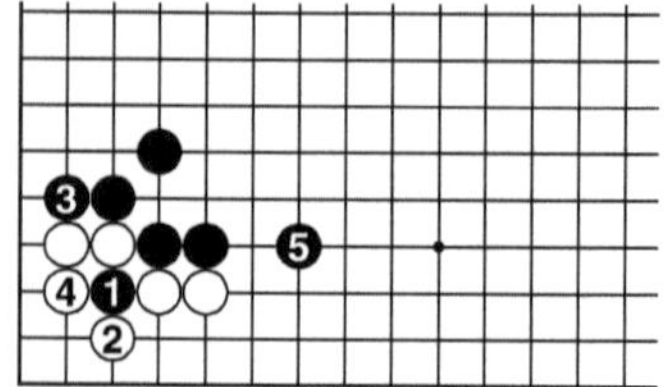

**[57]** Richtig. Schwarz 1 sorgt für eine Schwäche, die Schwarz mit 4 für sich nutzt. Schwarz 5 schließt die Form ab.

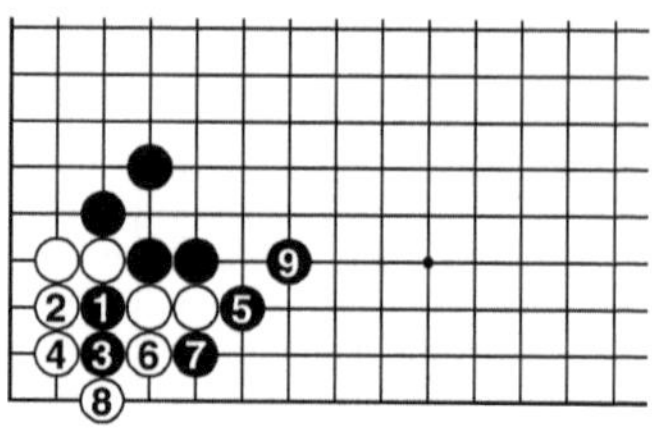

**[57]** Variante. Antwortet Weiß mit 2, dann streckt Schwarz auf 3 und kann 5 und 7 in Vorhand spielen, bevor er mit 9 die Form abschließt.

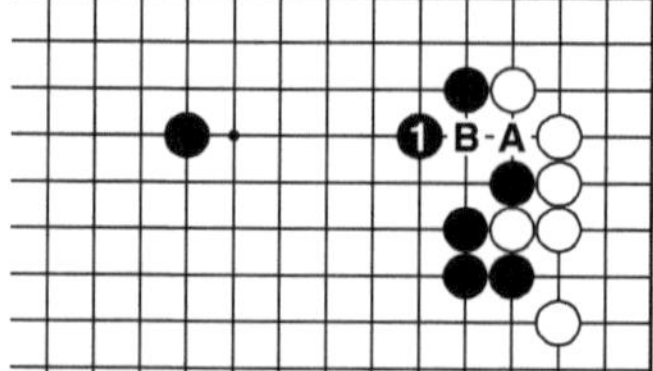

**[58]** Richtig. Das Kosumi 1 macht gute Form. Später kann Schwarz A spielen. Schwarz B wäre schlechte Form.

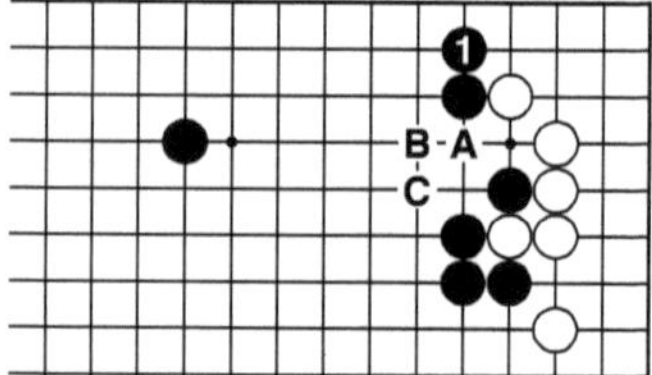

**[58]** Fehler. Das Strecken auf 1 ist schlechte Form, denn Weiß kann mit der Abfolge A bis C die schwarze Gruppe durchtrennen.

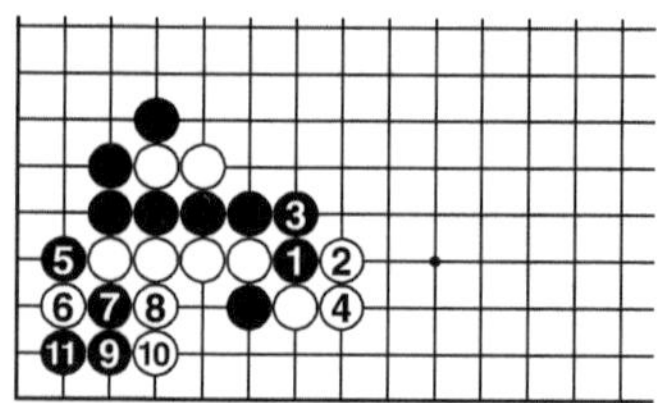

**[59]** Richtig. Schwarz 1 nutzt die Schwäche der weißen Form aus. Antwortet Weiß mit 2 und 4, so kann Schwarz mit 5 bis 11 die Ecke aushöhlen.

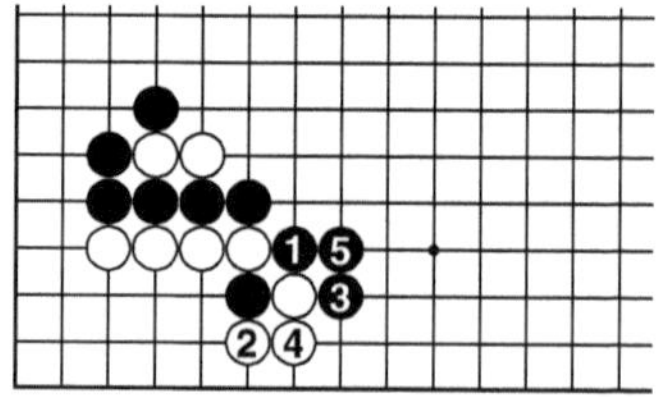

**[59]** Variante. Gibt Weiß mit 2 und 4 nach, schließt Schwarz mit 3 und 5 Weiß in guter Form in der Ecke ein.

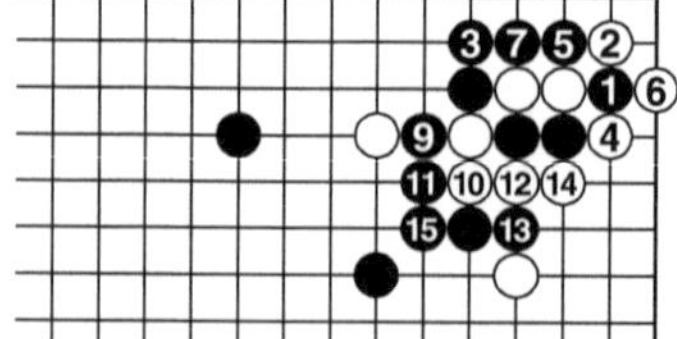

**[60]** Richtig. Schwarz spielt das Hane 1 und streckt auf 3. Es folgt das Ausquetschen bis 13 (Weiß 8 auf 1). Mit dem Decken 15 hat Schwarz starke Form außen.

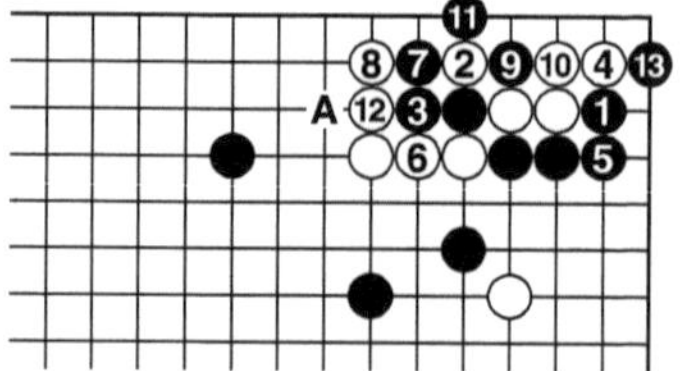

**[60]** Variante. Antwortet Weiß mit 2 hier, dann streckt Schwarz und fängt nach 8 die Ecke. Deckt Weiß statt 8 auf 9, dann springt Schwarz auf A hinaus.

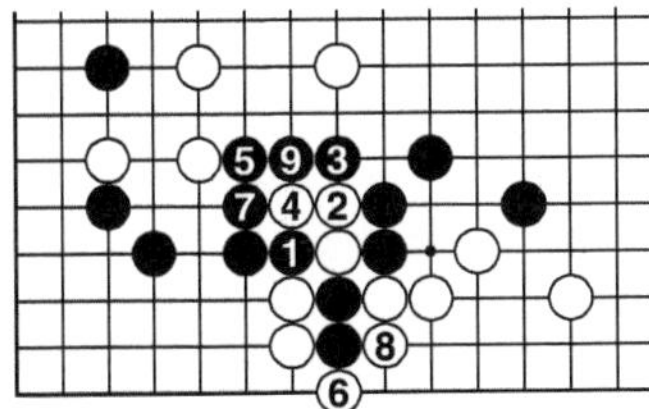

**[61]** Richtig. Schwarz beginnt mit 1 eine Abfolge, mit der er bis 9 seine Steine solide verbindet.

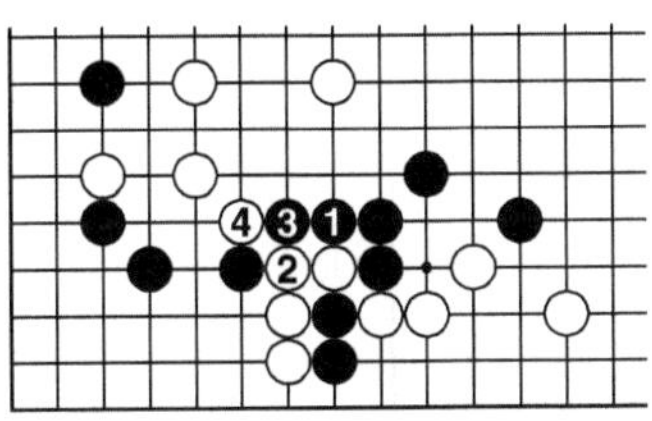

**[61]** Fehler. Einfach nur mit 1 Atari zu geben, reicht nicht, um zu verbinden.

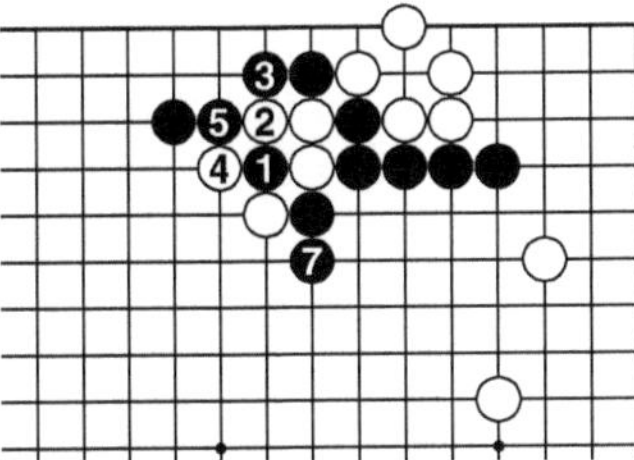

**[62]** Richtig. Mit dem Atari 1 beginnend macht Schwarz in der Abfolge bis 7 gute Form.

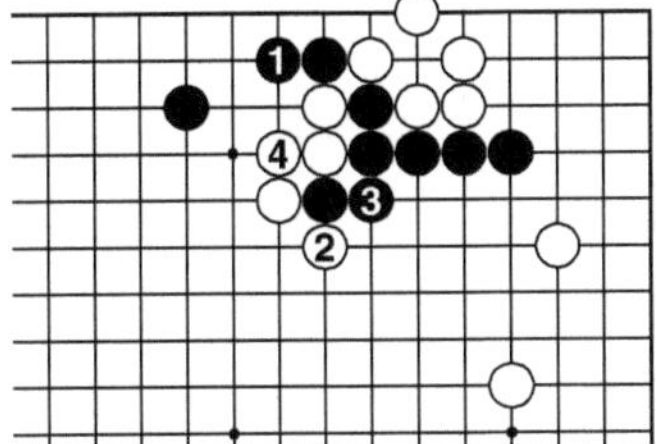

**[62]** Fehler. Schwarz 1 lässt Weiß das Atari 2 spielen und auf 4 decken. Die Form der schwarzen Steine ist nicht optimal.

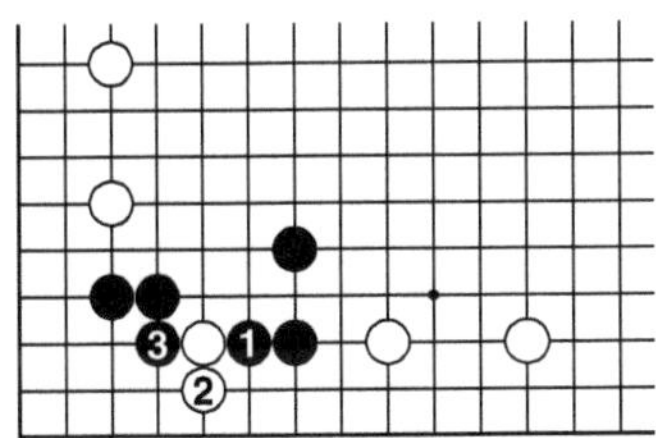

**[63]** Richtig. Schwarz verhaftet den weißen Stein mit 1 und 3.

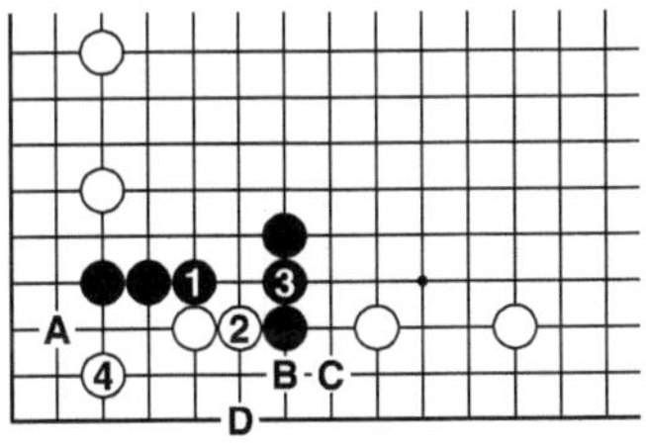


**[63]** Fehler. Wenn Schwarz mit 1 auflegt, dann schiebt Weiß einmal und lebt mit 4. Spielt Schwarz A, dann droht Weiß mit B und D zu verbinden.

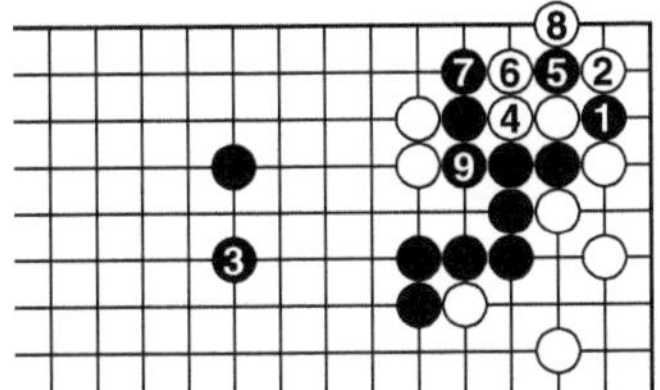

**[64]** Richtig. Schwarz spielt das Opfer 1. Nach Weiß 4 kann Schwarz die Sequenz 5 bis 9 spielen.

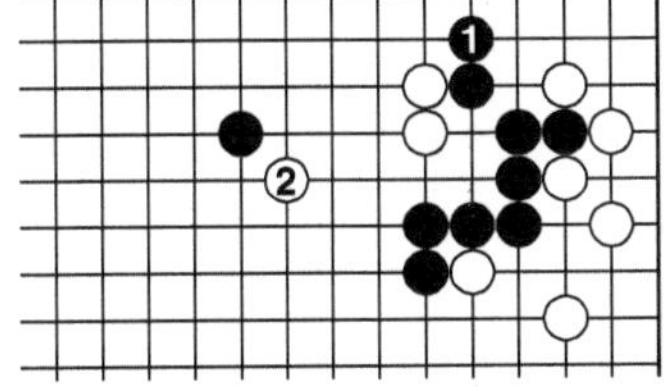

**[64]** Fehler. Schwarz 1 trennt die weißen Steine in Nachhand. Nun kann Weiß in leichter Form herausspringen.

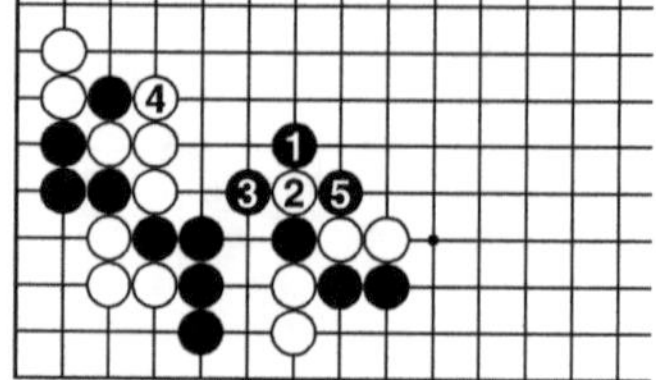

**[65]** Richtig. Mit 1 und 3 droht Schwarz seinen Stein herauszuziehen. Fängt Weiß mit 4, dann schlägt Schwarz auf 5.

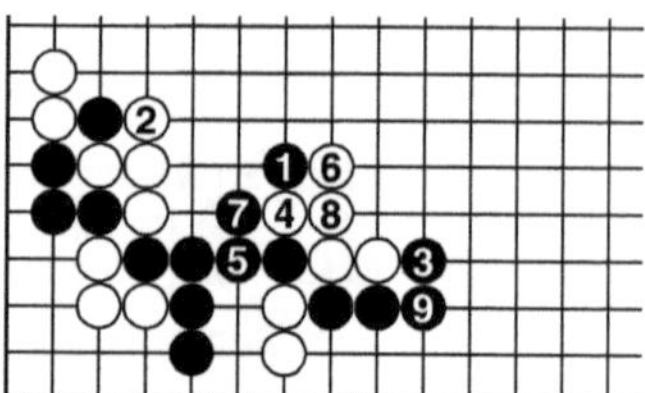

**[65]** Variante. Fängt Weiß gleich mit 2, dann biegt Schwarz auf 3 um und fängt mit 9 zwei weiße Steine großräumig.

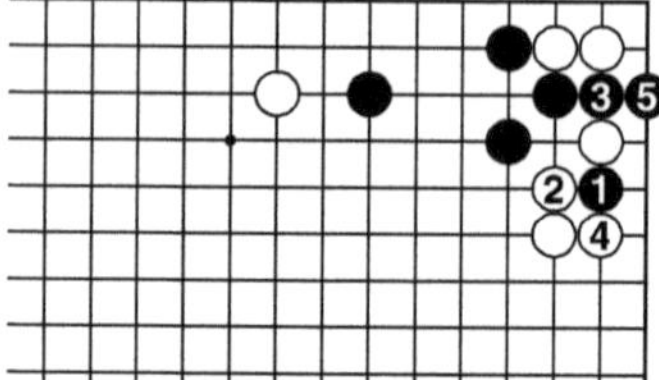

**[66]** Richtig. Schwarz legt mit 1 an. Trennt Weiß auf 2, dann schneidet Schwarz mit 3 und 5.

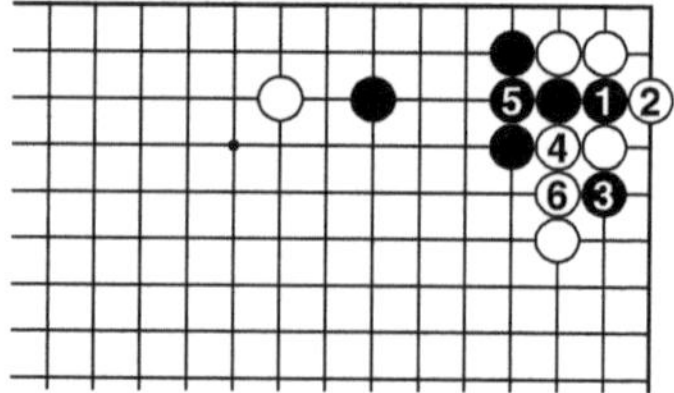

**[66]** Fehler. Vertauscht Schwarz die Reihenfolge, dann kann Weiß mit 4 Atari spielen und Schwarz hat nichts erreicht.

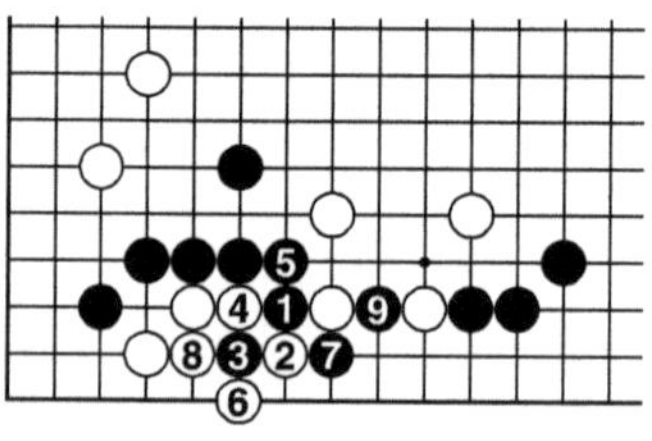

**[67]** Richtig. Schwarz legt mit 1 an und kann die Schwäche in der weißen Stellung ausnutzen. Weiß kann in der Ecke leben, doch die weißen Steine außen haben weder Basis noch Form.

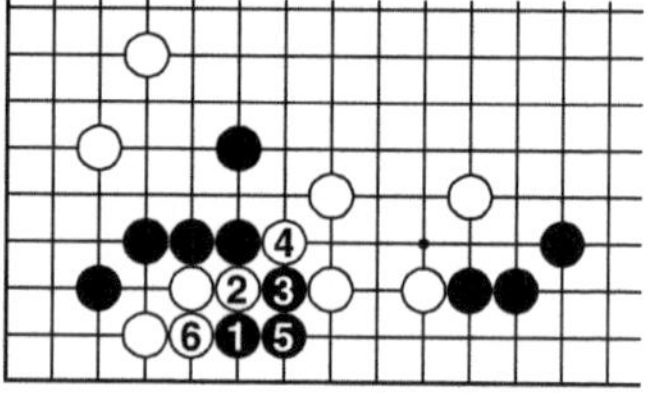

**[67]** Fehler. Schwarz 1 ist ein Fehler, denn nun fängt Weiß die schwarzen Steine einfach.

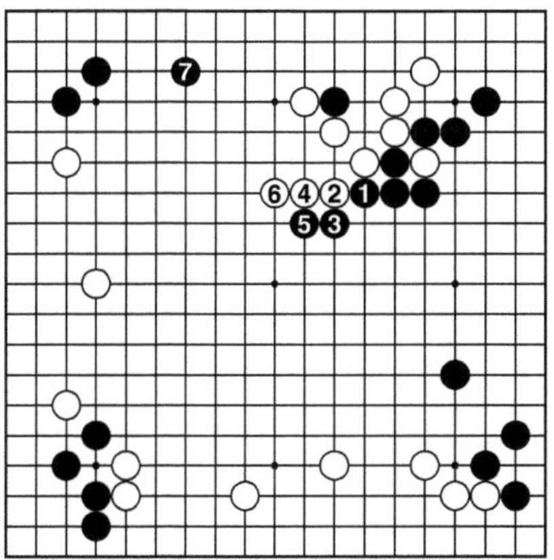

**[68A]** Richtig.
Schwarz 1 nimmt einen wichtigen Formpunkt und baut in der Abfolge bis 5 sein Moyo am rechten Rand aus. Nach Weiß 6 entwertet Schwarz mit 7 die weiße Stärke. Schwarz hat seinen Vorsprung ausgebaut.

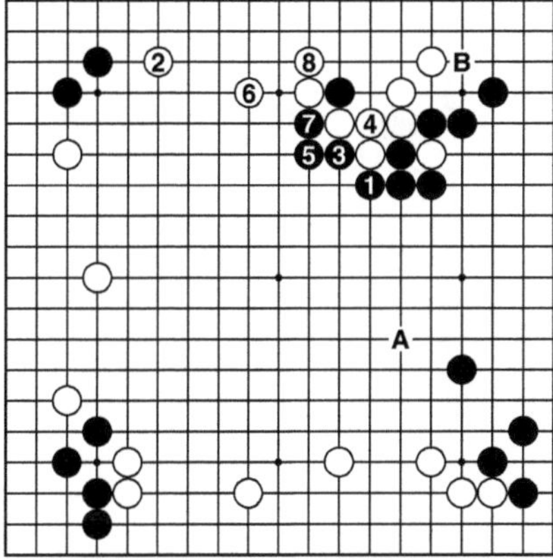


**[68B]** Variante.
Antwortet Weiß mit 2, um den oberen Rand zu sichern, dann spielt Schwarz 3 und 5. Setzt Weiß mit 6 fort, dann kann Schwarz 7 in Vorhand spielen, um schließlich einen großen Punkt um A herum zu spielen oder den Punkt B zu nehmen.

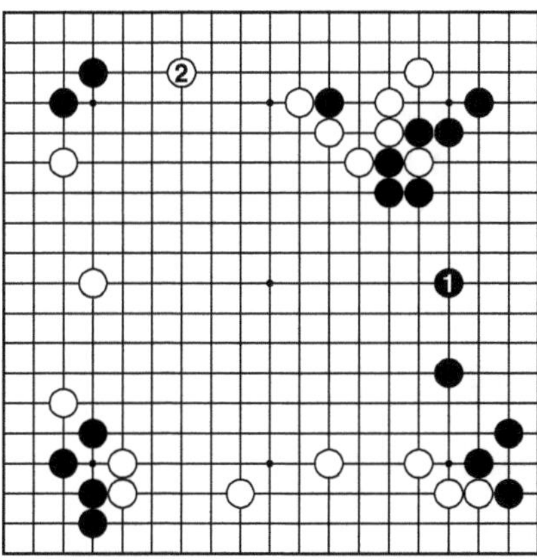

**[68C]** Fehler.
Schwarz 1 macht den rechten Rand zu, das ist hier jedoch zu langsam. Nun nimmt Weiß mit 2 den oberen Rand. Die Partie ist ausgeglichen und Schwarz hat seinen Vorsprung eingebüßt.

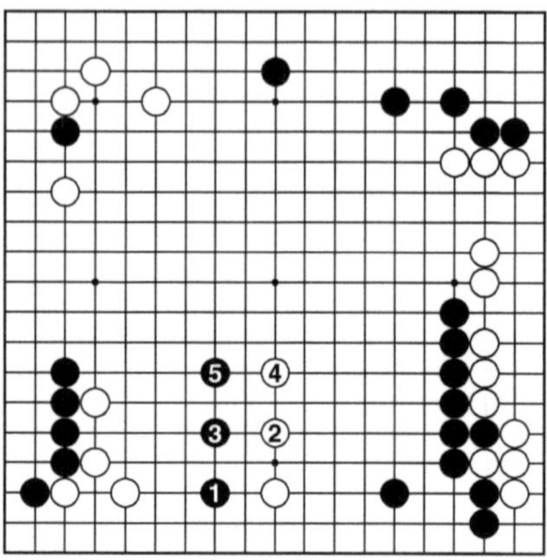

**[69A]** Richtig.
Schwarz muss die Stärke seiner Wand rechts ausnutzen und auf 1 invadieren. Springt Weiß mit 2 und 4 heraus, so springt Schwarz ebenfalls auf 3 und 5. Die Partie ist in etwa ausgeglichen.

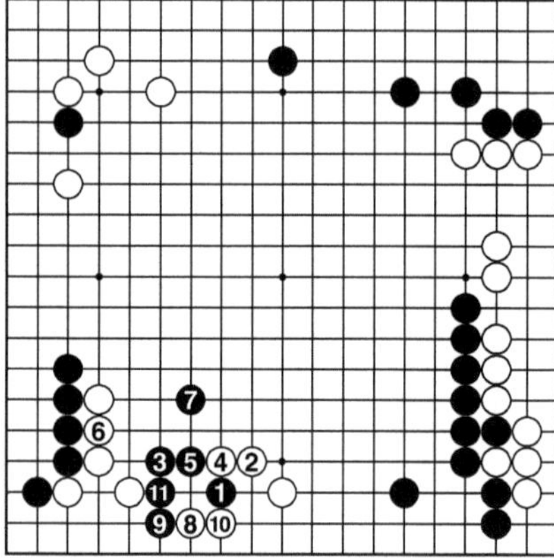

**[69B]** Variante.
Weiß wird es Schwarz nicht zu einfach machen wollen und daher mit 2 angreifen. Schwarz 3 und 5 drohen einen Schnitt an und nach 7 steht ein Kampf mit zwei laufenden Gruppen bevor.

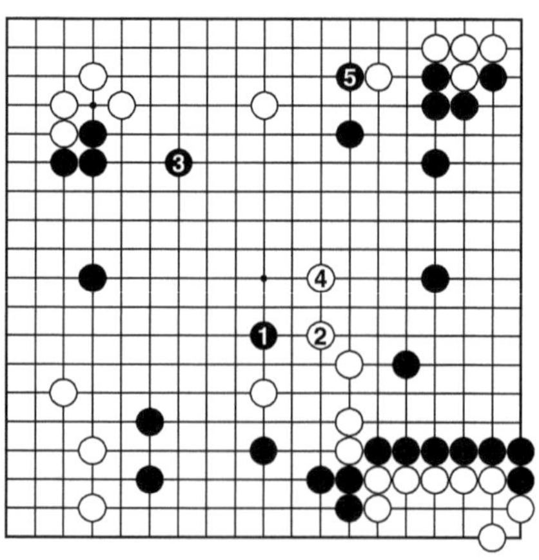

**[70A]** Richtig.
Schwarz spielt mit 1 einen Angriff gegen die weißen Steine im Zentrum und setzt diese unter Druck. In der Partie läuft Weiß mit 2 und 4 los und Schwarz übernimmt mit 3 und 5 große Punkte.

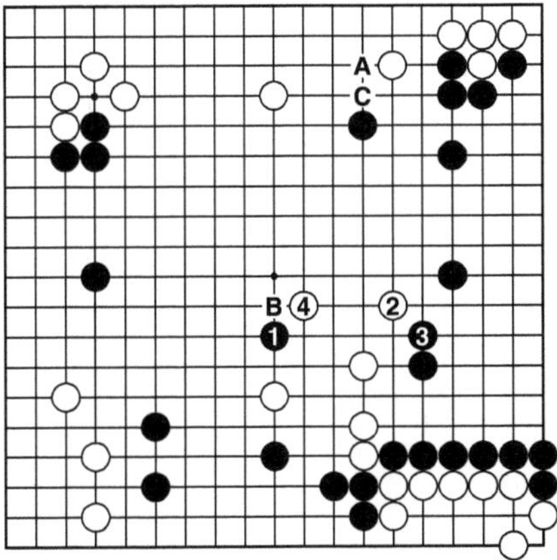


**[70B]** Variante.
Weiß sollte statt dem Kosumi auf 2 in diesem Diagramm spielen. Schwarz verteidigt seinen Rand mit 3 und Weiß springt in leichter Form ins Zentrum. Nun ist Schwarz A ein großer Punkt. Setzt Schwarz jedoch auf B fort, kann Weiß seiner Gruppe in Vorhand eine Basis verschaffen und den großen Punkt C besetzen.

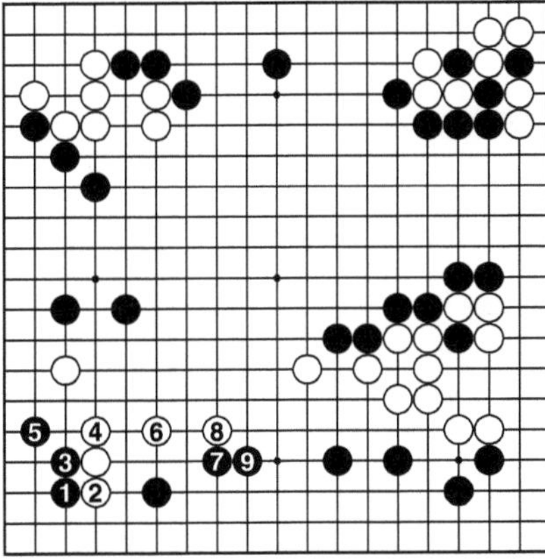

**[71A]** Richtig.
Die Invasion mit Schwarz 1 nimmt Weiß die Gebietspunkte in der Ecke. Läuft Weiß nun los, um seine Steine zu verbinden, so kann Schwarz mit 7 und 9 auch noch den unteren Rand sichern. Seine Führung ist solide ausgebaut.

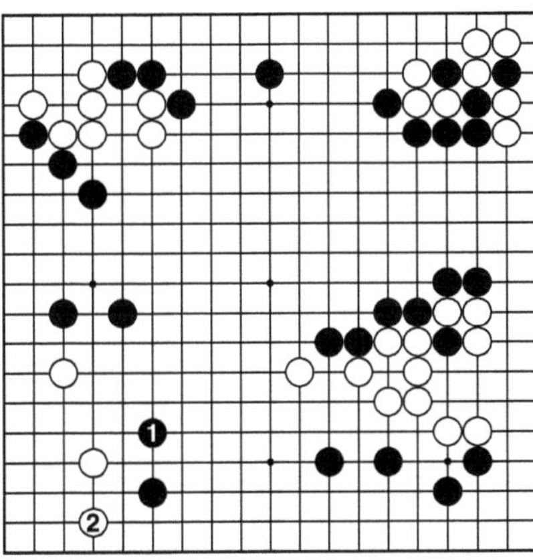

**[71B]** Fehler.
Springt Schwarz auf 1, dann sichert Weiß mit 2 eine Basis und Punkte in der Ecke. Zudem ist der untere Rand noch nicht sicher für Schwarz. Der schwarze Vorsprung wurde geschmälert.

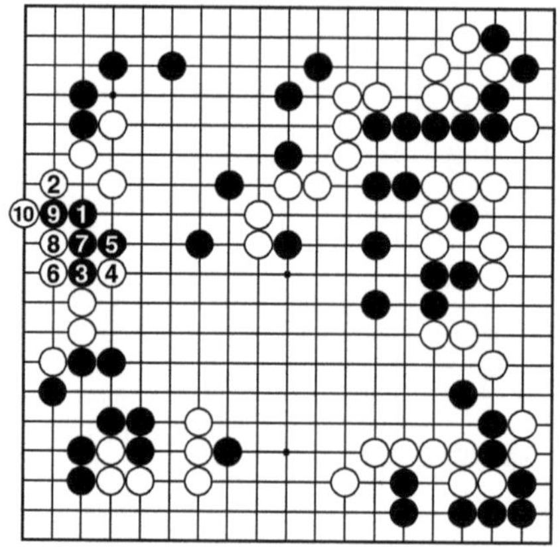

**[72A]** Richtig.
Schwarz hat eine starke Stellung, die er nutzen sollte, um mit 1 auf dem Schwachpunkt in der weißen Stellung zu invadieren.
In der Partie folgt die Fortsetzung bis 10.
Für Weiß bleiben nur wenige Punkte, er muss sogar um eine Basis für seine Steine fürchten.

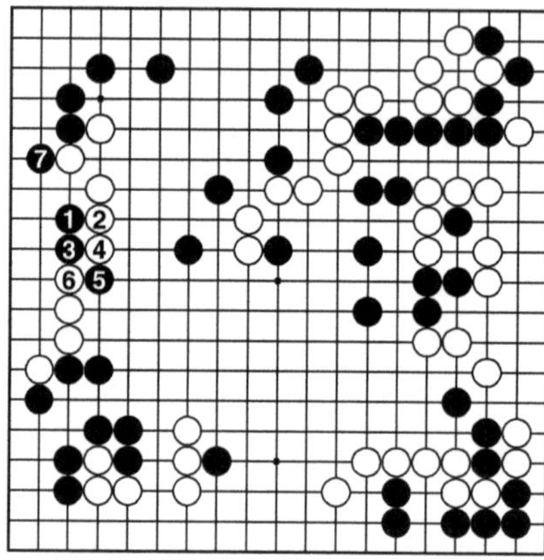

**[72B]** Variante.
Antwortet Weiß auf Schwarz 1 mit 2 hier, dann höhlt Schwarz die Stellung von unten aus und ist mit dem Ergebnis sehr zufrieden. Der Schnittstein 5 ist ein weiteres Ärgernis für Weiß.

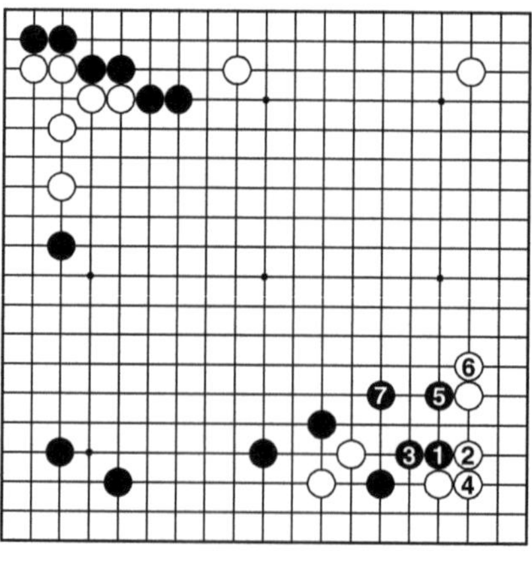

**[73A]** Richtig.
Das Anlegen mit 1 ist ein geschickter Angriff. Folgen die Züge 2 bis 6, so steht Weiß sicher aber flach in der Ecke und Schwarz versperrt mit 7 den Fluchtweg der zwei weißen Steine.

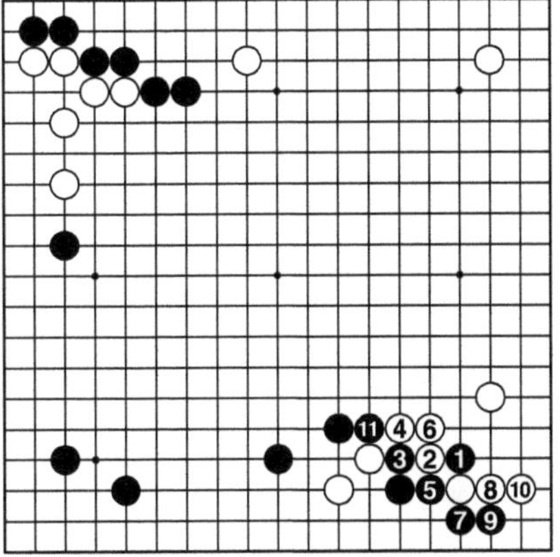

**[73B]** Variante.
Kontert Weiß mit 2, dann opfert Schwarz einen Stein. In der Abfolge bis 11 werden die zwei weißen Steine gefangen. Die weiße Ecke ist ein wenig größer, jedoch überkonzentriert.

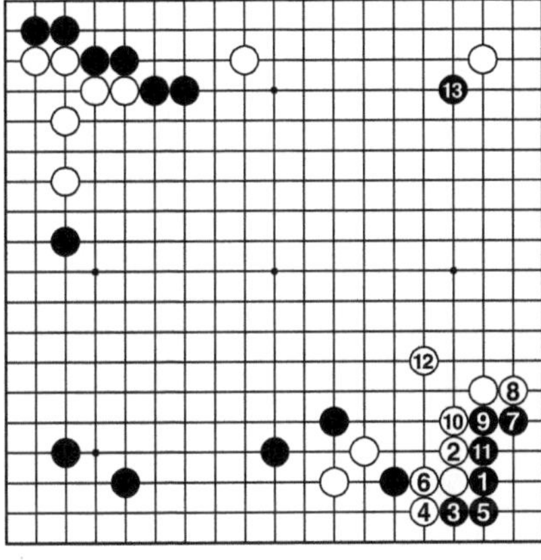

**[73C]** Alternative.
Bisher galt die tiefere Invasion mit 1 hier als gutes Vorgehen. Schwarz nimmt die Ecke, Weiß muss in Nachhand den Schnitt decken und Schwarz reduziert mit 13 in Vorhand die weiße Anlage.
Diese Einschätzung wird von der KI nicht geteilt, die dem Außeneinfluss der weißen Stellung deutlich mehr Bedeutung zumisst.

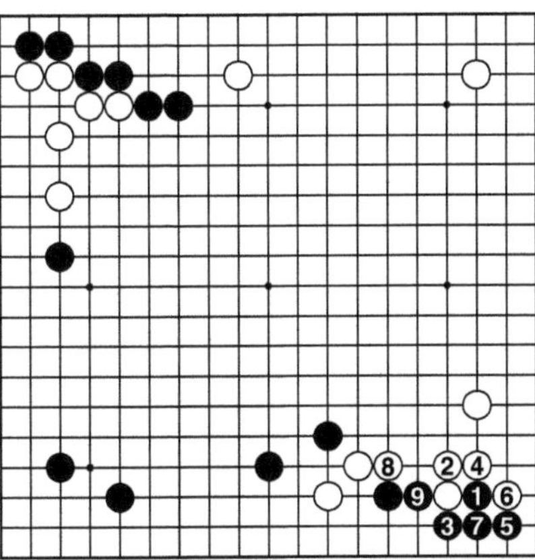

**[73D]** Variante.
Schwarz sollte, wenn er auf 1 invadiert, nun mit 5 bis 9 fortsetzen. Weiß ist noch nicht sicher verbunden, daher kann die Stellung außen ihre erwünschte Wirkung nicht voll entfalten.

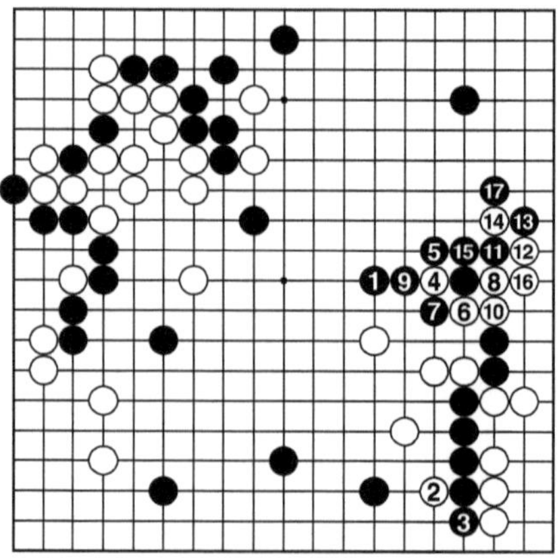

**[74A]** Richtig.
Schwarz greift mit 1 die vier weißen Steine an, um so seine Gebietsanlage oben zu festigen. Schwarz opfert im Verlauf bis 17 zwei Steine und steht überragend da. Auch die fünf schwarzen Steine am unteren Rand sind nach 3 noch nicht sicher gefangen.

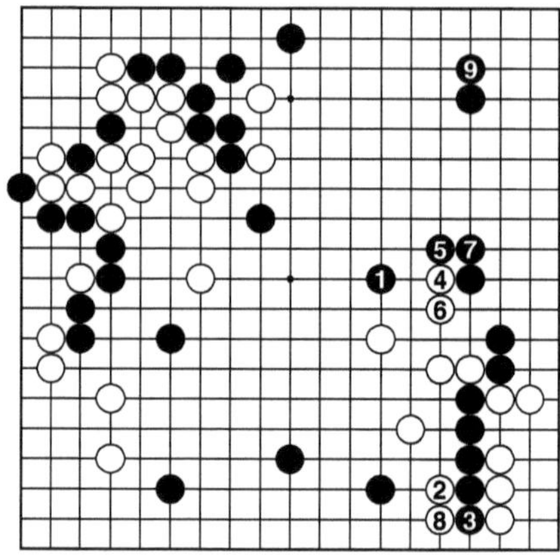

**[74B]** Variante.
Zieht Weiß nach Schwarz 5 auf 6 zurück, dann deckt Schwarz auf 7. Fängt Weiß nun mit 8 fünf schwarze Steine, um die Gruppe zu sichern, dann verhindert Schwarz 9 jegliche Ambitionen einer Invasion am oberen Rand.

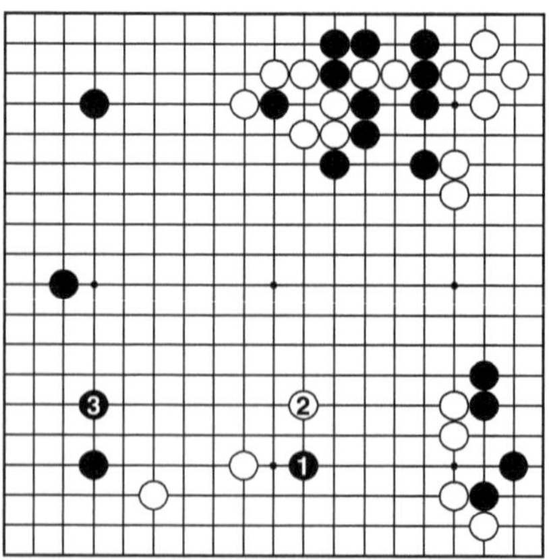

**[75A]** Richtig.
Bevor Schwarz mit 3 den linken Rand stärkt, spielt er 1, um Aji in der weißen Stellung zu schaffen. Weiß kann den Stein nicht so leicht fangen. Allein die Drohungen, den Stein herauszuziehen, helfen Schwarz in der Entwicklung der Gesamtstellung.

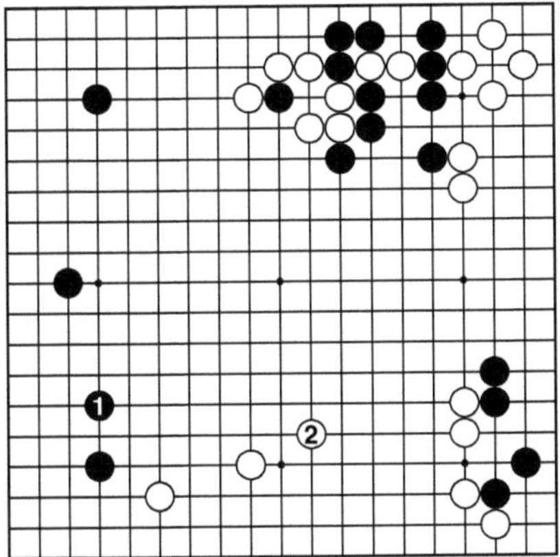

**[75B]** Fehler.
Mit Schwarz 1 nur den Rand links zu sichern, erlaubt es Weiß mit 2 das beanspruchte Gebiet am unteren Rand zu sichern.

Für Schwarz ist es nun schwieriger, dieses zu reduzieren oder gar zu invadieren.

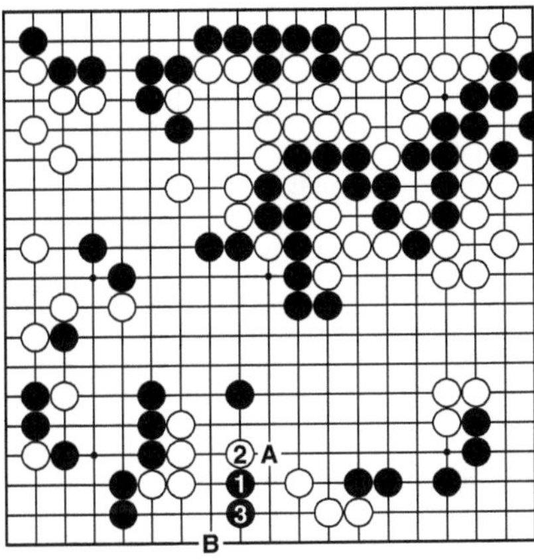


**[76A]** Richtig.
Schwarz 1 nutzt die umliegende Stärke und invadiert am unteren Rand. Nach Schwarz 3 sind A und B Miai für ihn. Weiß verliert Gebietspunkte und muss mit den geschwächten Steinen rennen. Schwarz sichert so seinen Vorsprung.

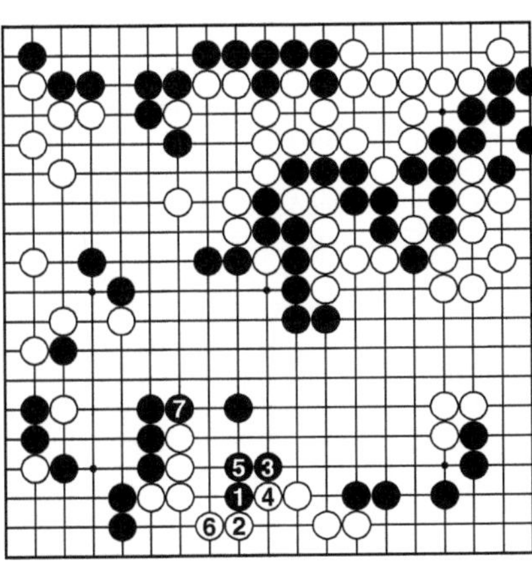

**[76B]** Variante.
Antwortet Weiß auf 2, so reduziert Schwarz mit 3 bis 7 die Gebietspunkte für Weiß auf ein Minimum. Mit 7 bindet Schwarz seine Steine sicher an.

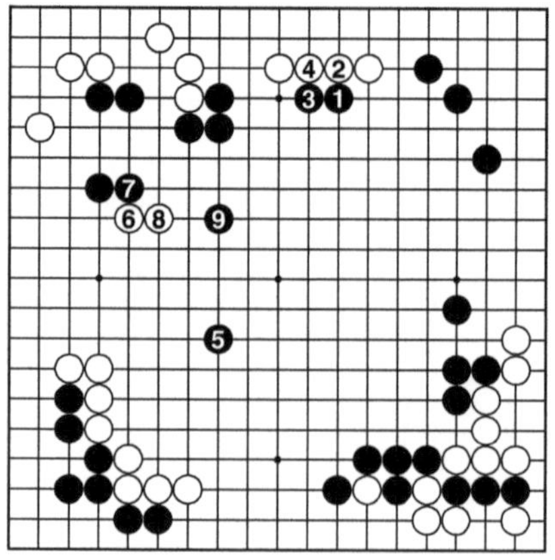

**[77A]** Die Partie. Schwarz drückt mit 1 und 3 und nimmt schließlich 5, um ein riesiges Moyo im Zentrum zu errichten. Weiß greift nun mit 6 und 8 die einzige schwache Gruppe an, kann jedoch das Zentrum von dieser Seite nicht reduzieren.

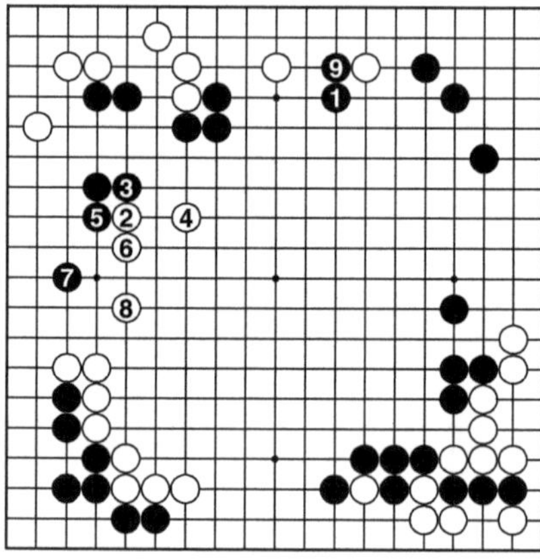

**[77B]** Variante. Ignoriert Weiß den schwarzen Zug auf 1 und greift mit 2 sofort an, sichert sich Schwarz zuerst eine Basis und vergrößert dann seine Ecke mit 9.

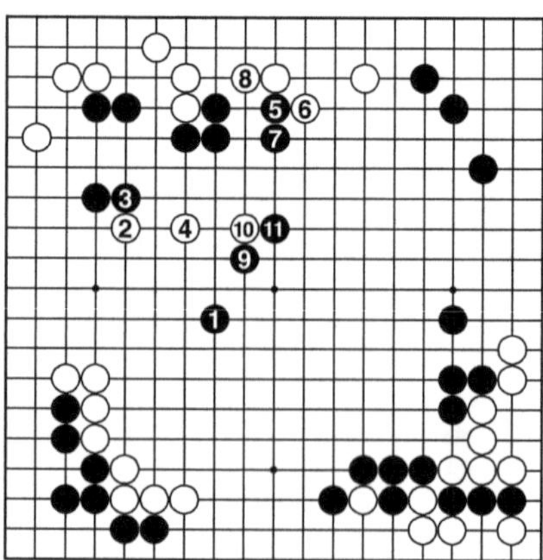

**[77C]** Variante. Die KI schlägt als Option vor, sofort auf einem Punkt um 1 herum zu spielen. Weiß wird nun wieder mit 2 und 4 angreifen. In der Abfolge bis 11 verteidigt Schwarz seine Gruppe und schützt das Zentrum. Dies ist spielbar für Schwarz, jedoch etwas nachteiliger im Vergleich zur Partie.

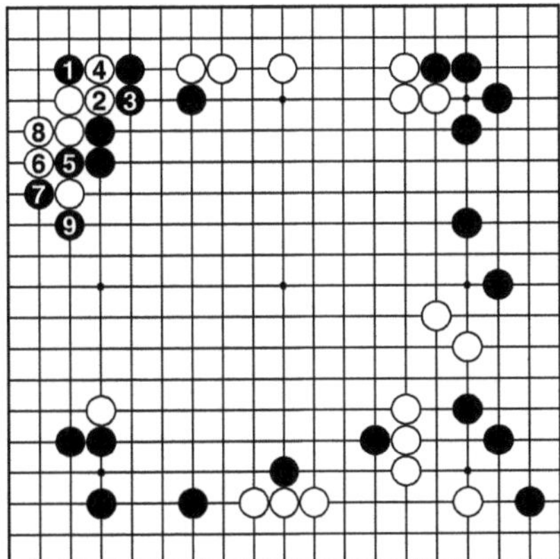

**[78A]** Richtig.
Schwarz legt mit 1 an, um eine Basis für seine Gruppe links oben zu schaffen. Kontert Weiß mit 2, dann folgt die Sequenz bis 9, in der Schwarz Weiß einschließt.

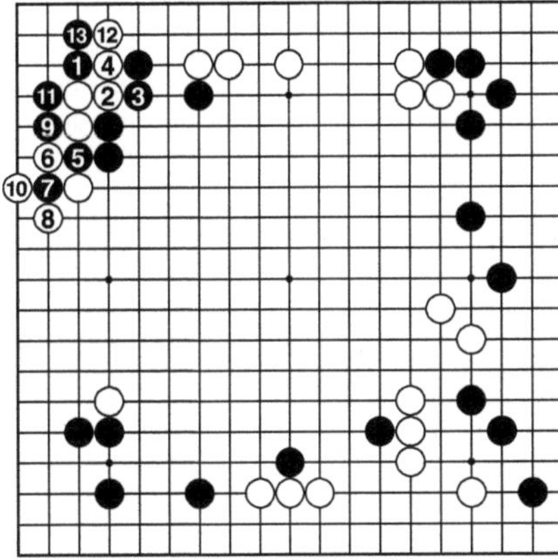

**[78B]** Variante.
Fängt Weiß mit 8 einen schwarzen Stein, um eine Position außen zu errichten, dann fängt Schwarz mit 9 bis 13 die Ecke.

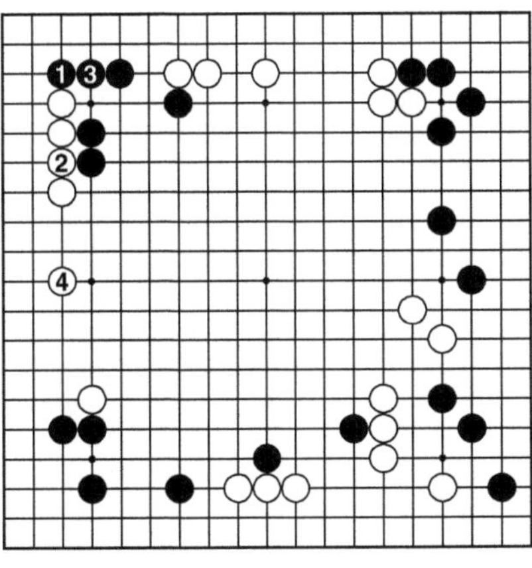

**[78C]** Variante.
Für Weiß ist daher eine bedachte Fortsetzung, wie 2 und 4 hier, vorzuziehen, die es Schwarz nicht so einfach macht.

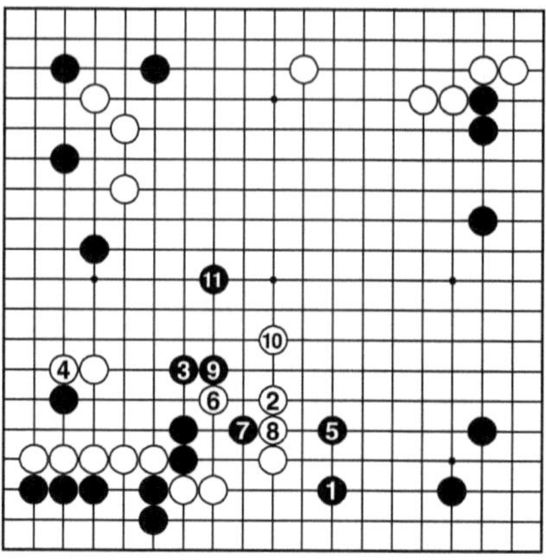

**[79A]** Richtig.
Der Angriff mit Schwarz 1 ist die richtige Richtung. Weiß springt mit 2 ins Zentrum und Schwarz springt auf 3 mit.

In der Partie möchte Weiß seine Form mit dem Nozoki 6 stärken. Doch statt zu verbinden kontert Schwarz mit 7 und 9 und gewinnt so den Wettlauf ins Zentrum.

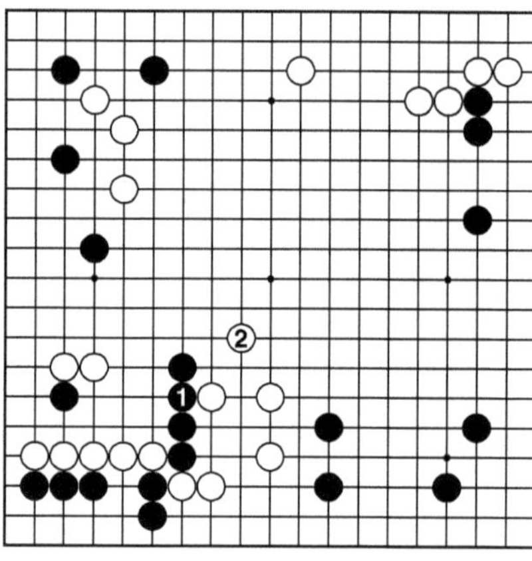

**[79B]** Fehler.
Schwarz darf nach Weiß 6 im oberen Diagramm nicht einfach verbinden, denn nun springt Weiß mit 2 ins Zentrum. Schwarz hat eine schwere Form, während Weiß sich leicht entwickelt.

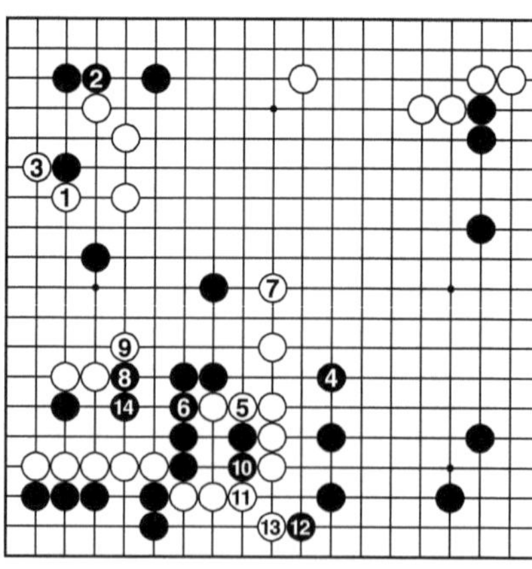

**[79]** Partiefortsetzung.
In der Partie setzte Weiß mit 1 und 3 links oben fort, um die Gruppe dort zu stärken.

Schwarz ergriff zügig die Gelegenheit, auf 4 zu springen, um weiter Druck auf die weiße Gruppe auszuüben.

Schwarz ist mit dem Kasten, der mit 4 und 12 rechts unten entstanden ist, sehr zufrieden.

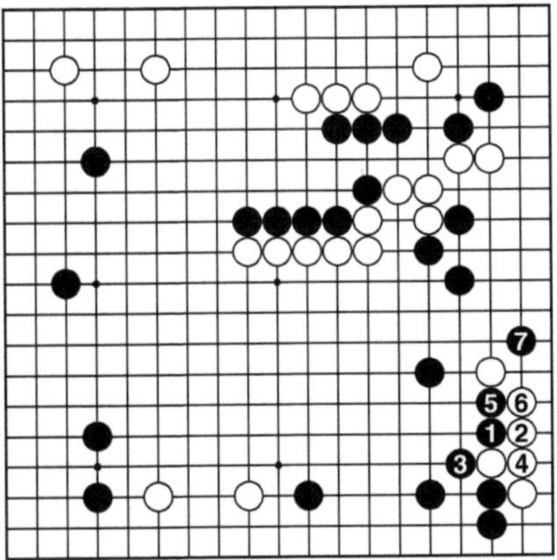

**[80]** Richtig.
Schwarz legt mit 1 an, um aus dem Angriff gegen die schwache weiße Gruppe Profit zu schlagen. Gibt Weiß mit 2 nach, dann folgen die Züge bis 7 und Weiß steht eine schwierige Zeit bevor.

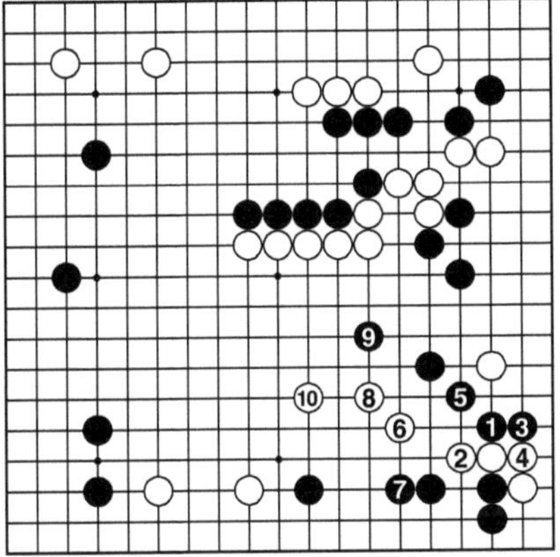

**[80]** Variante.
Weiß sollte daher mit 2 antworten und hinauslaufen. Schwarz 3 bis 9 halten den Druck aufrecht und sichern Punkte am unteren und am rechten Rand. Schwarz ist mit dem Ergebnis zufrieden.

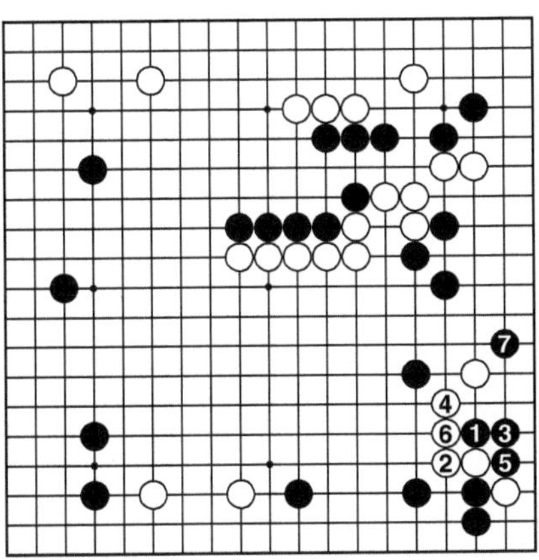

**[80]** Variante.
Weiß sollte nach Schwarz 3 auf 4 fortsetzen und die Ecke opfern. Dies ist die schärfste Spielweise und führt zu einem Kampf. Weiß kann entkommen, doch dies gibt Schwarz Angriffsmöglichkeiten gegen die beiden weißen Steine am unteren Rand.

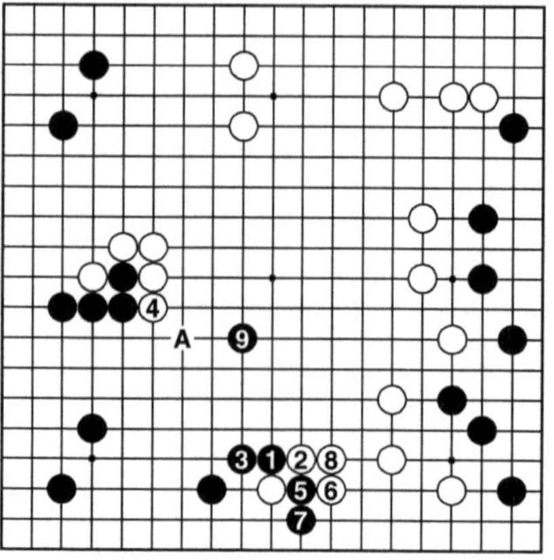


**[81A]** Richtig.
Schwarz legt mit 1 an. Biegt Weiß auf 2 um, dann zieht Schwarz auf 3 zurück. Stärkt Weiß nun mit 4 die Mitte, so schafft Schwarz mit 5 und 7 Aji am unteren Rand, bevor er auf 9 ins Zentrum springt. Diese Entwicklung gibt Schwarz einen leichten Vorsprung.

Man beachte, dass Weiß A statt 4 schlechtere Form ist, denn es drohen Schnitte, die Schwarz ausnutzen kann.

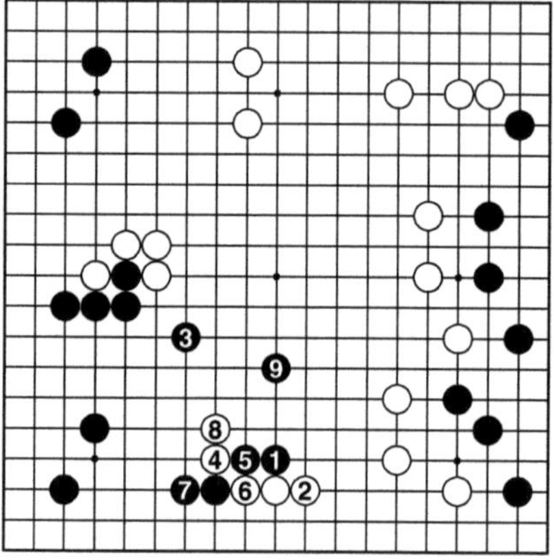

**[81B]** Variante.
Zieht Weiß nach Schwarz 1 auf 2 zurück, dann spielt Schwarz das Keima 3. Wenn Weiß nun schneidet, dann entsteht ein Kampf, den Schwarz nutzt, um seine Ecke zu stärken. Schwarz 9 zielt darauf ab, die Kikashi-Steine 1 und 5 teuer zu verkaufen.

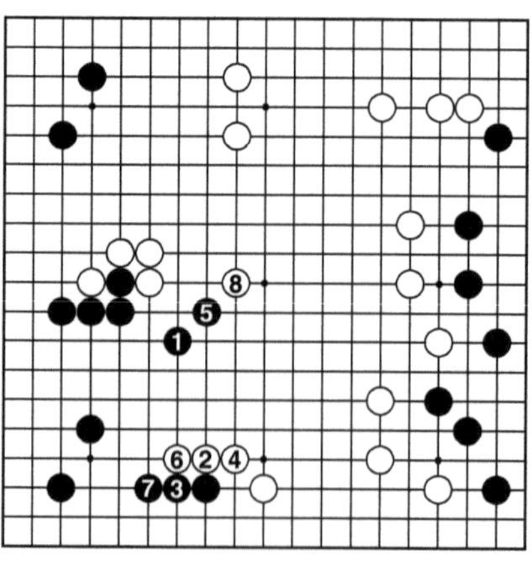

**[81C]** Fehler.
Schwarz darf nicht einfach auf 1 hier springen, denn nun legt Weiß mit 2 an. In der Folge stärkt Weiß den unteren Rand und drängt Schwarz zurück.

In dieser Entwicklung verliert Schwarz seinen Vorsprung. Eine Invasion am oberen Rand wird gefährlicher.

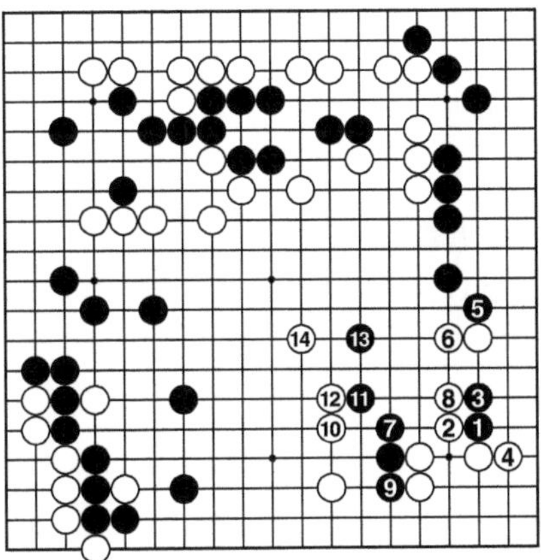

**[82A]** Richtig. Schwarz 1 ist ein starker Anleger, der die Reaktion von Weiß testet. Antwortet Weiß mit 2 und 4, um den Eindringling zu fangen, dann tauscht Schwarz 5 für 6 ab und läuft schließlich die Opfersteine ausnutzend mit 7 bis 13 hinaus. Nach Weiß 14 kann Schwarz die dünne weiße Gruppe angreifen.

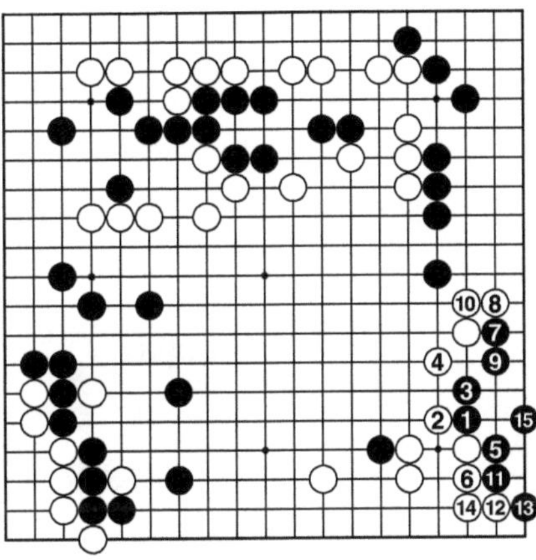

**[82B]** Variante. Möchte Weiß die Invasion mit 2 und 4 hier abwehren, dann lebt Schwarz mit der Sequenz bis 15. Weiß hat kein Gebiet und zudem verbleiben noch unangenehme Schnitte.

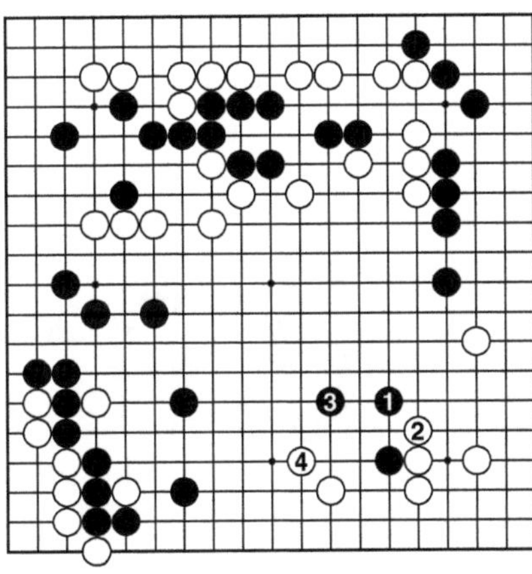

**[82C]** Fehler. Wenn Schwarz einfach nur mit 1 hinausspringt, dann festigt Weiß erst die Ecke und attackiert dann die schwarzen Steine mit 4. Schwarz kann die weißen Gruppen nicht mit einem Zug trennen.

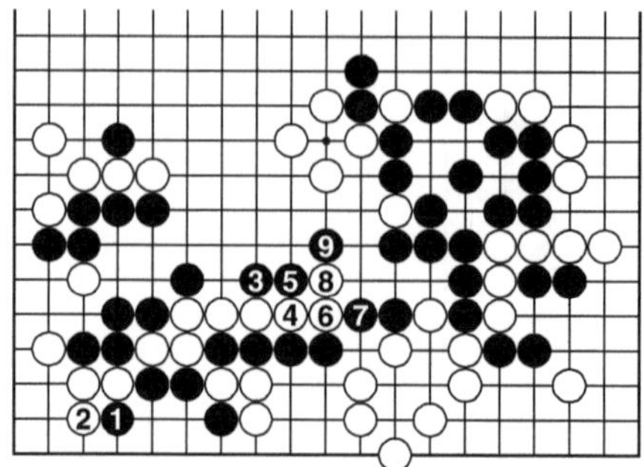

**[83]** Richtig.
Mit dem Abtausch von 1 für 2 gewinnt Schwarz eine Freiheit und kann anschließend mit 3 die fünf weißen Steine fangen. Weiß kann nicht entkommen, denn er wird gegen die schwarze Stellung gedrängt.

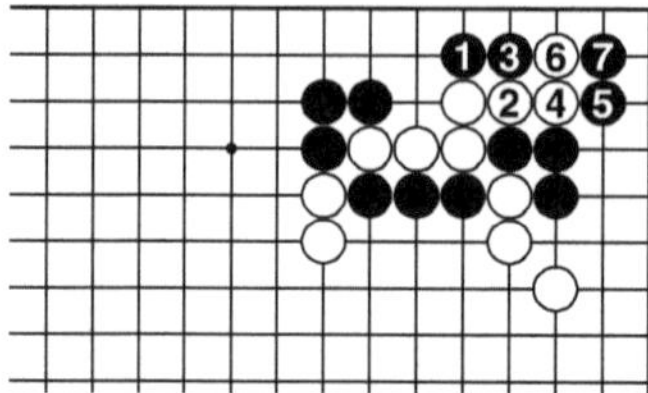

**[84]** Richtig. Schwarz fängt Weiß in einer Treppe, obwohl die weißen Steine noch eine Freiheit haben.

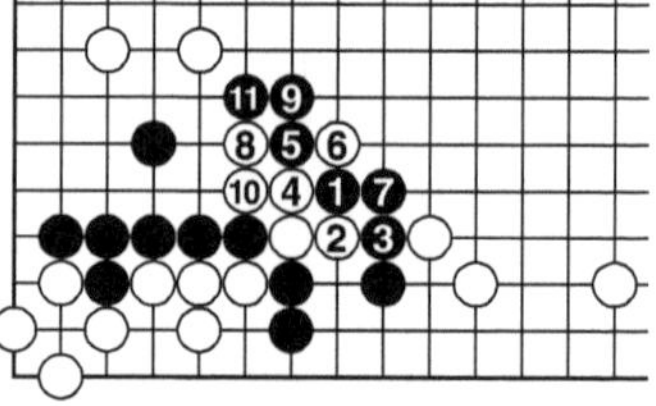

**[85]** Richtig. Schwarz wirft ein Netz mit 1. Auf das Gegen-Atari 6 kann Schwarz ruhig decken, denn nach 9 muss Weiß selbst decken. Mit 11 fängt Schwarz alle Steine.

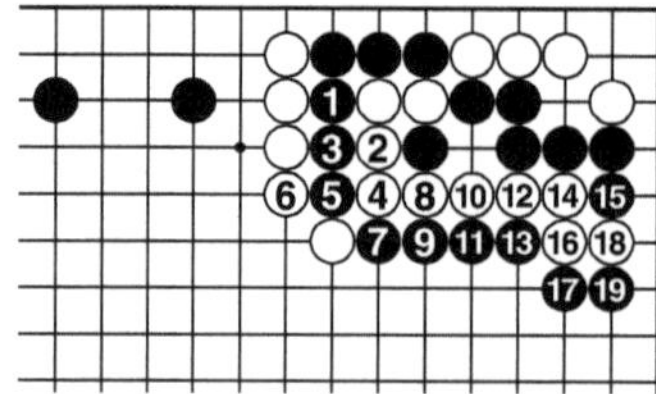

**[86]** Richtig. Schwarz kann mit seinen Steinen entkommen. Blockt Weiß auf 6, dann schneidet Schwarz mit 7 und fängt vier weiße Steine in einer Treppe.

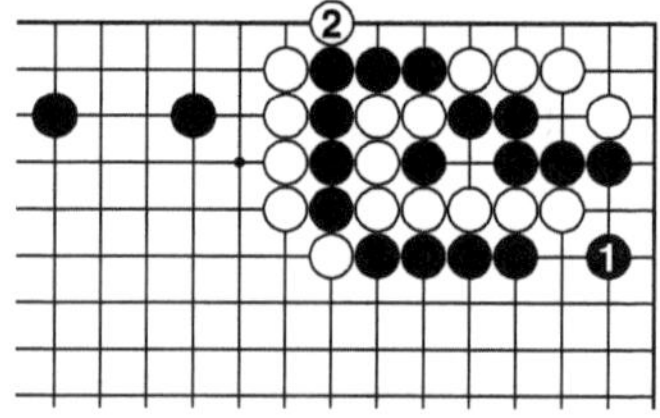

**[86]** Fehler. Man beachte, dass Schwarz 1 statt 15 in der Lösung nicht funktioniert, denn nun fängt Weiß mit 2.

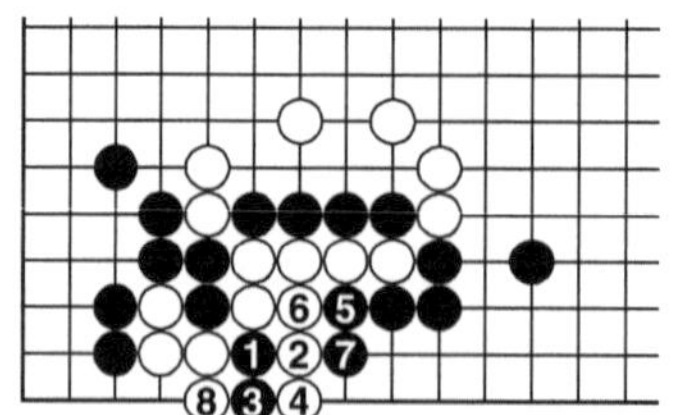

**[87]** Richtig. Schwarz opfert mit 1 und 3 zwei Steine, um einen Mangel an Freiheiten zu erzeugen.

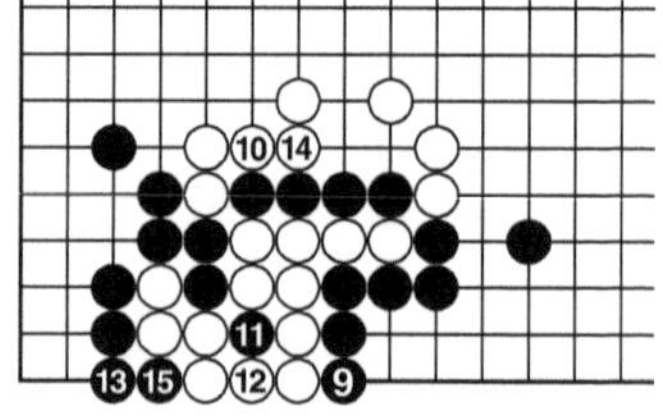

**[87]** Fortsetzung. Nach 9 liegt Schwarz einen Zug vorn in dem Wettlauf um Freiheiten.

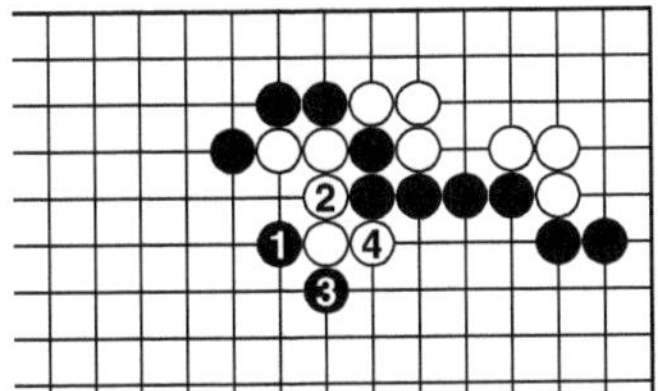

**[88]** Richtig. Schwarz fängt Weiß mit 1 und 3 in einer offenen Treppe.

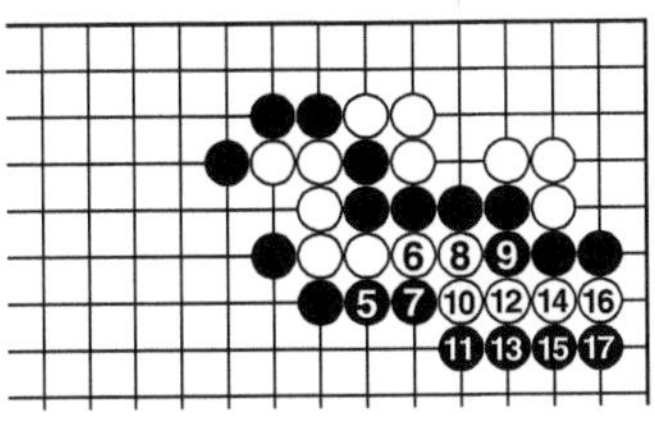

**[88]** Fortsetzung. Weiß kann nicht entkommen.

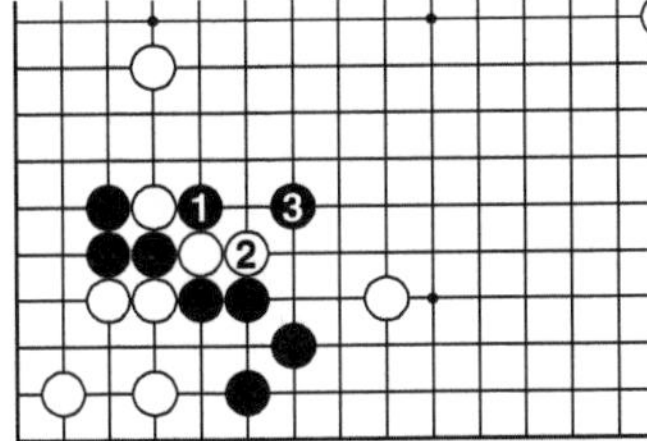

**[89]** Richtig. Nach 1 und 2 ist das Netz 3 Tesuji. Den einzelnen Stein zu schlagen wäre ein Fehler.

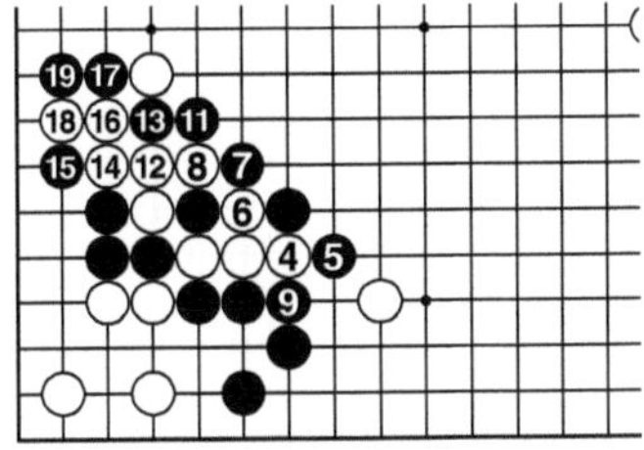

**[89]** Fortsetzung. Weiß kann dem Netz nicht entkommen, denn Schwarz fängt in einer Treppe, die zum Rand läuft. (Weiß 10 deckt)

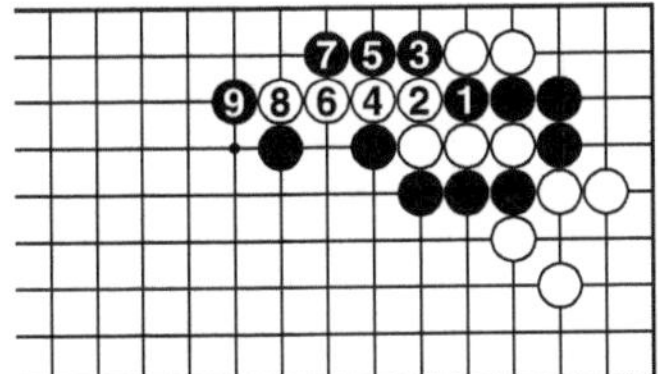

**[90]** Richtig. Schwarz stößt mit 1 hinein und setzt mit 3 bis 5 eine Treppe auf. Er muss erst mit 7 schieben, bevor er auf 9 umbiegen kann.

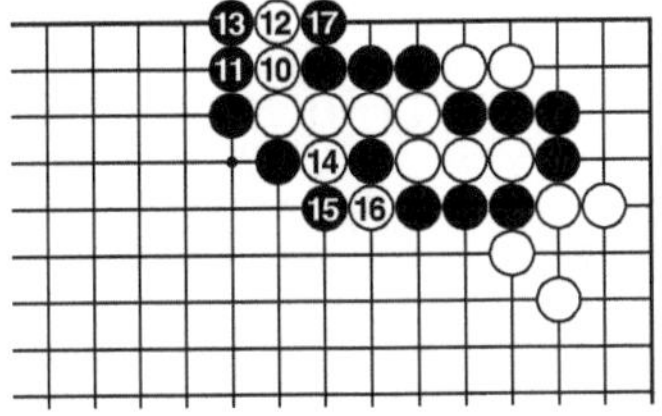

**[90]** Fortsetzung. Läuft Weiß zum Rand, dann fängt Schwarz mit 11 bis 17.

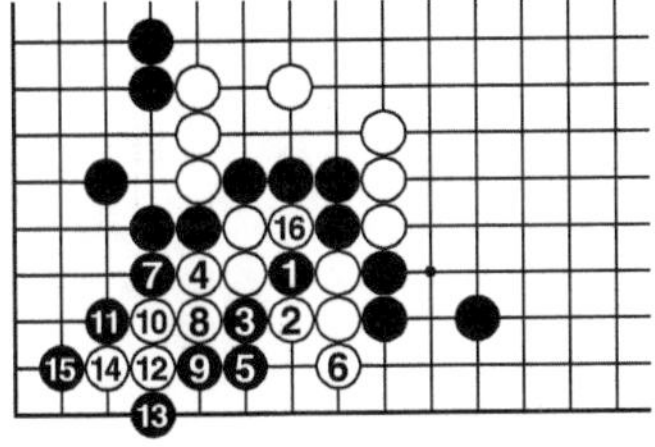

**[91]** Richtig. Schwarz quetscht sich mit 1 dazwischen um die weißen Freiheiten zu reduzieren. Nach Weiß 2 und 4 folgen Schwarz 5 bis 15.

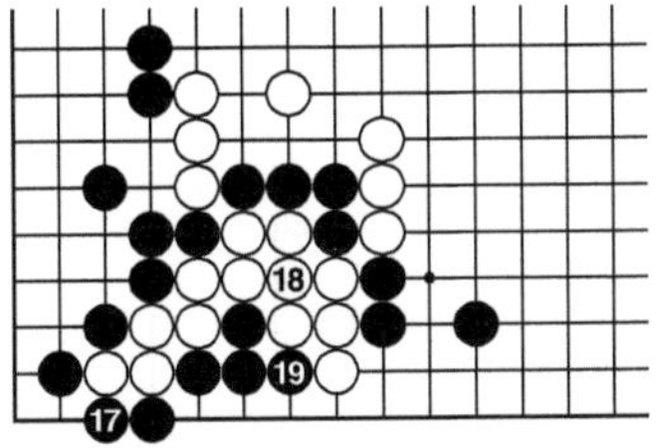

**[91]** Fortsetzung. Nachdem Weiß geschlagen hat, gibt Schwarz mit 17 Atari und 19 gewinnt schließlich den Wettlauf.

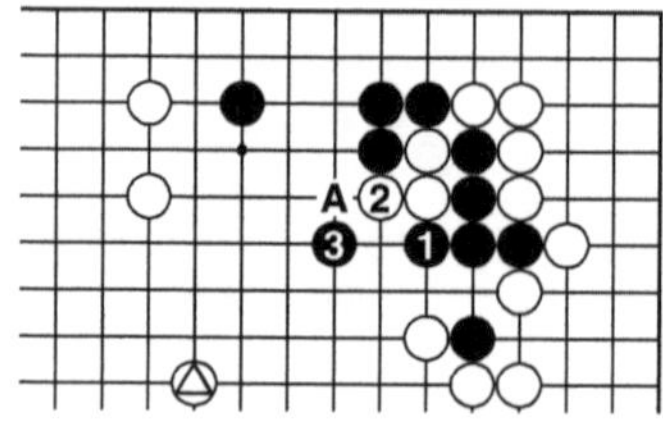

**[92]** Richtig. Schwarz läuft mit 1 los und fängt dann mit dem Netz 3. Schwarz A statt 3 geht nicht, denn der markierte Stein bricht die Treppe.

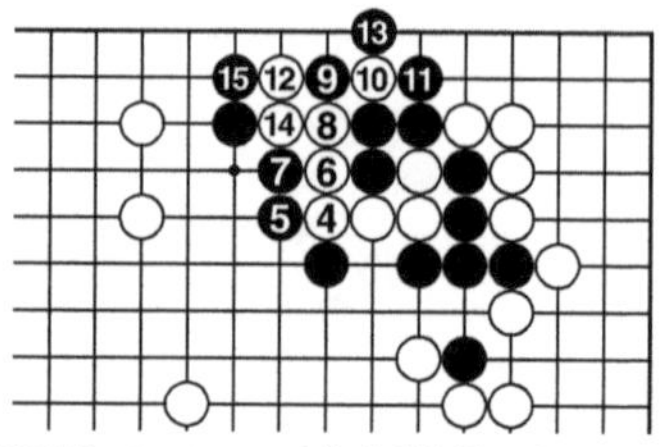

**[92]** Fortsetzung. Läuft Weiß mit 4 weiter, dann folgt die Sequenz bis 15. Vor Weiß 10 muss Schwarz keine Angst haben.

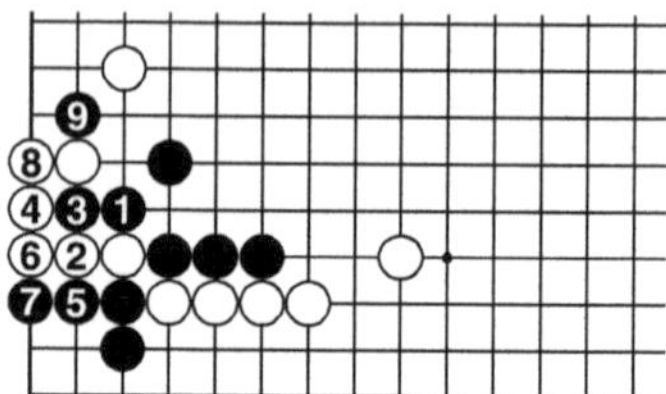

**[93]** Richtig. Schwarz stößt mit 1 hinein und nach der Abfolge 3 bis 7 folgt das Tesuji 9.

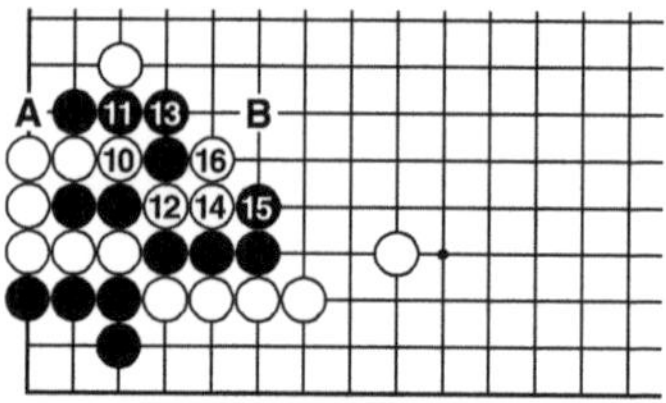

**[93]** Fortsetzung. Gibt Weiß nun das Atari 10 und schlägt mit 12, dann deckt Schwarz auf 13. Nach 16 wirft Schwarz ein und es droht eine Mausefalle. Schlägt Weiß, dann ist A Atari und B das finale Netz.

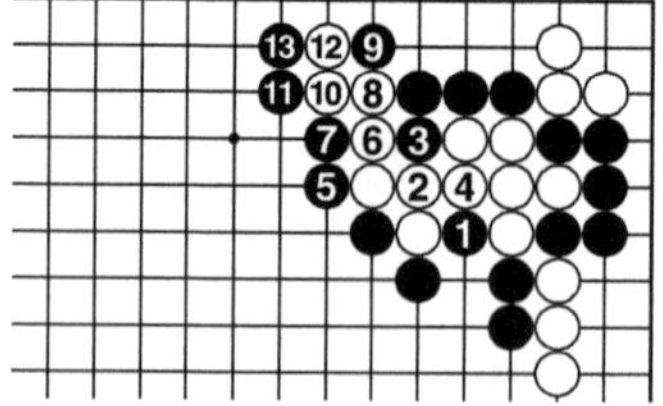

**[94]** Richtig. Das Atari 1 fängt die weißen Steine. Wenn Weiß auf 2 deckt, dann beginnt Schwarz mit 3 eine Treppe.

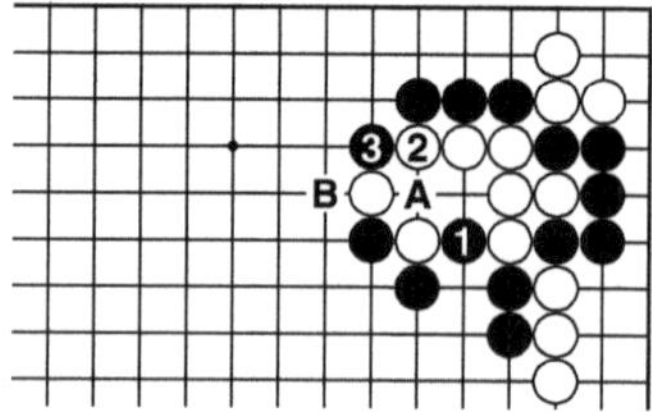

**[94]** Variante. Weiß 2 hier funktioniert ebenfalls nicht. Schwarz droht mit 3 eine Mausefalle an. A und B sind nun Miai.

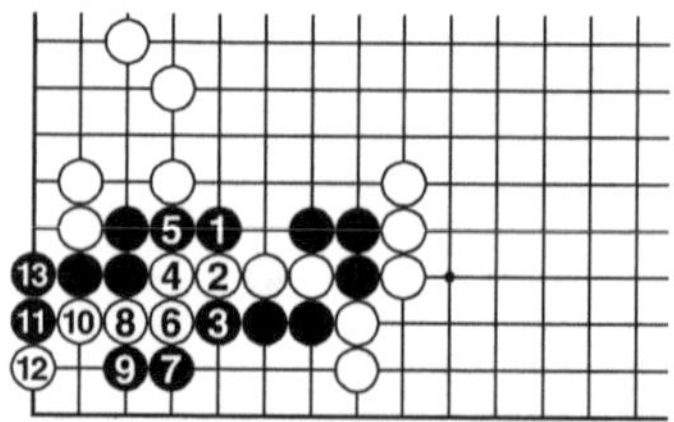

**[95]** Richtig. Das Netz 1 fängt Weiß. Läuft Weiß dennoch weg, dann treibt Schwarz ihn in einer Treppe zum Rand.

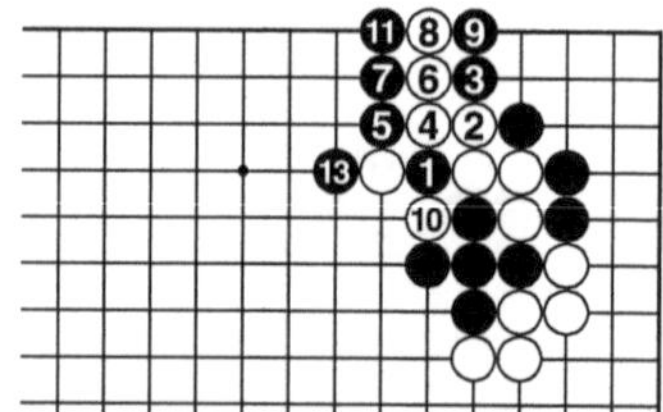

**[96]** Richtig. Schwarz spielt mit 1 Atari, wechselt dann die Richtung mit 3 und schneidet auf 5. Nach 11 deckt Weiß auf 1 und Schwarz 13 führt die Treppe fort.

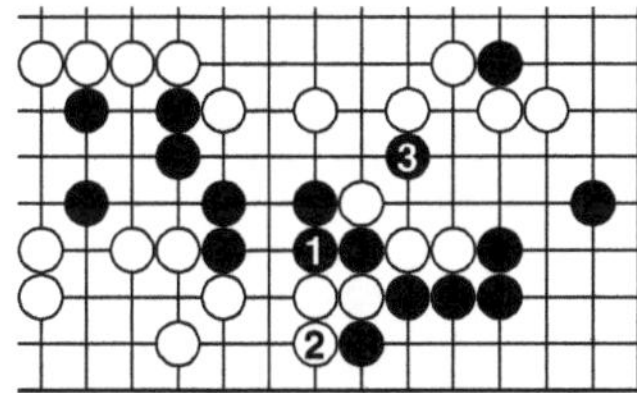

**[97]** Richtig. Schwarz droht zuerst mit 1 zwei Steine am unteren Rand zu fangen. Verteidigt Weiß mit 2, dann ist 3 Tesuji.

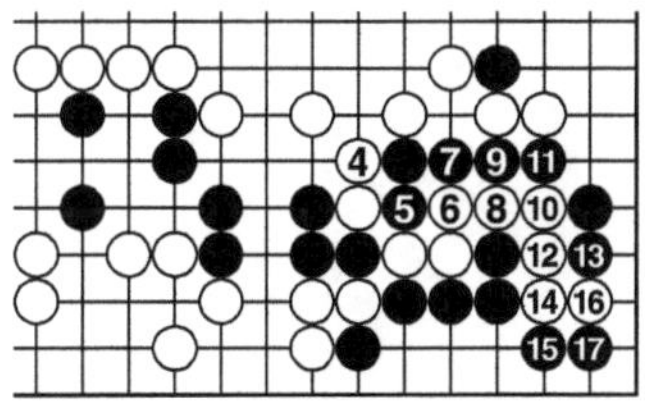

**[97]** Fortsetzung. Weiß kann der Treppe nicht entkommen.

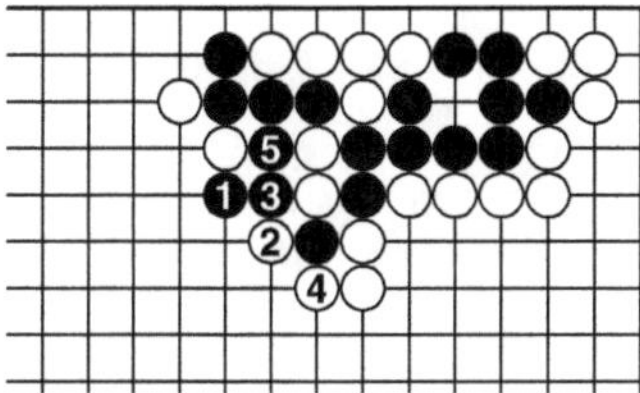

**[98]** Richtig. Erst droht Schwarz mit 1 bis 5 die Schnittsteine zu fangen und sichert so in Vorhand das Entkommen der linken Gruppe.

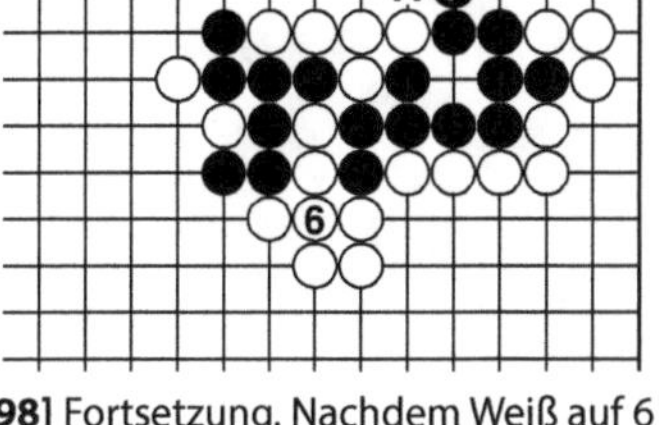

**[98]** Fortsetzung. Nachdem Weiß auf 6 deckt, streckt Schwarz zum Rand und gewinnt so das Semeai. Schwarz darf nicht auf A spielen, denn dann wirft Weiß auf 7 ein und es entsteht ein Ko.

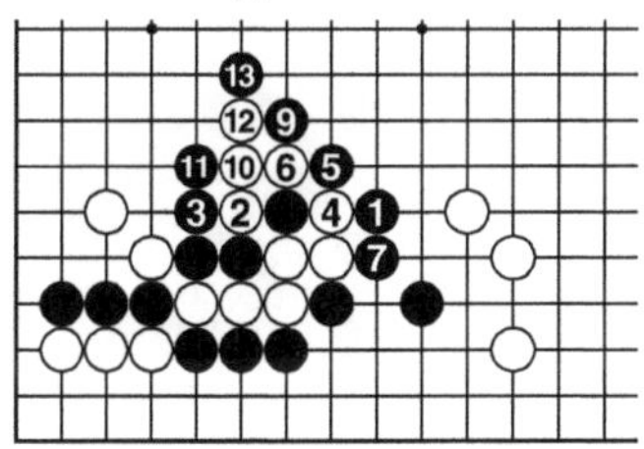

**[99]** Richtig. Das Netz fängt die weißen Steine. Versucht Weiß mit 2 und 4 zu entkommen, so entsteht eine Treppe, die zum linken Rand läuft.

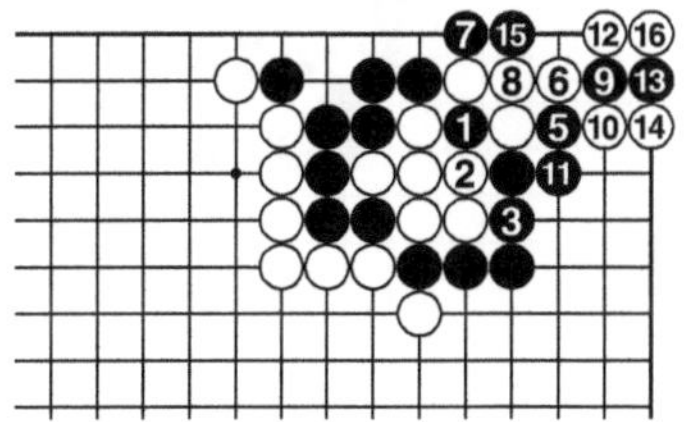

**[100]** Richtig. Schwarz opfert mit 1 und quetscht so die Form von Weiß aus (Weiß 4 auf 1). Mit Schwarz 9 entsteht der bekannte Steinturm.

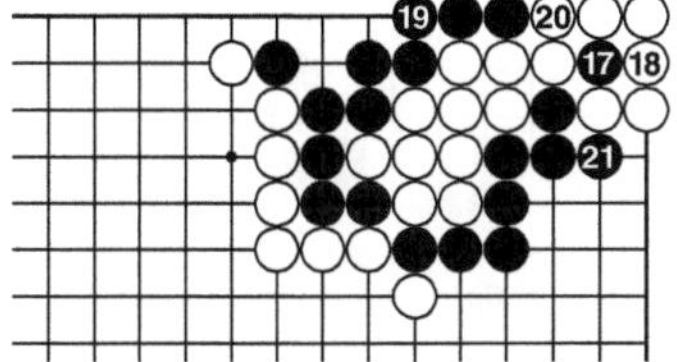

**[100]** Fortsetzung. Schwarz wirft wieder mit 17 ein und nach 21 ist deutlich, dass Schwarz das Semeai gewinnt.

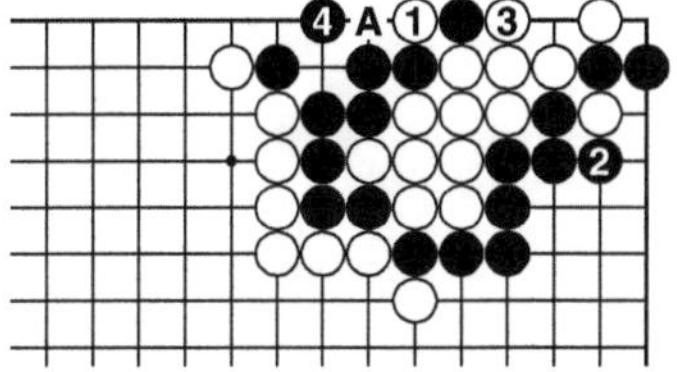

**[100]** Variante. Wirft Weiß statt 14 auf 1 ein, dann muss Schwarz auf 2 antworten. Nach 3 und 4 kann sich Weiß nicht von innen annähern. Mit 2 darf Schwarz nicht auf A schlagen.

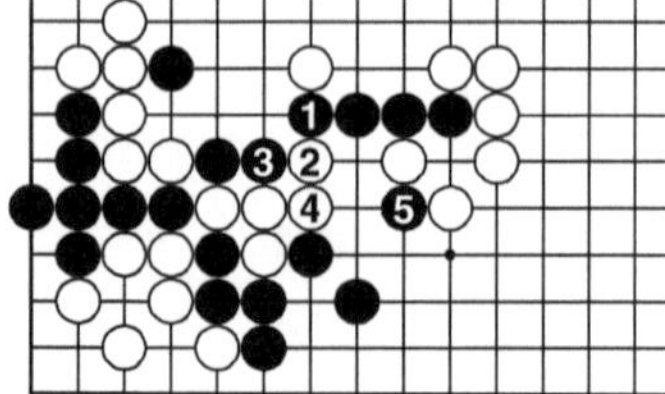

**[101]** Richtig. Schwarz 1 ist ein starker Zug. Weiß kann nicht entkommen. Schwarz 3 und 5 fangen Weiß geschickt ein.

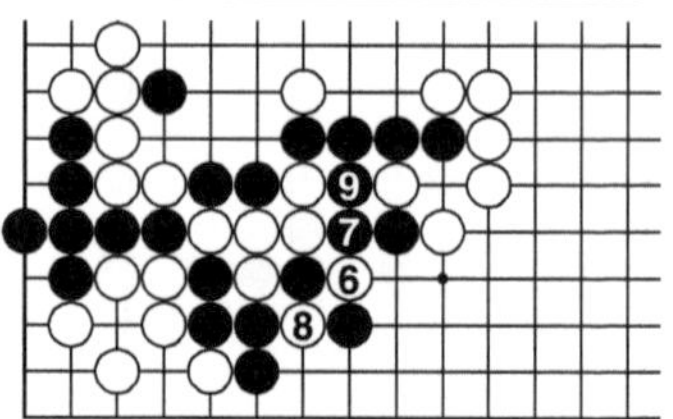

**[101]** Fortsetzung 1. Wehrt sich Weiß mit 6, dann setzt Schwarz mit 7 und 9 fort. Weiß deckt mit 10.

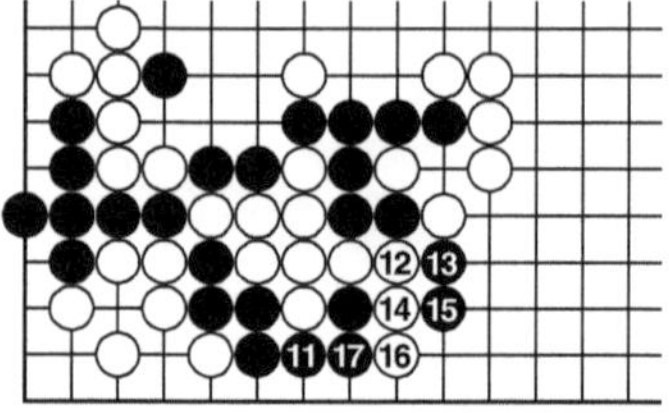

**[101]** Fortsetzung 2. Schwarz fängt nun mit 11 bis 17, denn am Rand ist nun kein Entkommen mehr.

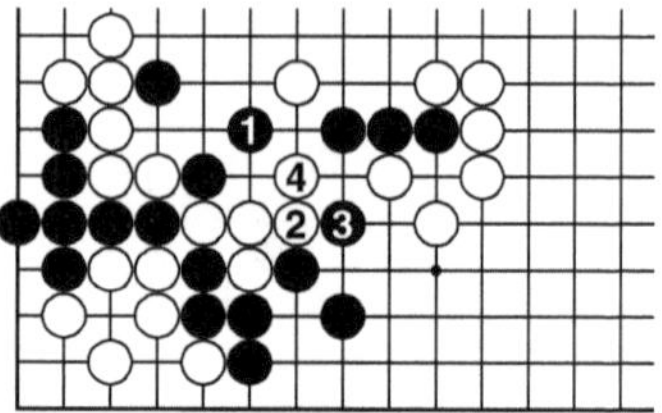

**[101]** Fehler. Jeder andere Zug von Schwarz scheitert.

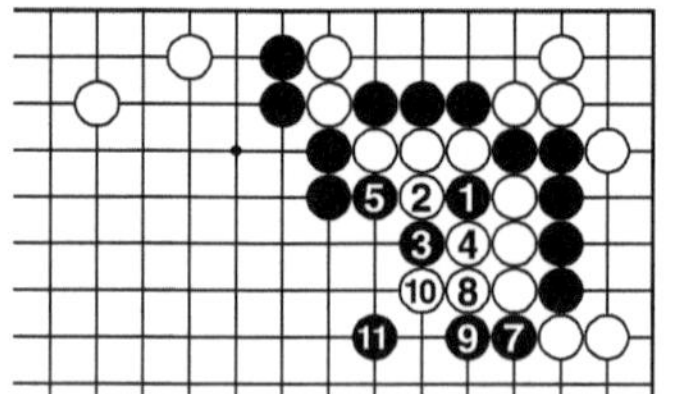

**[102]** Richtig. Schwarz beginnt mit 1 eine Ausquetsch-Sequenz bis zum Netz 11 (Weiß 6 auf 1).

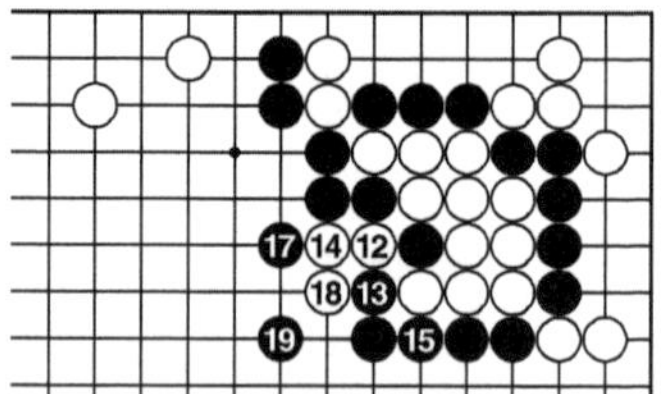

**[102]** Fortsetzung. Weiß kann dem Netz nicht recht entkommen, denn Schwarz wirft mit 17 und 19 das zweite Netz aus.

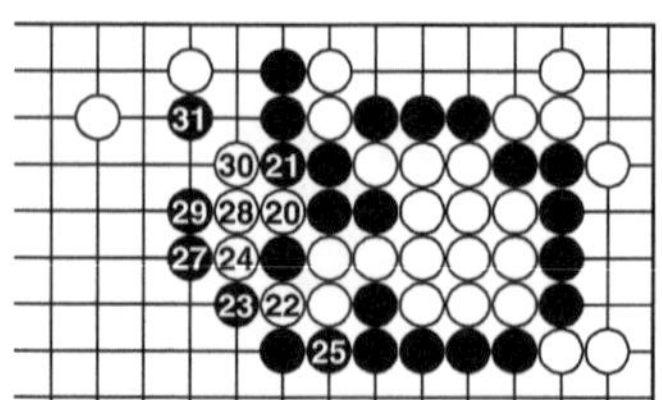

**[102]** Fortsetzung. Noch einmal findet Weiß einen Ausgang, nur um im dritten Netz endgültig gefangen zu sein. Weiß hat eine Freiheit zu wenig.

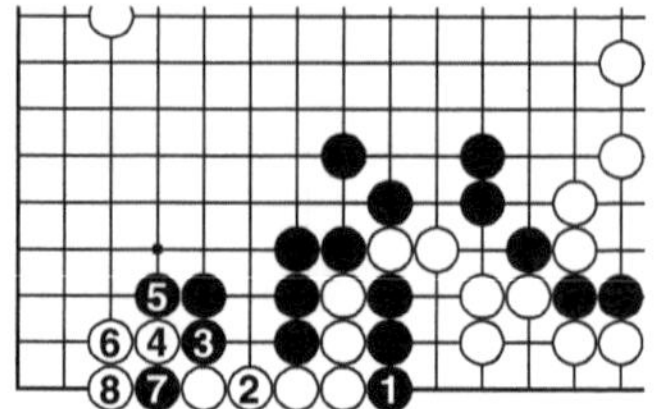

**[103]** Richtig. Schwarz gibt mit 1 Atari und treibt Weiß am Rand entlang in die Ecke. Schwarz 7 ist ein Einwurf-Tesuji.

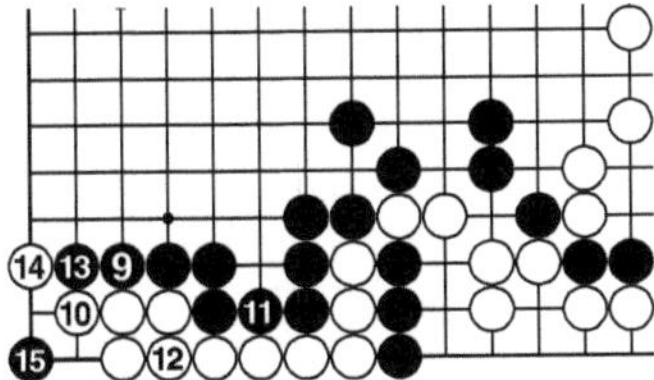

**[103]** Fortsetzung. Läuft Weiß mit 10 bis 14 weiter, hält Schwarz mit 11 bis 13 den Druck aufrecht. Schwarz 15 ist wichtig, um ein Ko zu vermeiden.

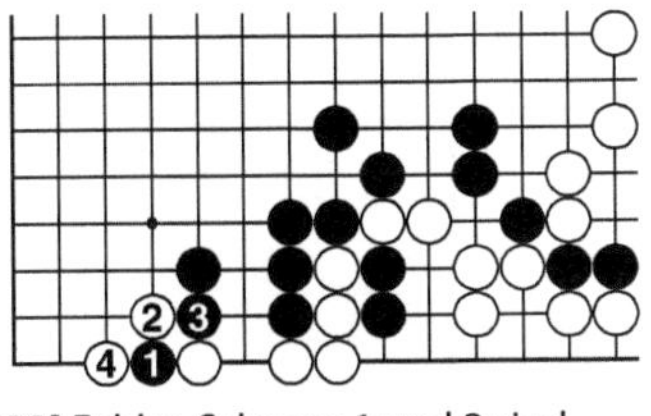

**[103]** Fehler. Schwarz 1 und 3 sind nicht richtig, denn nun erhält Weiß ausreichend Freiheiten, um das Semeai zu gewinnen.

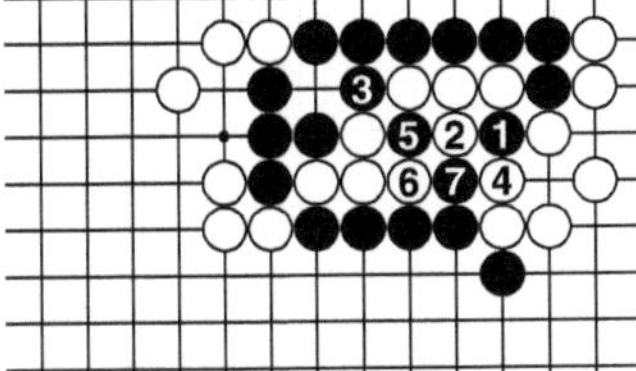

**[104]** Richtig. Schwarz 1 ist ein geschicktes Opfer. Schlägt Weiß mit 2 und 4, dann wirft Schwarz mit 5 ein, um einen Mangel an Freiheiten zu erzeugen.

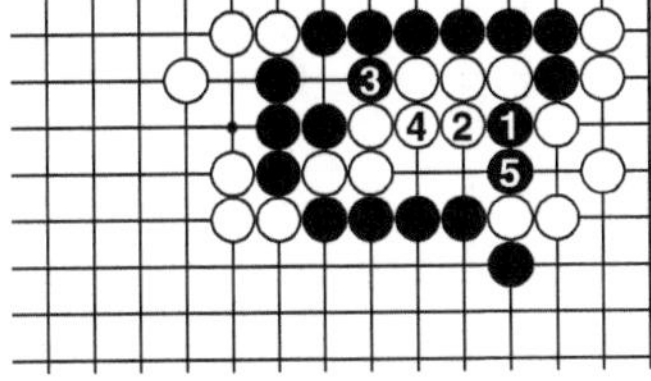

**[104]** Variante. Deckt Weiß nach Schwarz 3 auf 4, dann zieht Schwarz auf 5 heraus. Weiß kann mangels Freiheiten die zwei Steine nicht fangen.

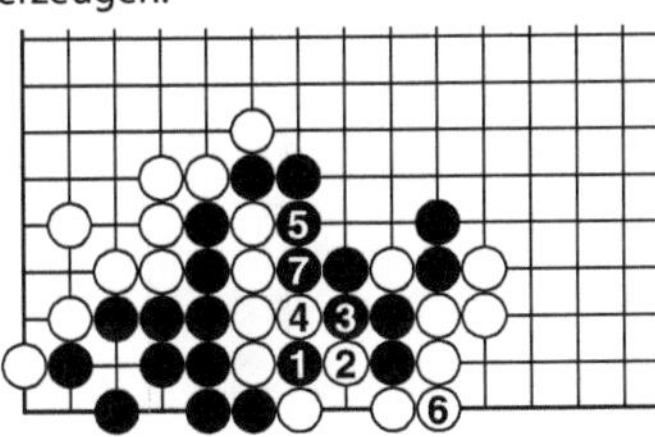

**[105]** Richtig. Schwarz muss auf 1 schneiden und nach Weiß 2 auf 3 blocken. Nach Schwarz 7 kann Weiß mangels Freiheiten das Fangen von fünf Steinen nicht verhindern.

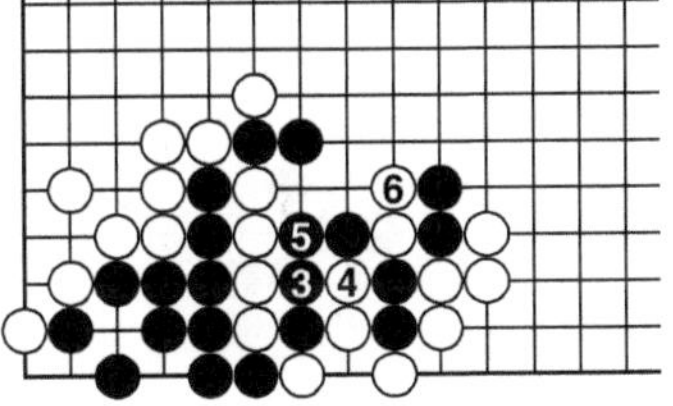

**[105]** Fehler. Schwarz darf mit 3 nicht wie hier zurückziehen, denn nun schlägt Weiß auf 4. Deckt Schwarz das Atari mit 5, dann durchbricht Weiß mit 6 die schwarze Stellung.

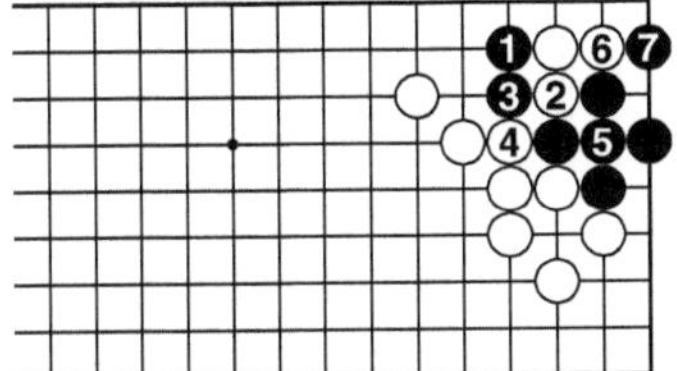

**[106]** Richtig. Schwarz legt mit 1 von außen an und fängt so den Stein in der Ecke.

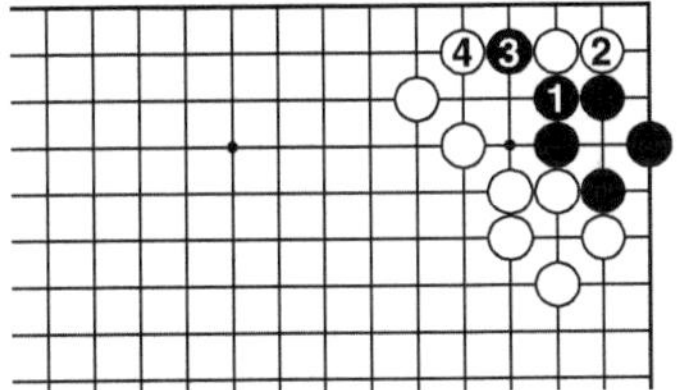

**[106]** Fehler. Schwarz 1 und 3 hier sind ein plumper Versuch zu leben. Weiß verhindert das Leben mit 2 und 4.

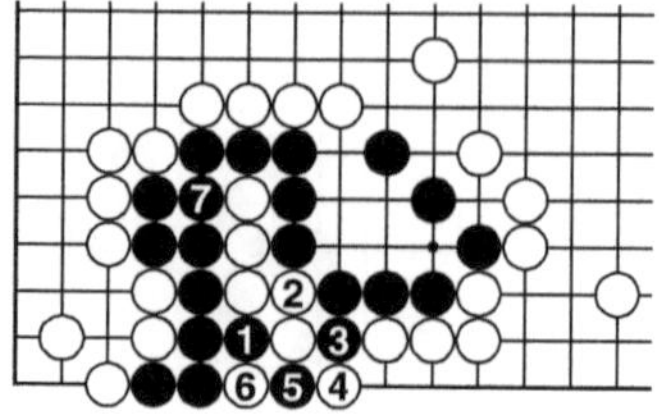

**[107]** Richtig. Das leere Dreieck 1 ist Tesuji und sichert den Vorteil im Wettlauf um Freiheiten.

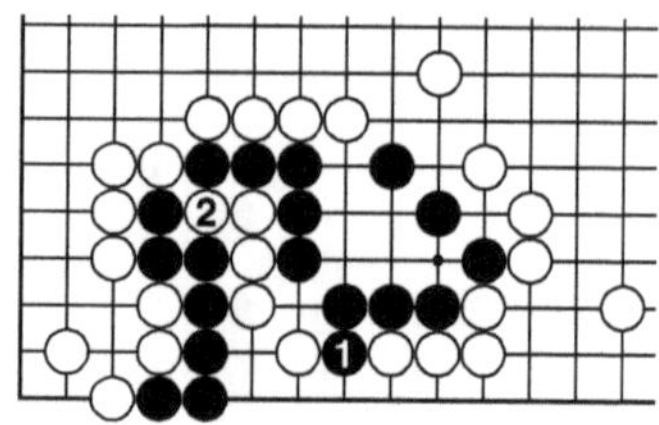

**[107]** Fehler. Mit 1 durchzustechen ist die falsche Reihenfolge, denn Weiß schneidet und fängt mit 2.

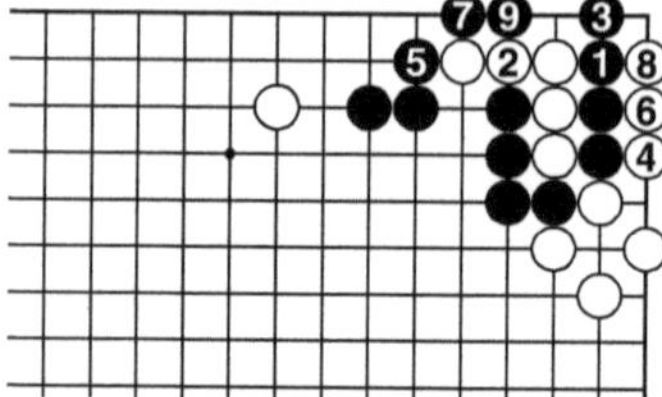

**[108]** Richtig. Schwarz muss 1 und 3 spielen. Er gewinnt den Wettlauf um eine Freiheit, da Weiß sich nicht annähern kann.

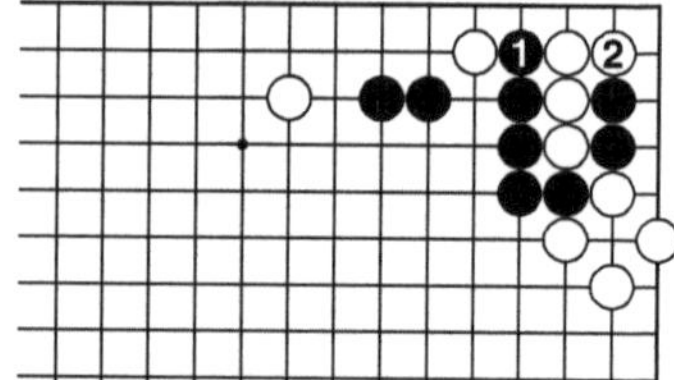

**[108]** Fehler. Beginnt Schwarz mit 1 hier, dann antwortet Weiß auf 2. Das Ergebnis fällt für Schwarz deutlich schlechter aus.

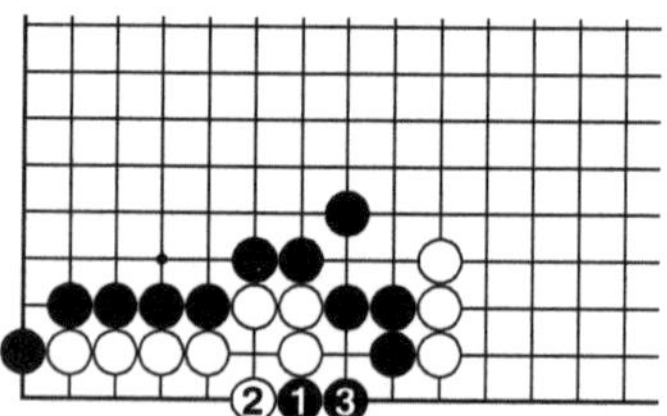

**[109]** Richtig. Schwarz 1 trifft den vitalen Punkt und verhindert das zweite Auge.

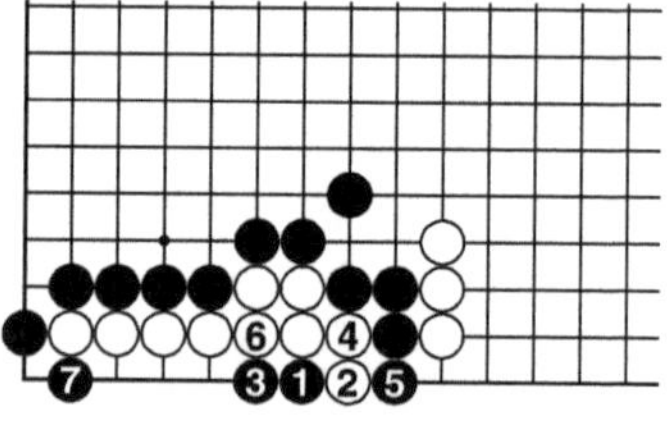

**[109]** Variante. Kontert Weiß mit 2 und 4, dann tötet Schwarz die Gruppe mit 3 bis 7.

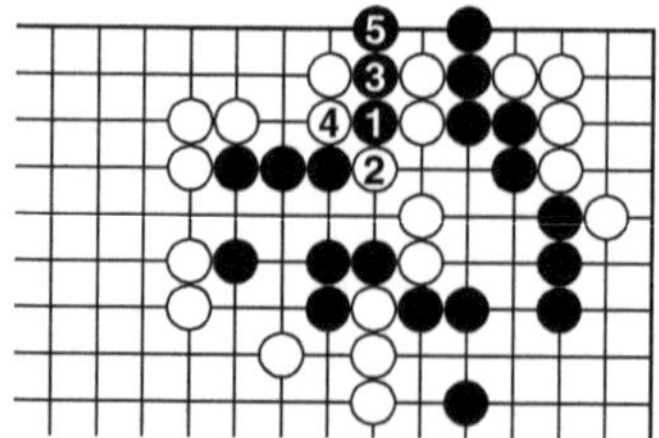

**[110]** Richtig. Das Kosumi 1 ermöglicht es Schwarz, vier weiße Steine zu fangen und so die eigenen zu retten.

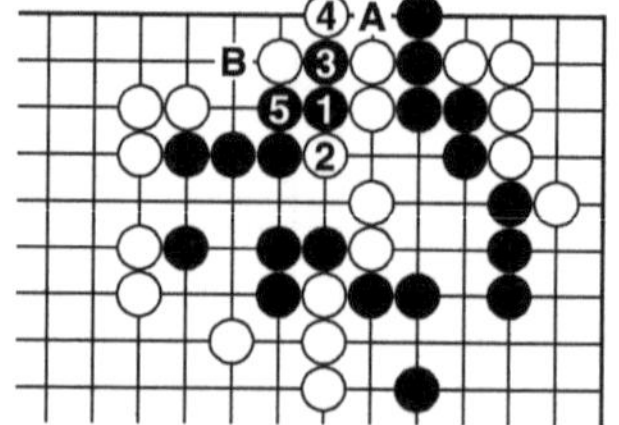


**[110]** Variante. Weiß 4 hier hilft auch nicht, denn nach Schwarz 5 sind A und B Miai.

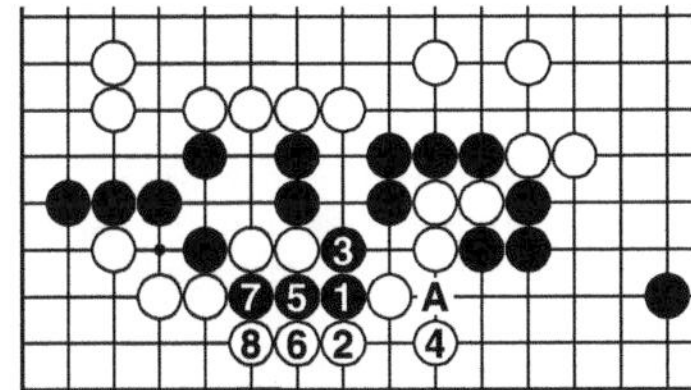

**[111]** Richtig. Schwarz besetzt mit 1 den Schwachpunkt. Nach Schwarz 3 droht A, daher muss Weiß mit 4 decken.

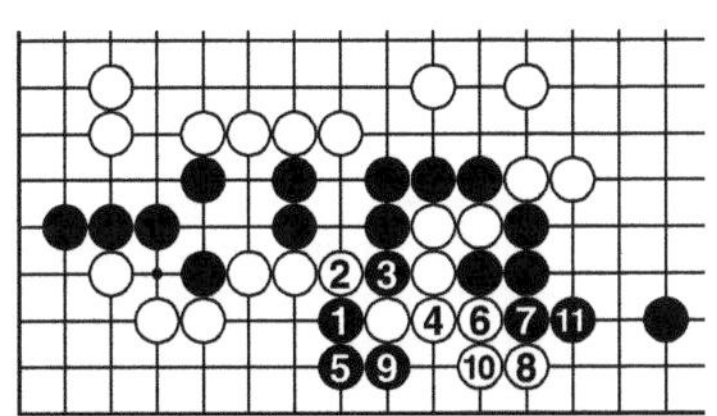

**[111]** Variante. Schneidet Weiß mit 2, dann spielt Schwarz 3 und 5. In der Folge bis 11 fängt Schwarz die weißen Steine.

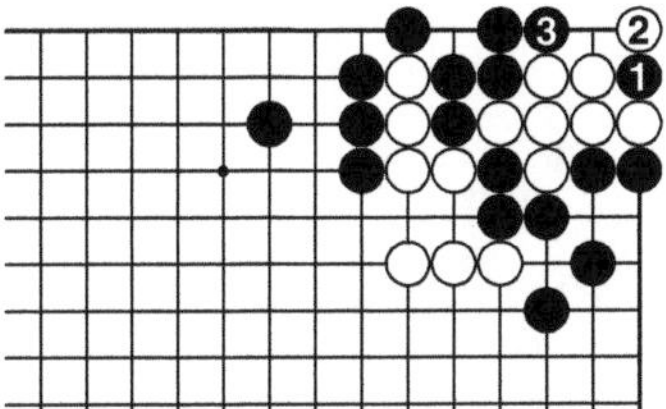

**[112]** Richtig. Der Einwurf auf 1 gewinnt das Semeai. Weiß kann sich nicht mehr von innen annähern.

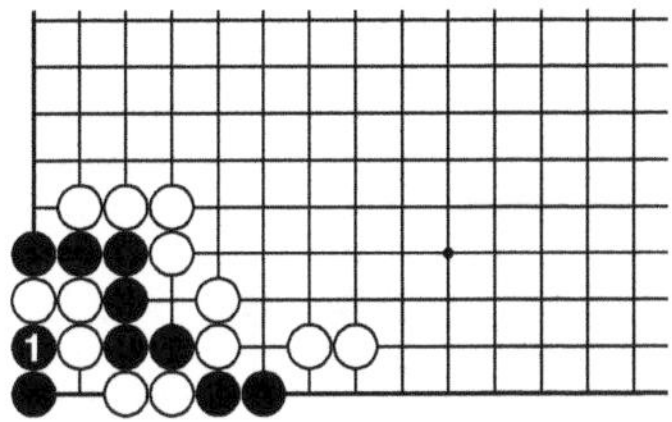

**[113]** Richtig. Schwarz 1 ist ein geschicktes Opfer, das Leben für die Gruppe in der Ecke sichert.

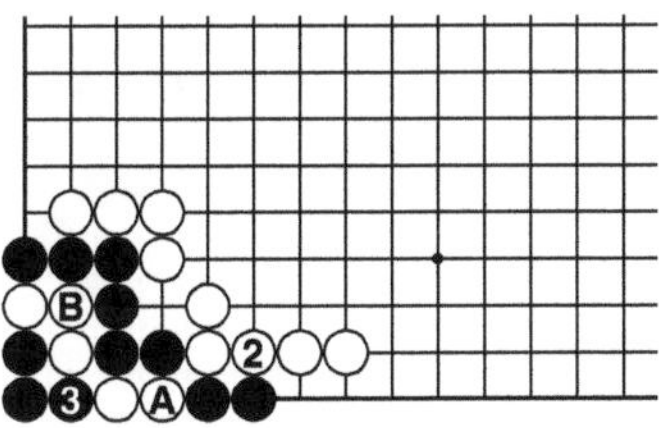

**[113]** Fortsetzung. Nach Weiß 2 schlägt Schwarz auf 3. Nun sind A und B Miai. Spielt Weiß statt 2 selbst auf 3, dann wirft Schwarz nochmal auf 1 ein.

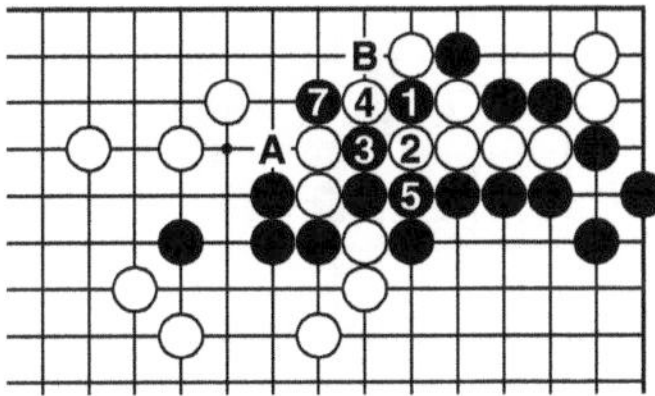

**[114]** Richtig. Das Atari 1 trifft den Schwachpunkt, denn nach 2 bis 7 sind A und B Miai, um weiße Steine zu fangen (Weiß 6 auf 1).

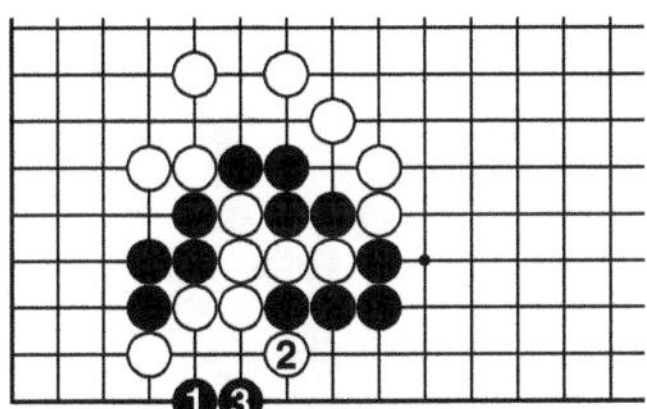

**[115]** Richtig. Schwarz 1 ist das Tesuji, das den Wettlauf gewinnt. Nach Weiß 2 spielt Schwarz noch einmal auf der ersten Linie.

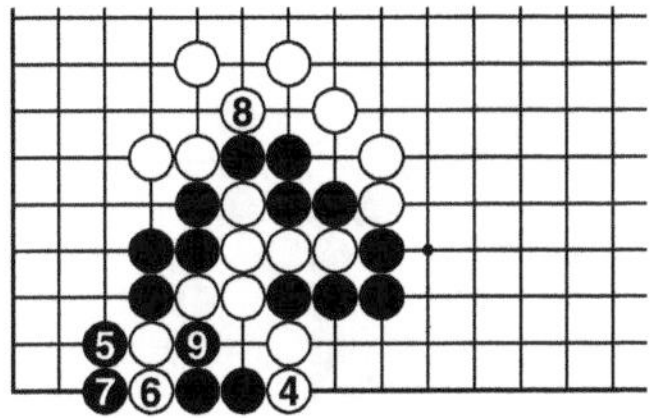

**[115]** Fortsetzung. Setzt Weiß nun mit 4 fort, dann sorgt Schwarz mit 5 bis 9 dafür, dass Weiß keine zusätzlichen Freiheiten gewinnt.

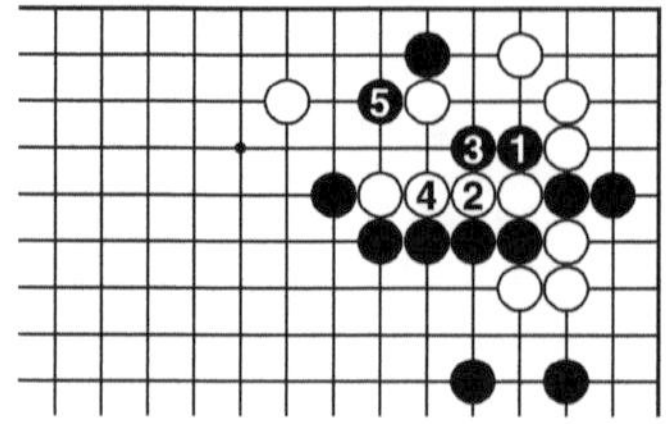

**[116]** Richtig. Schwarz 1 und 3 sind die Vorbereitung für das Tesuji 5, mit dem die weißen Schnittsteine gefangen werden.

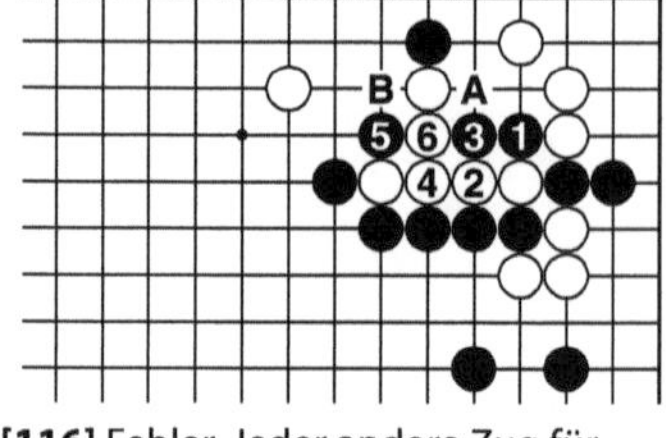


**[116]** Fehler. Jeder andere Zug für Schwarz 5 scheitert. Hier sind nach Weiß 6 A und B Miai.

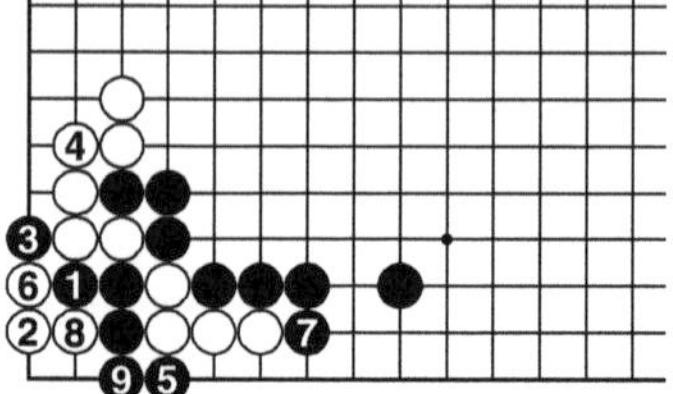

**[117]** Richtig. Schwarz blockt auf 1. Spielt Weiß den starken Konter 2, dann fängt Schwarz vier Steine mit 3 bis 9.

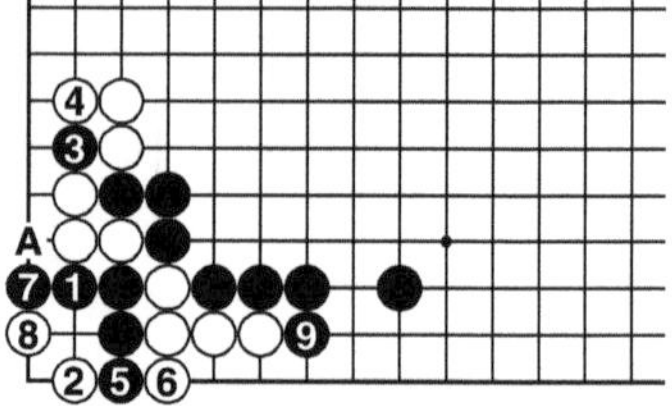


**[117]** Variante. Antwortet Weiß auf 2 hier, dann opfert Schwarz auf 3. Nach 5 und 7 kann sich Weiß nicht auf A annähern und Schwarz gewinnt den Wettlauf.

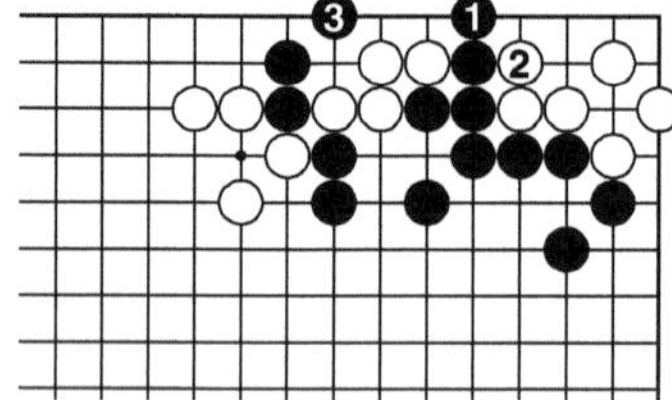

**[118]** Richtig. Das Strecken auf 1 ist Tesuji. Nach Weiß 2 kann Schwarz mit 3 vier weiße Steine fangen.

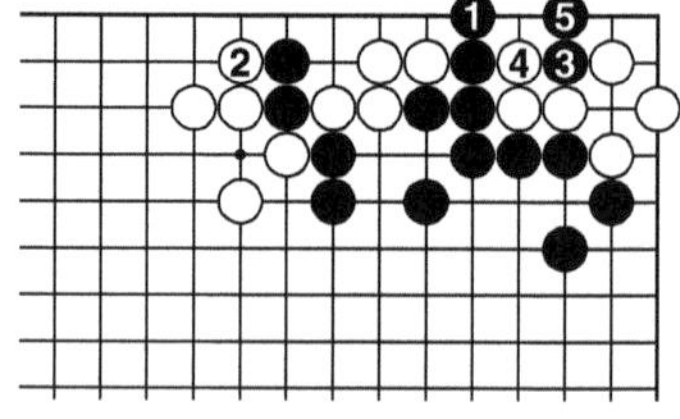

**[118]** Variante. Nimmt Weiß mit 2 den zwei Steinen eine Freiheit, dann tötet Schwarz mit 3 die Ecke.

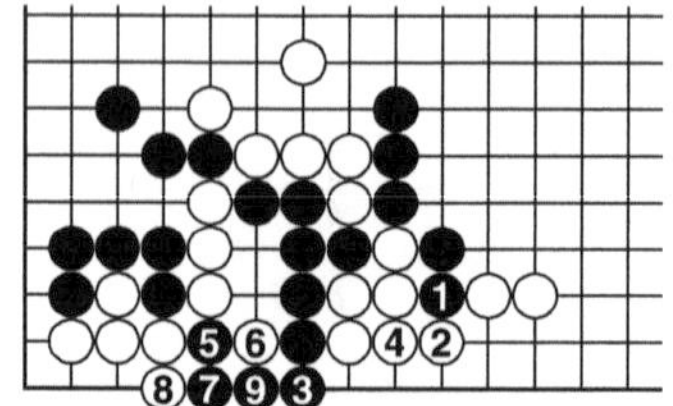

**[119]** Richtig. Schwarz 1 ist ein Vorbereitungszug, der Schwarz 3 ermöglicht. Deckt Weiß auf 4, dann schneidet Schwarz mit 5 drei weiße Steine ab.

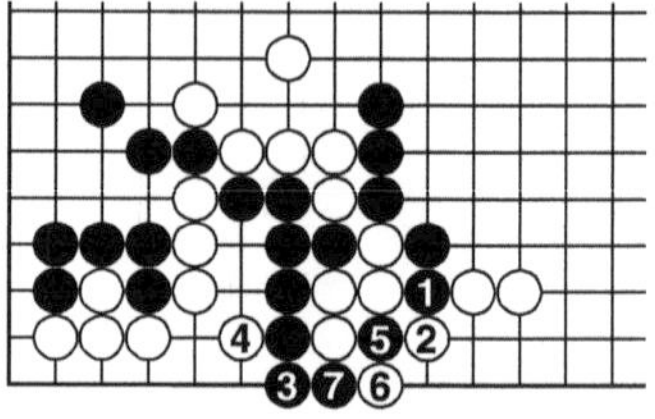

**[119]** Variante. Verteidigt Weiß mit 4 gegen den Schnitt, dann setzt Schwarz mit 5 und 7 fort und fängt auf der anderen Seite weiße Steine.

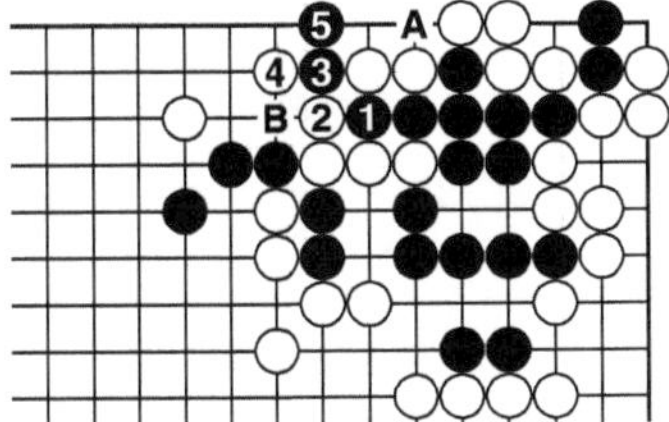


**[120]** Richtig. Schwarz sticht mit 1 durch und schneidet auf 3. Mit 5 droht Schwarz A und B an.

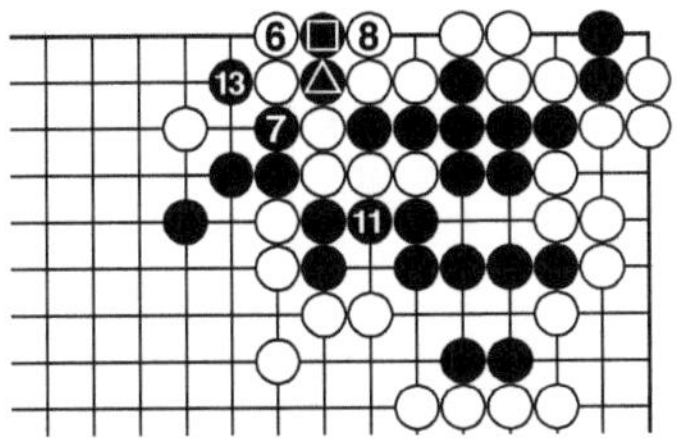

**[120]** Fortsetzung. Versucht Weiß mit 6 zu fangen, dann spielt Schwarz 7 bis 13. (Schwarz 9 wirft ein, Weiß 10 schlägt und 12 verbindet.)

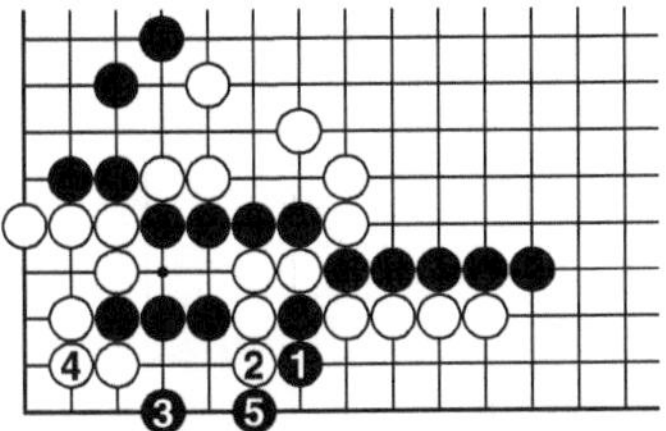

**[121]** Richtig. Schwarz streckt mit 1 und springt auf 3. Verteidigt Weiß mit 4 die Ecke, dann fängt Schwarz mit 5 vier weiße Steine.

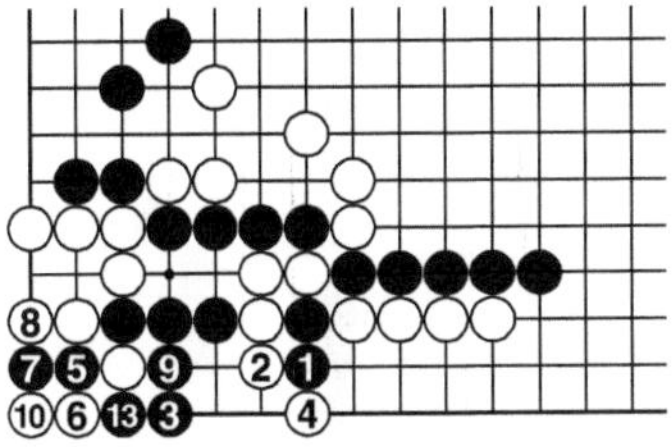

**[121]** Variante. Verhindert Weiß mit 4 das Fangen der vier Steine, dann kann Schwarz in der Ecke ein Ko beginnen (11 wirft auf 5 ein, 12 schlägt auf 7).

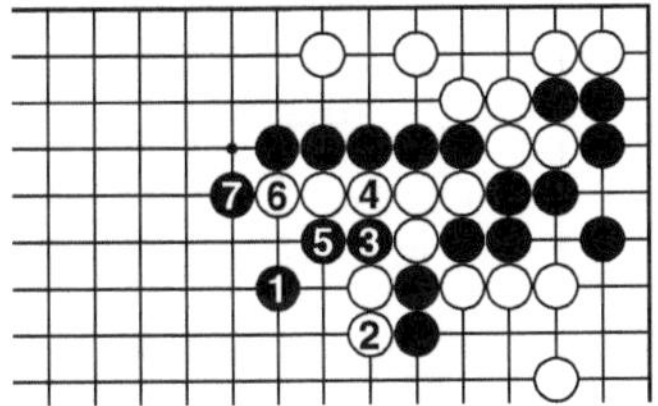

**[122]** Richtig. Schwarz 1 ist ein starkes Tesuji, das die Schnittsteine fängt.

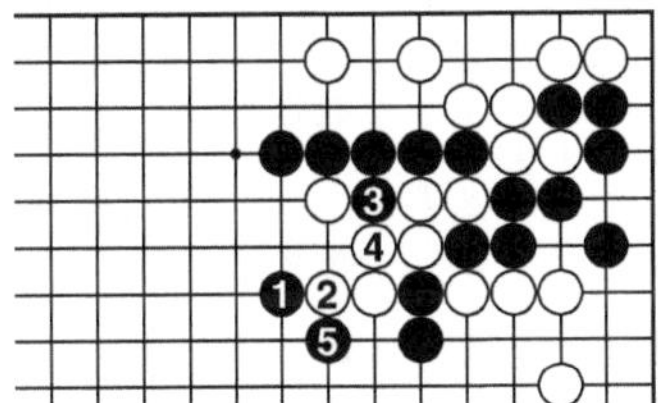

**[122]** Variante. Wie Weiß sich auch windet, Schwarz 1 steht genau richtig, um die Schnittsteine nicht entkommen zu lassen.

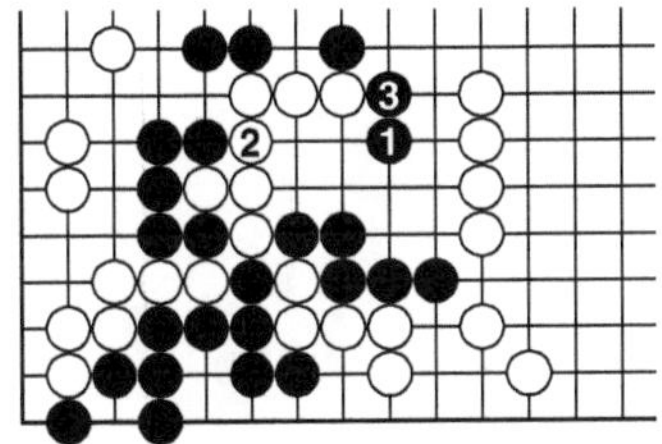

**[123]** Richtig. Schwarz 1 ist ein eleganter Zug. Er droht drei Steine zu fangen. Nach Weiß 2 fängt Schwarz mit 3 sogar sieben Steine.

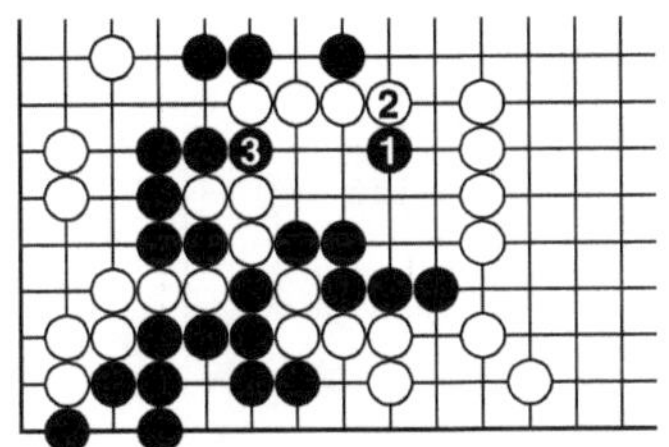

**[123]** Variante. Bricht Weiß mit 2 aus, dann fängt Schwarz drei Steine, denn 1 verhindert das Entkommen für Weiß.

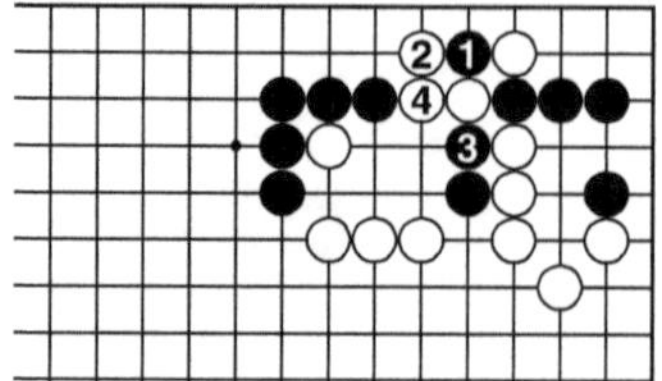

**[124]** Richtig. Schwarz 1 ermöglicht das Verbinden. Gibt Weiß nicht nach, sondern spielt 2 und 4, dann kontert Schwarz mit 3 und …

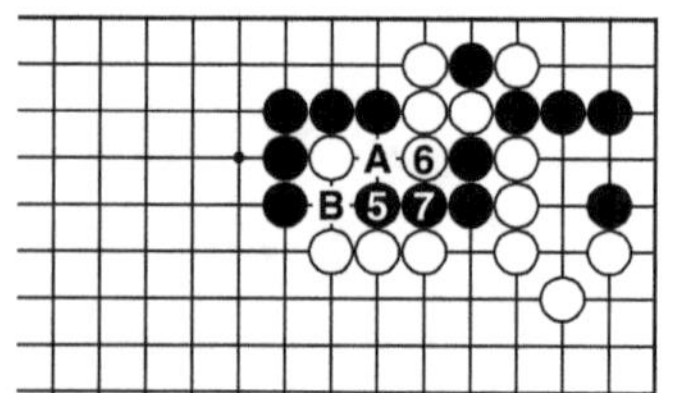


**[124]** Fortsetzung. … 5. Nach dem Abtausch 6 für 7 sind A und B Miai. Weiß ist gefangen.

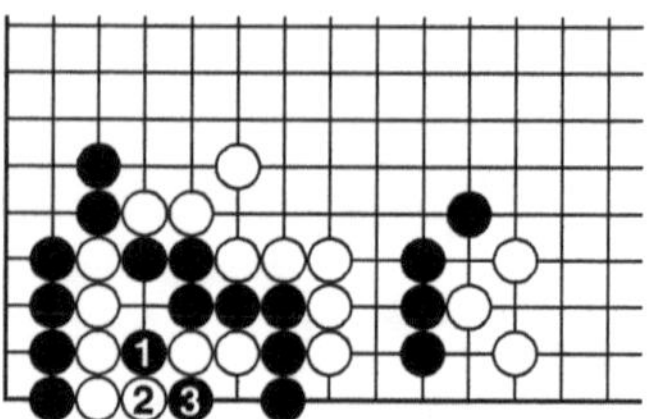

**[125]** Richtig. Schwarz 1 und 3 fangen die weißen Steine.

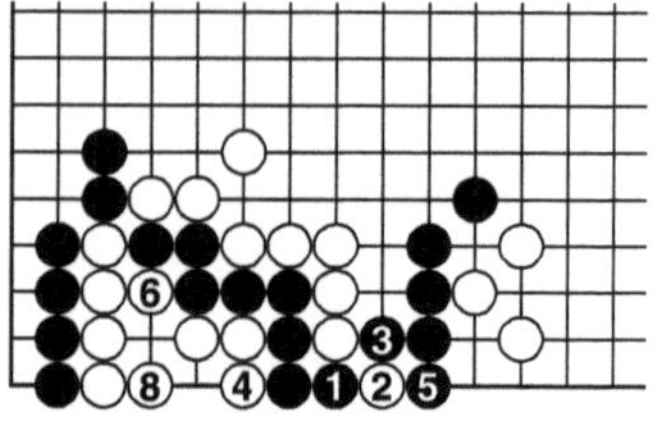

**[125]** Fehler. Schwarz kann mit 1 entkommen, doch dann lebt Weiß in der Fortsetzung bis 8 (Schwarz 7 auf 2).

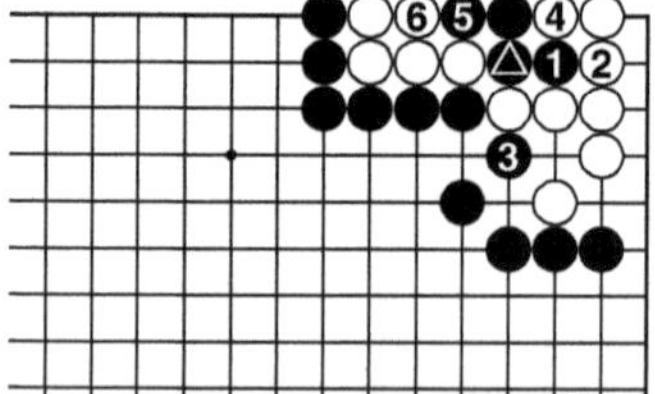

**[126]** Richtig. Das leere Dreieck 1 ist Tesuji. Schwarz 3 verhindert das zweite Auge. Schwarz 5 ist ein Opfer, um nach 6 wieder auf dem markierten Stein zu spielen.

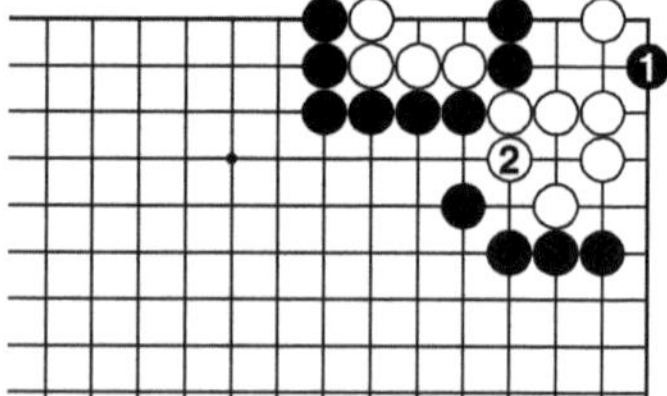

**[126]** Fehler. Schwarz 1 ist ein Fehler, denn Weiß sichert mit 2 ein zweites Auge und lebt.

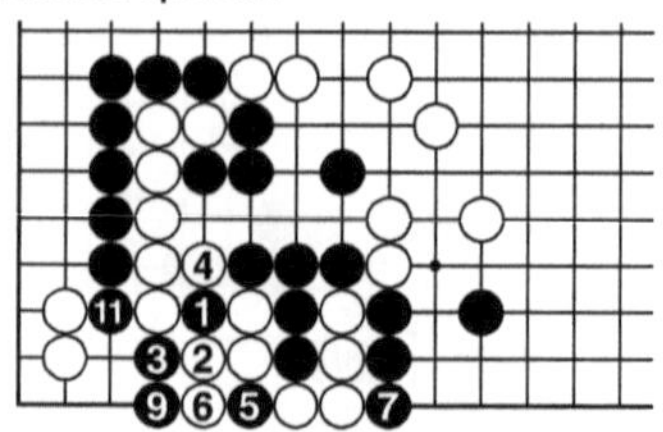

**[127]** Richtig. Das Dazwischengehen mit 1 nutzt die weiße Schwäche aus. Nach Weiß 3 fängt Schwarz in der Abfolge bis 11 (Weiß 8 auf 5, 10 auf 1).

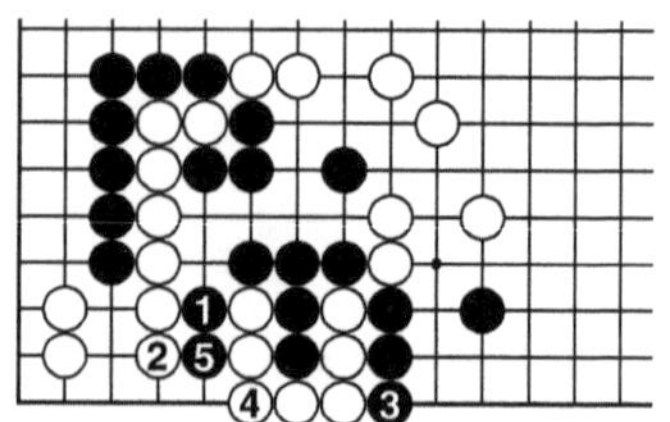

**[127]** Variante. Gibt Weiß auf 2 nach, dann fängt Schwarz mit 3 und 5 und rettet so seine Steine.

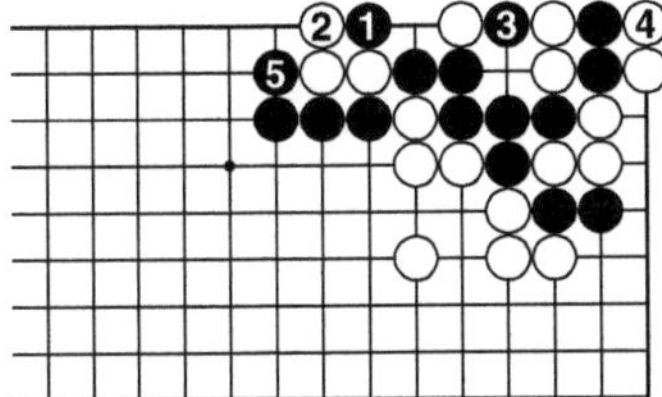

**[128]** Richtig. Schwarz 1 ist das rettende Tesuji, denn nach Weiß 2 kann Schwarz auf 3 einwerfen.

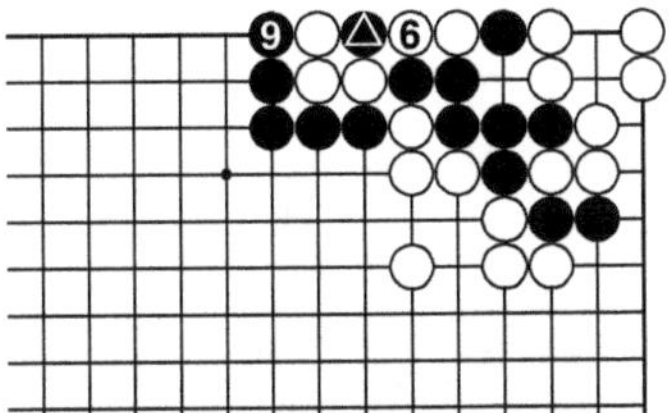

**[128]** Fortsetzung. Schlägt Weiß mit 6, dann nimmt Schwarz mit 7 zwei Steine vom Brett. Schlägt Weiß mit 8 auf 6 zurück, dann spielt Schwarz 9. Er gewinnt das Semeai.

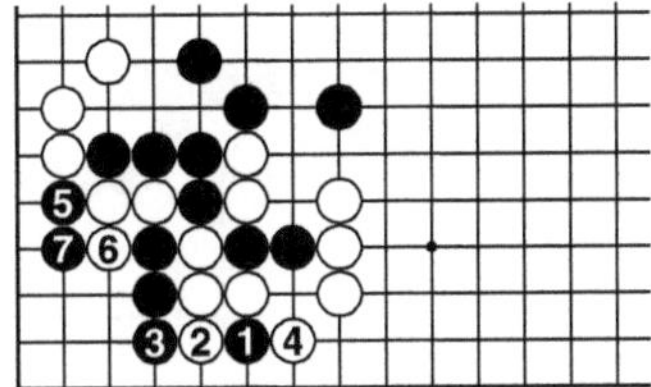

**[129]** Richtig. Der Anleger 1 ist ein starkes Tesuji, denn er droht zwei Steine zu reaktivieren. Verteidigt Weiß auf 2, dann kann Schwarz mit 5 und 6 zwei Schnittsteine fangen.

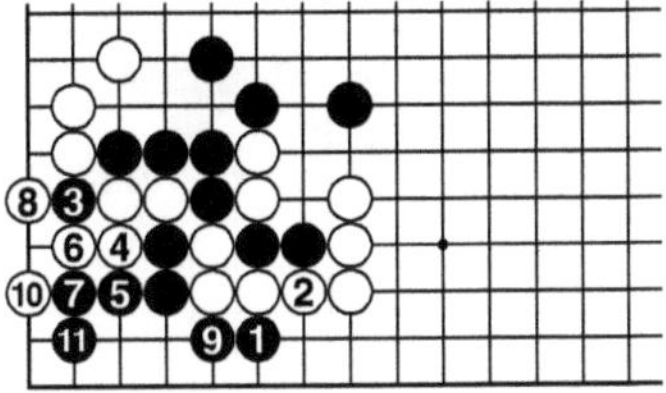

**[129]** Variante. Verteidigt Weiß mit 2 hier, dann lebt Schwarz mit der Abfolge von 3 bis 11 in der Ecke.

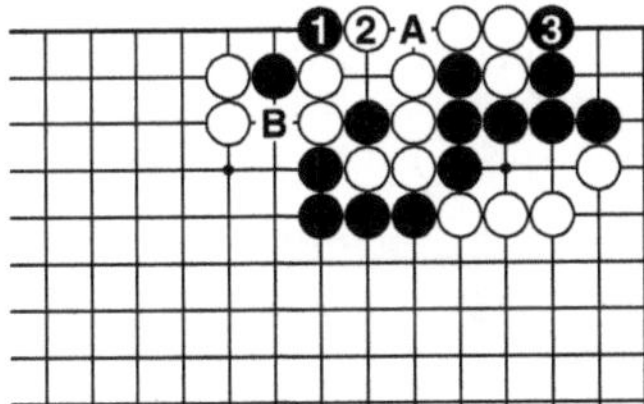


**[130]** Richtig. Das Hane 1 erzeugt einen Freiheitenmangel. Nach Weiß 2 muss Schwarz nur mit 3 Atari geben.

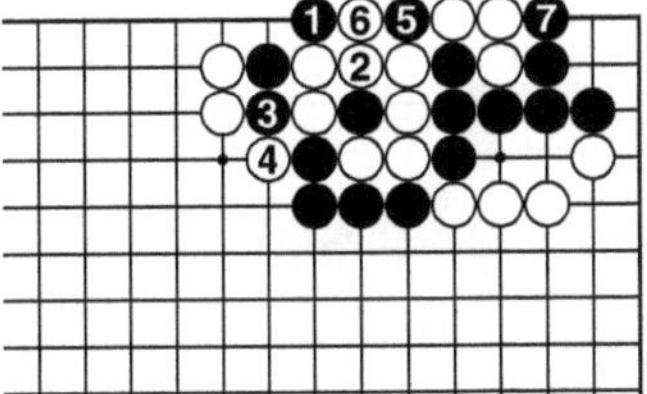

**[130]** Variante. Schlägt Weiß daher auf 2, dann droht Schwarz mit 3 alles zu fangen. Nach Weiß 4 wird ein Stein eingeworfen und wieder hat Weiß nach 7 einen Mangel an Freiheiten.

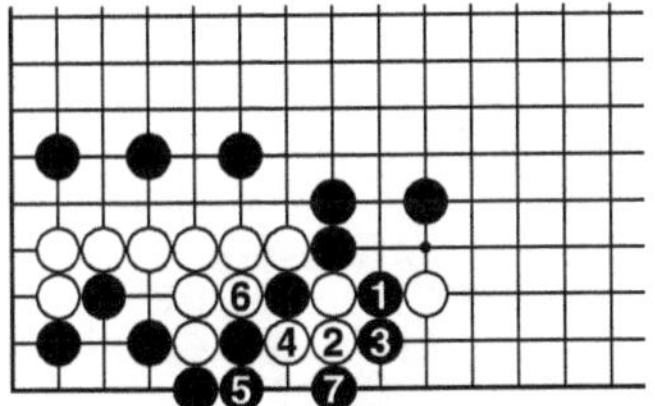

**[131]** Richtig. Schwarz bedroht mit 1 den Schnittstein. 5 und 7 sind eine geschickte Kombination, um am Rand zu verbinden.

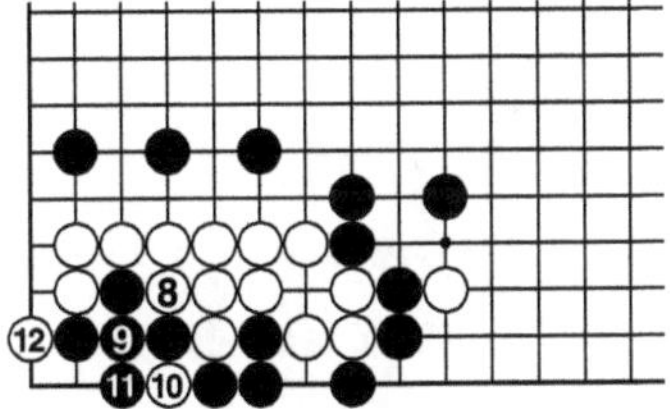

**[131]** Fortsetzung 1. Wehrt sich Weiß nun mit 8, dem Einwurf auf 10 und 12, dann muss Schwarz das drohende Ko in der Ecke abwenden …

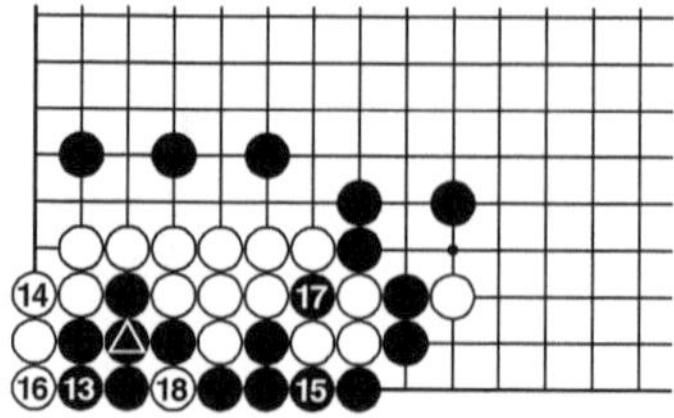

**[131]** Fortsetzung 2. Schließlich sorgt Schwarz 13 für eine tote Innenform. Weiß 18 schlägt zwar sechs Steine, doch Schwarz 19 auf dem markierten Stein tötet.

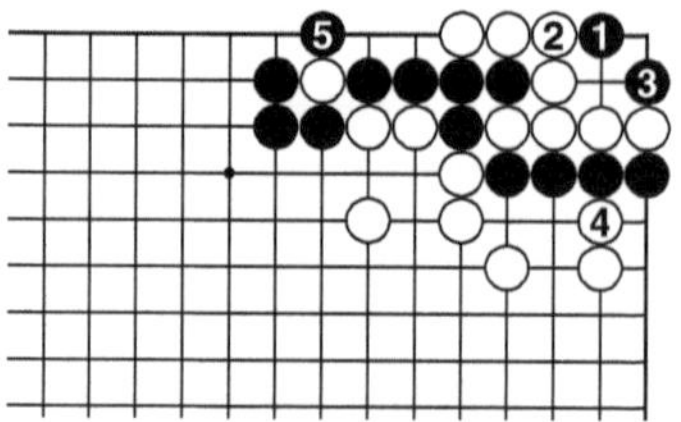

**[132]** Richtig. Schwarz 1 nimmt zwar keine Freiheit, sorgt jedoch für den Vorsprung im Wettlauf, da Weiß einen Zug zu langsam ist.

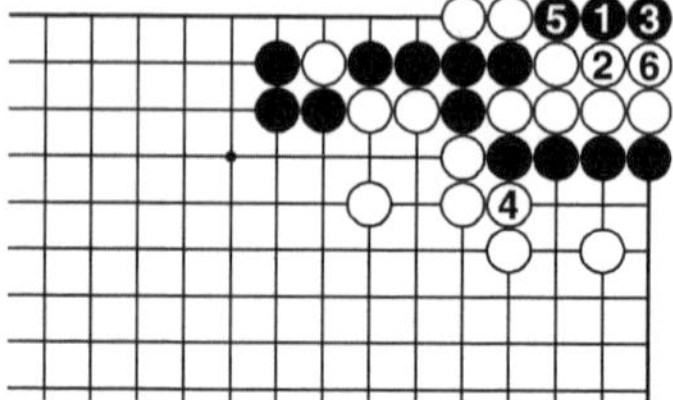

**[132]** Variante. Antwortet Weiß auf 2 hier, dann zieht Schwarz auf 3 zurück. Schwarz 5 ist ein geschicktes Opfer.

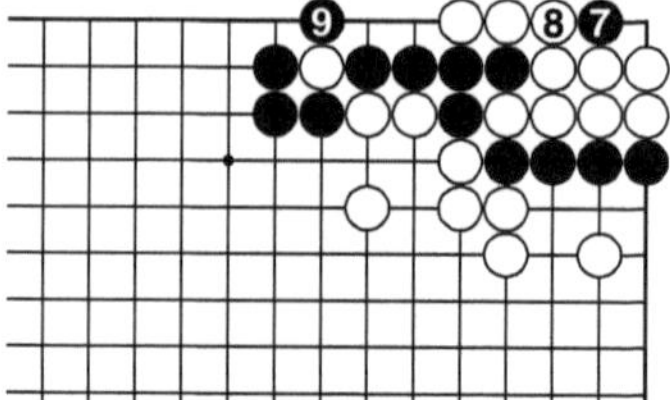

**[132]** Fortsetzung. Nachdem drei Steine geschlagen wurden, spielt Schwarz wieder auf 7. Verhindert Weiß mit 8 die Mausefalle, dann ist Schwarz wieder einen Zug schneller im Semeai.

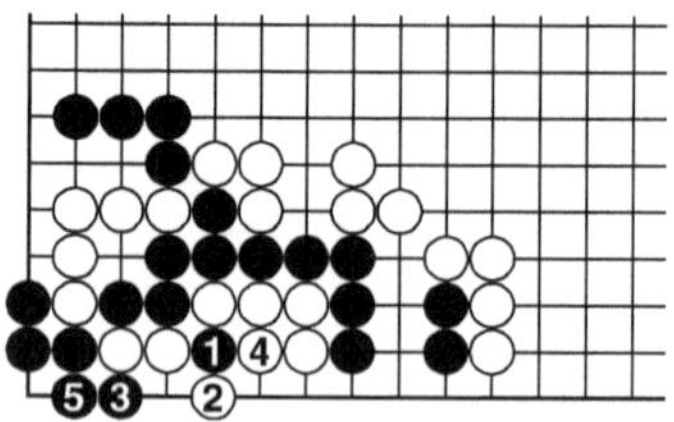

**[133]** Richtig. Schwarz 1 bis 5 reduzieren die weiße Gruppe auf ein Auge und bereiten ein Opfer vor.

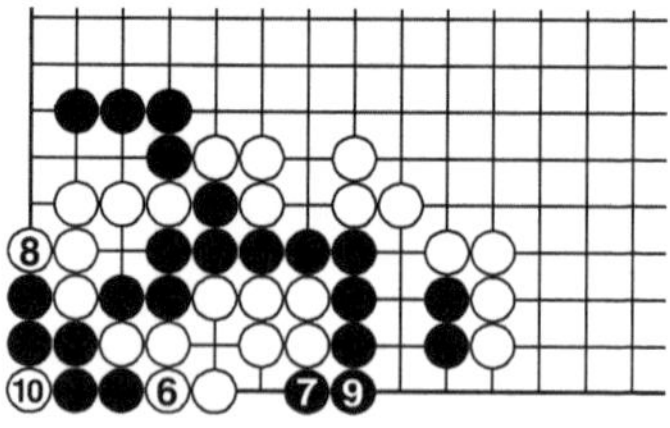

**[133]** Fortsetzung 1. Weiß muss mit 6 bis 10 die Opfersteine in der Ecke schlagen.

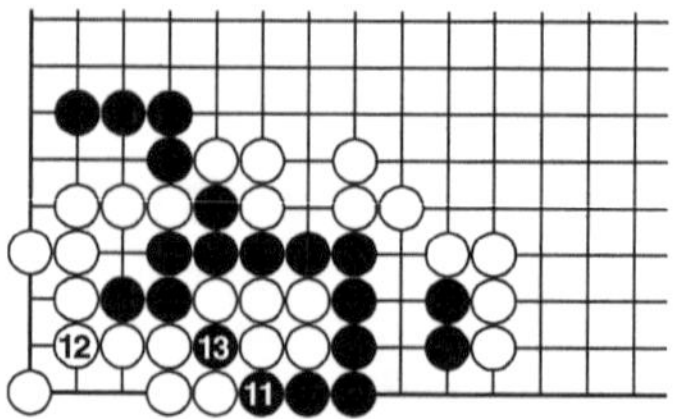

**[133]** Fortsetzung 2. Nun gibt Schwarz mit 11 Atari und Weiß kann nicht auf 13 decken, da Schwarz sonst auf 12 fängt.

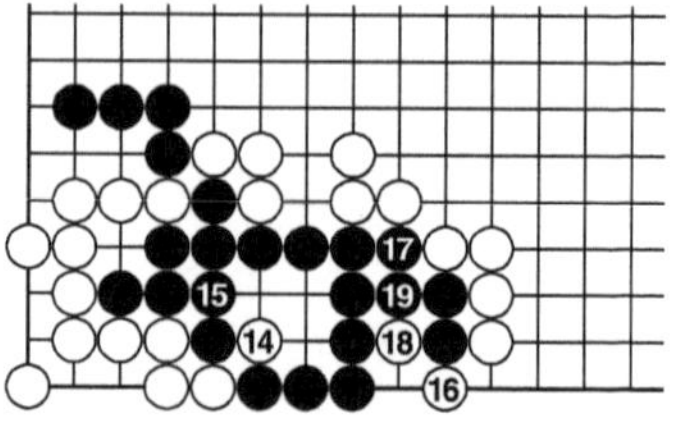

**[133]** Fortsetzung 3. Greift Weiß die schwarze Form mit 14 und 16 an, so wehrt Schwarz diese Versuche mit 15 bis 19 ab. Schwarz lebt.

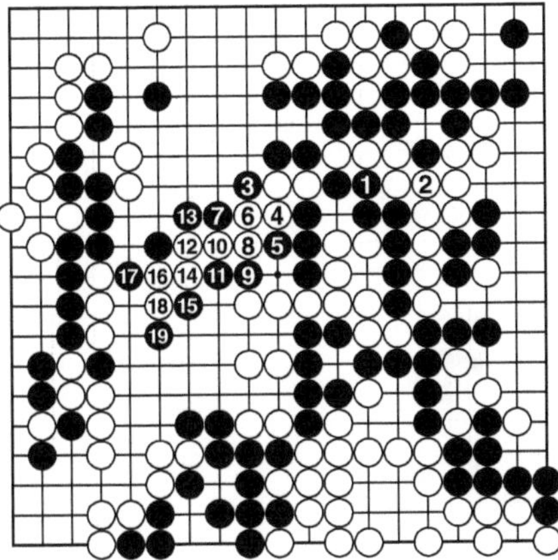

**[134]** Richtig.
Schwarz 1 und 3 sind richtig, denn sie fangen zwei weiße Steine sicher in einer Treppe. Damit ist die weiße Gruppe aus vierzehn Steinen tot.

Weiß gab nach Schwarz 1 auf.

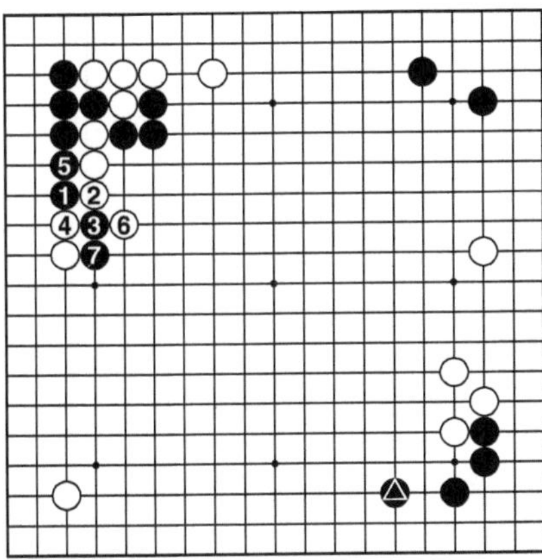

**[135]** Richtig.
Schwarz 1 ist hier ein geschickter Sprung. Schiebt Weiß mit 2, dann biegt Schwarz auf 3 um. Nach dem Schnitt ist es Weiß, der in Schwierigkeiten ist. Die Treppe nach Weiß 6 läuft dank des markierten Steins für Schwarz.

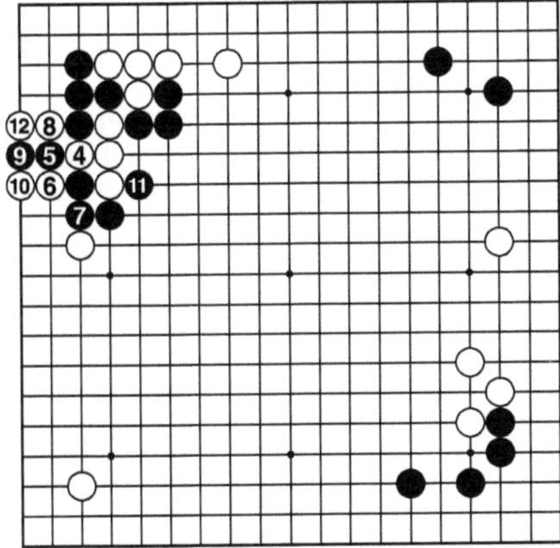

**[135]** Variante.
Versucht Weiß mit 4 Widerstand zu leisten, dann antwortet Schwarz auf 5. Setzt Weiß mit 6 bis 12 fort, so findet er sich im Steinturm-Tesuji wieder. Schwarz wirft nach 12 auf 5 ein und fängt mindestens die vier Schnittsteine.

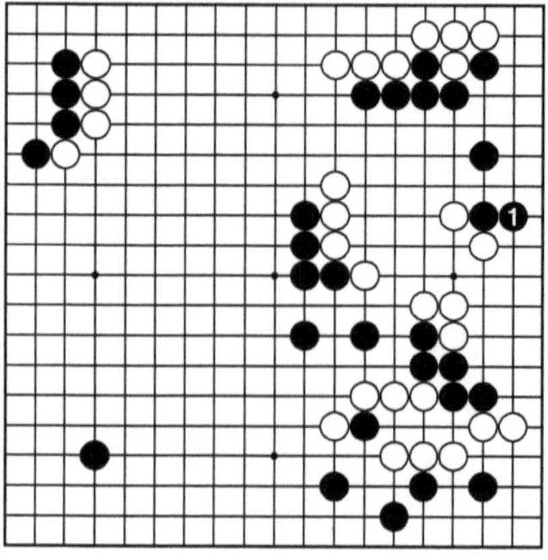

**[136]** Richtig.
Schwarz 1 ist der Punkt, um Augenform zu sichern.

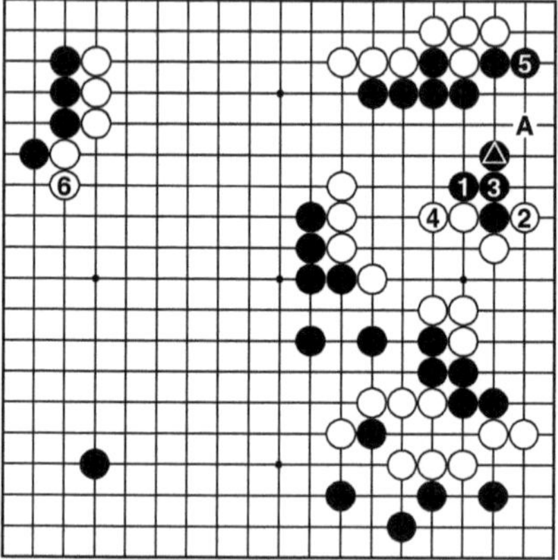

**[136]** Fehler.
In der Partie spielte Schwarz 1 hier und wurde sofort mit dem Atari 2 bestraft.
Der markierte Stein steht nun sehr ineffizient da und auf A bleibt eine unangenehme Schwäche zurück, auf die Schwarz aufpassen muss. Die KI berechnet nun für Weiß einen deutlichen Vorteil.

Am Ende gewann Weiß durch Aufgabe.

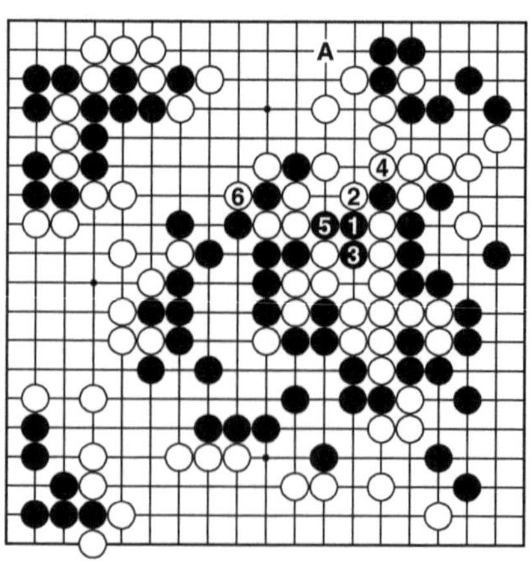

**[137]** Richtig.
Es gibt keinen größeren Zug für Schwarz als 1, der in Vorhand vier Steine im Zentrum fängt. Anschließend kann er den großen Punkt A spielen.

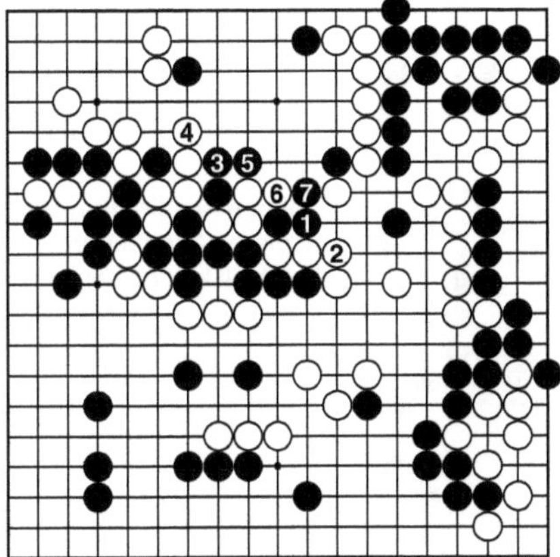

**[138]** Richtig.
Schwarz 1 ist der einzige Weg, um im Zentrum Steine zu fangen.
Spielt Schwarz statt 1 gleich auf 7, dann kontert Weiß auf 1 und Schwarz fängt nichts.

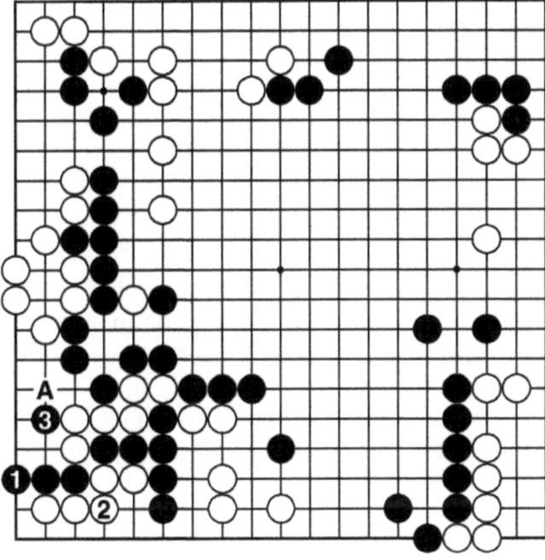

**[139]** Richtig.
Schwarz streckt mit 1 zum Rand und fängt nach Weiß 2 sechs weiße Steine. Antwortet Weiß statt 2 auf A, dann spielt Schwarz selbst auf 2. So oder so gelingt es ihm, die sechs schwarzen Steine zu retten.

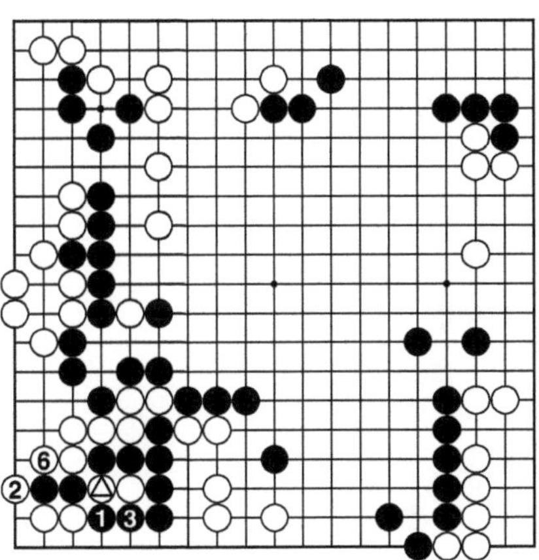

**[139]** Fehler.
Schwarz darf hier nicht 1 spielen, denn Weiß verbindet am Rand mit 2. Schlägt Schwarz mit 3, dann wirft Weiß mit 4 auf dem markierten Stein ein. Schwarz schlägt wieder und Weiß verbindet auf 6. Schwarz hat keine Chance, das Semeai zu gewinnen.

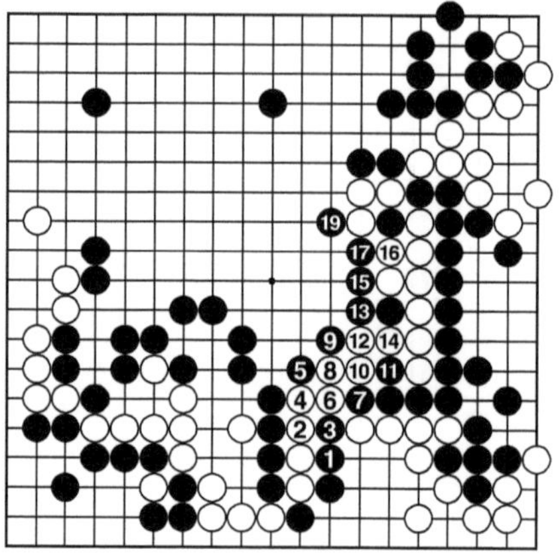

**[140]** Richtig.
Schwarz beginnt mit 1 eine Treppe und fängt so den weißen Schnittstein. Die weiße Gruppe am unteren Rand ist nun tot. In dieser Vorgabepartie hat Weiß keine Chance mehr.

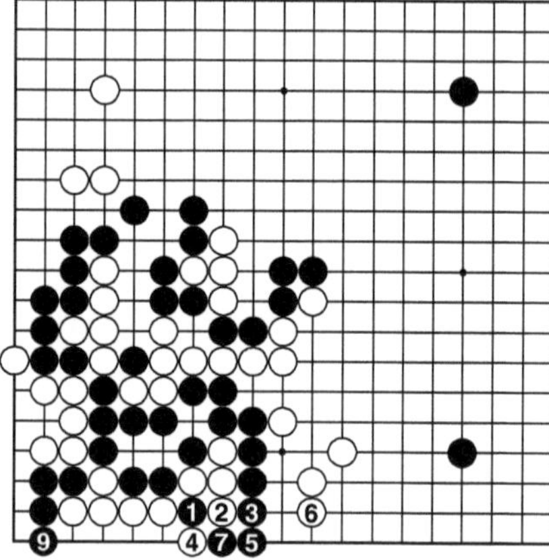

**[141]** Richtig.
Schwarz 1 ist Tesuji und sichert Leben. Verhindert Weiß mit 6 ein zweites Auge, dann gibt Schwarz mit 7 Atari. Deckt Weiß mit 8 auf 1, dann fängt Schwarz mit 9 elf Steine. Sichert Weiß statt 6 auf 7 Leben, dann lebt Schwarz auf 6.

In der Partie hat Weiß nach 5 Tenuki gespielt.

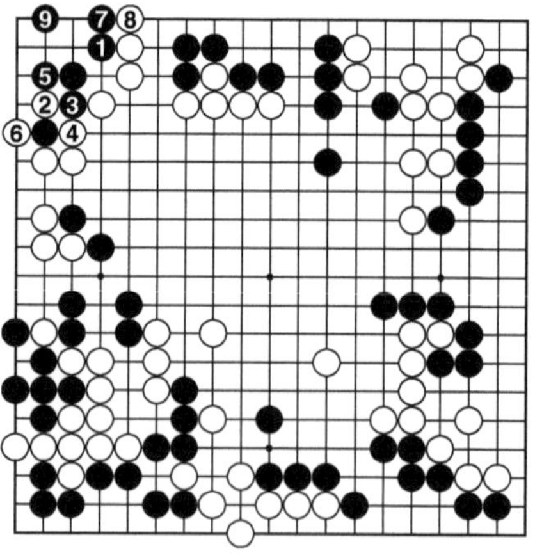

**[142]** Richtig.
Mit 1 kann Schwarz in der Ecke links oben leben.

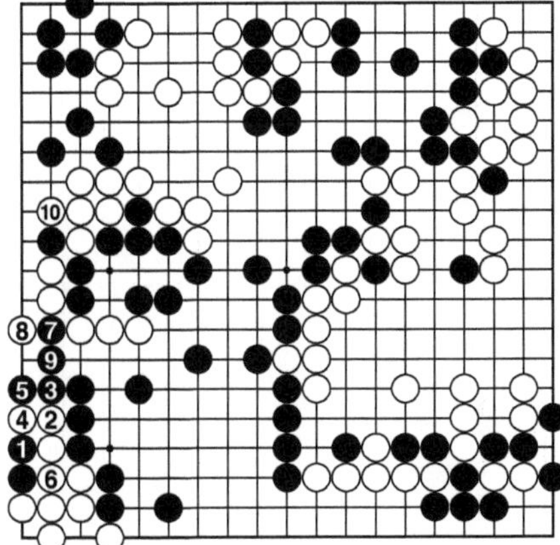

**[143]** Richtig.
Schwarz zieht mit 1 heraus, um zwei Steine zu opfern, denn nun bekommt er 3 und 5 in Vorhand und kann auf 7 schneiden. Statt Weiß 8 das Atari 9 zu geben funktioniert nicht, denn Schwarz kann einfach auf 8 strecken.

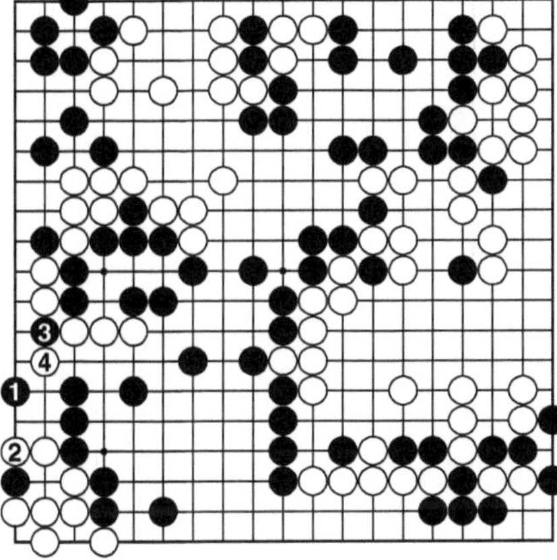

**[143]** Fehler.
Schwarz 1 hier ist ein Fehler, denn Weiß sichert mit 2 das Leben in der Ecke und fängt mit 4 den schwarzen Schnittstein.

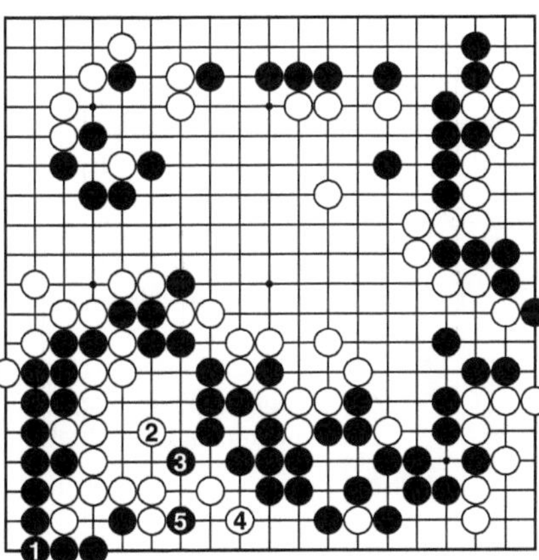

**[144]** Richtig.
Schwarz 1 sichert nicht nur das eigene Leben, sondern verhindert auch ein Semeai zwischen den beiden Gruppen links unten. Versucht Weiß mit 2 und 4 zu leben, dann tötet Schwarz mit 3 und 5.

Weiß gab nach 5 auf.

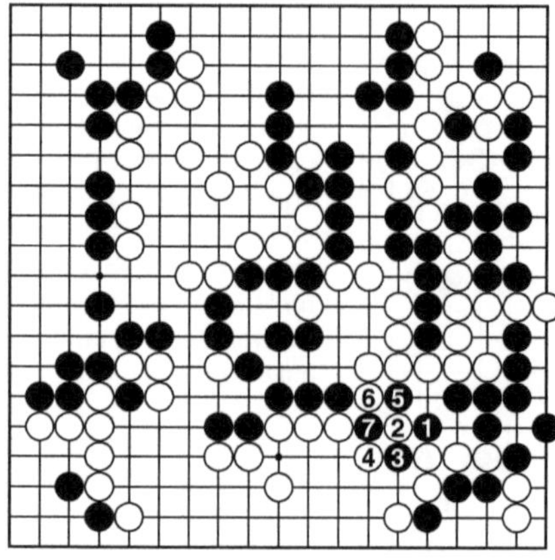

**[145]** Richtig.
Der Anleger 1 nutzt die weiße Schwäche aus. Um nicht getrennt zu werden, kann Weiß nur auf 2 antworten. Schwarz setzt mit 3 bis 7 fort und erreicht ein Ko, bei dem Schwarz nichts und Weiß sehr viel zu verlieren hat.

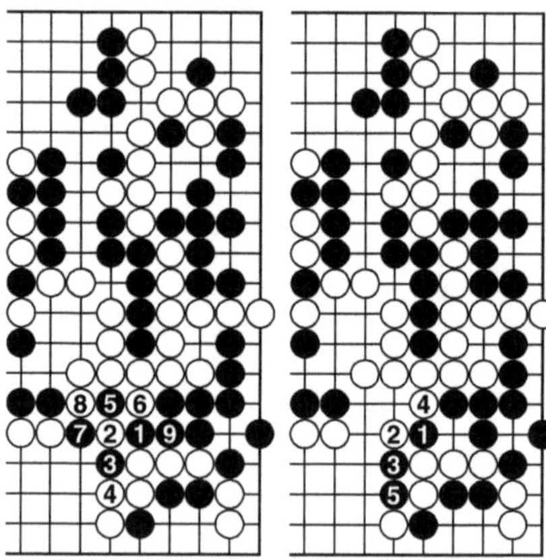

**[145 – links]** Variante.
Auch Weiß 4 hier führt nur zu einem Ko für Weiß.

**[145 – rechts]** Variante.
Weiß 4 ist noch schlechter, denn nun fängt Schwarz mit 5 vier weiße Steine und somit auch die Ecke.

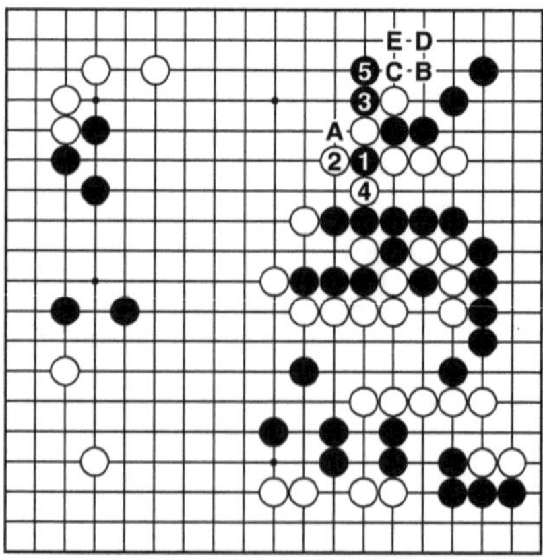

**[146]** Richtig.
Schwarz 1 schneidet. Doch statt nach dem Atari 2 auf 4 zu verbinden und drei weiße Steine zu fangen, muss Schwarz mit 3 kontern und auf 5 strecken. So verhindert er, dass Weiß (nach dem Verbinden auf 4) mit der Abfolge Weiß A bis E eine große Gebietsanlage am oberen Rand errichtet.

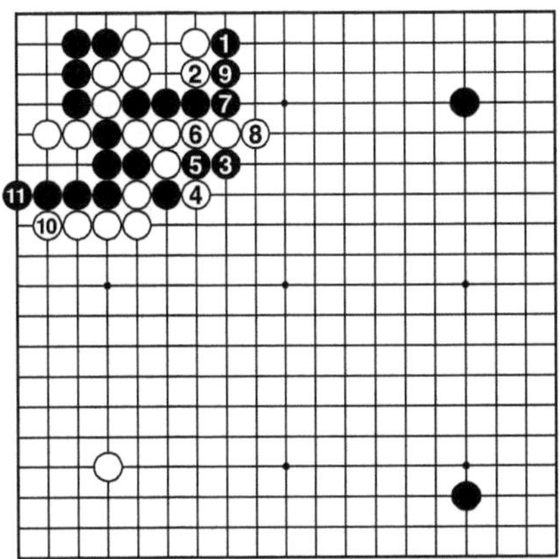

**[147]** Richtig.
Schwarz 1 und 3 sind eine starke Tesuji-Kombination. Weiß kann nichts anderes tun als die fünf Steine für Einfluss außen zu opfern.

Weiß gab nach 111 Zügen auf.

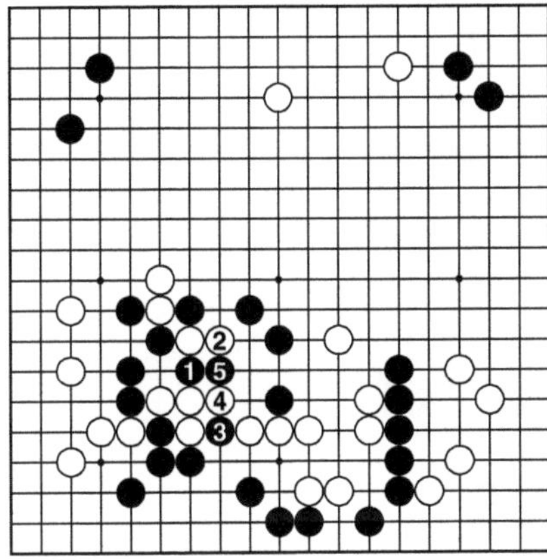

**[148]** Richtig.
Es ist absolut wichtig, dass Schwarz seine Steine außen verbindet, um nicht zerrieben zu werden. Schwarz 1 und 3 sind eine geschickte Kombination. Weiß kann nicht auf 5 antworten, denn dann fängt Schwarz mit 4 in einer Mausefalle.

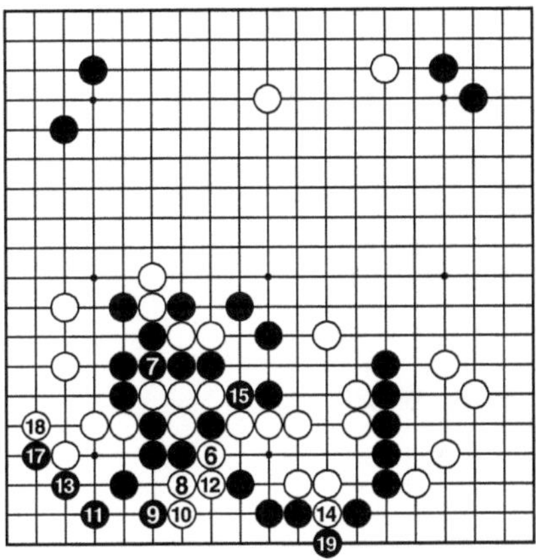

**[148]** Fortsetzung.
In der Partie kann Weiß nun in den unteren Rand eindringen. Doch Schwarz sichert Leben mit 9 bis 17 (Weiß 16 deckt).
Die schwarzen Steine rechts unten sind nicht wirklich schwach, denn die weiße Gruppe hat ebenfalls noch keine Augen.

Schwarz gewann nach 169 Zügen.

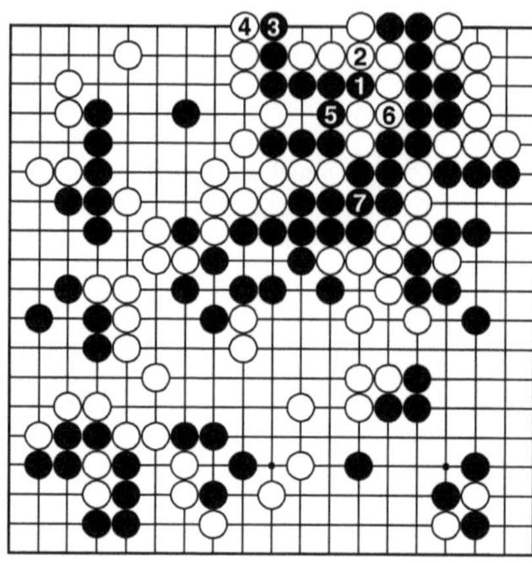

**[149]** Richtig.
Schwarz stößt mit 1 in die weiße Form und sichert so den Vorsprung in dem Semeai am oberen Brettrand.

Schwarz darf nicht zuerst auf 3 spielen, denn dann antwortet Weiß auf 1 und Schwarz verliert Freiheiten, weil er sich nicht annähern kann.

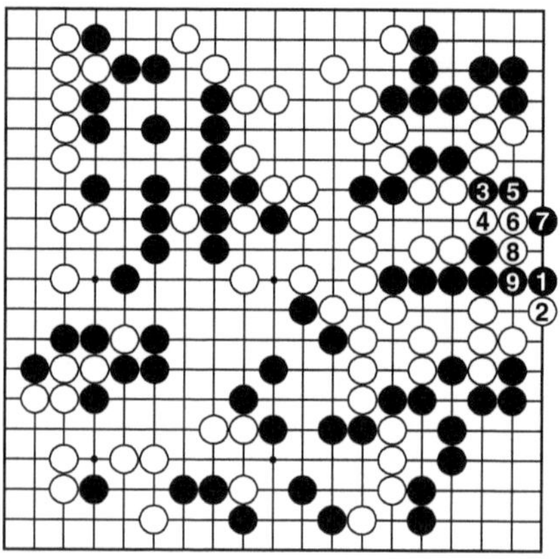

**[150]** Richtig.
Schwarz 1 ist Tesuji und droht eine Verbindung am Rand an. Verhindert Weiß diese mit 2, dann fängt Schwarz vier weiße Steine mit 3 bis 9.

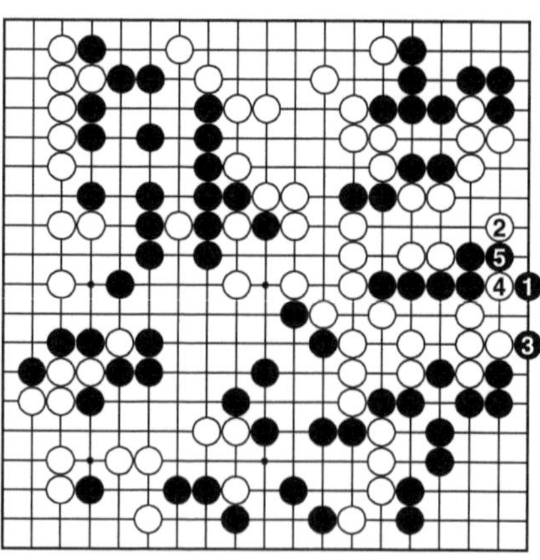

**[150]** Variante.
Deckt Weiß auf 2 hier, dann verbindet Schwarz mit 3. Er hat erfolgreich das weiße Gebiet ausgehöhlt.

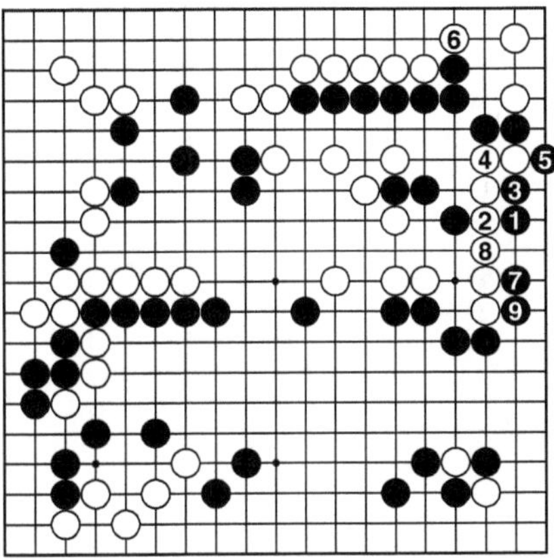

**[151]** Richtig.
Schwarz 1 bis 5 trennen die weißen Steine in der Ecke vom rechten Rand ab. Verbindet Weiß diese nun mit 6 am oberen Rand, dann ist Schwarz 7 Tesuji. Schwarz verbindet nun am Rand. Blockt Weiß statt 8 auf 9, dann fängt Schwarz auf 8 vier weiße Steine.

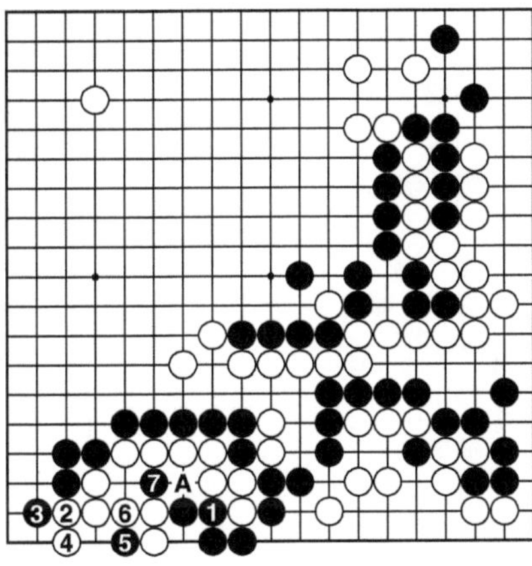

**[152]** Richtig.
Schwarz 1 ist Tesuji, um die weiße Gruppe am unteren Rand zu töten. Nach Schwarz 7 kann sich Weiß nicht auf A annähern und somit keine zwei Augen machen.

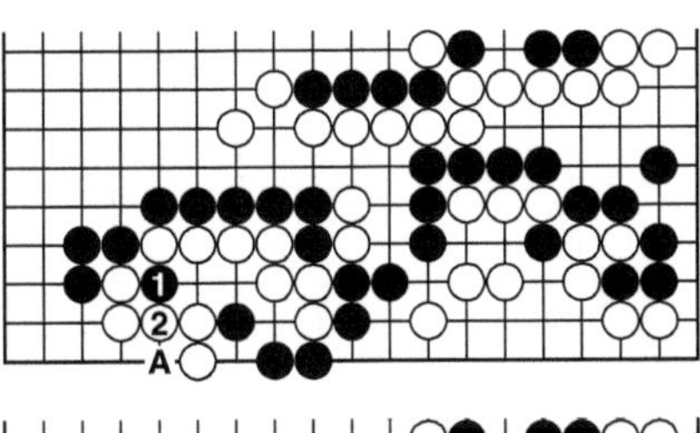

**[152]** Fehler.
Jeder andere Zug scheitert. Schwarz 1, ebenso wie Schwarz A beantwortet Weiß schlicht auf 2.

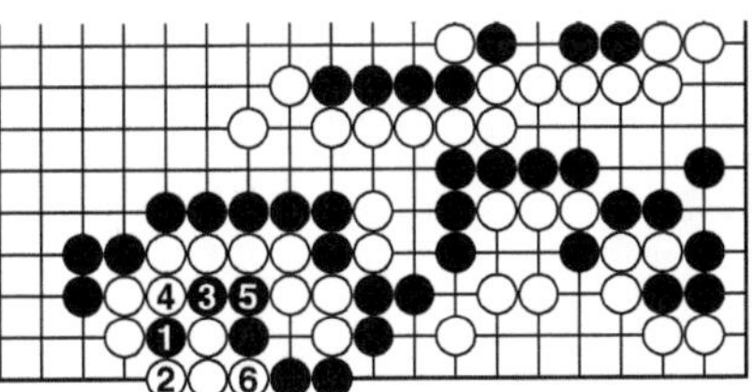

**[152]** Fehler.
Auch Schwarz 1 hier bringt keinen Erfolg, denn nach Weiß 6 kann Schwarz die drei Steine nicht anbinden.

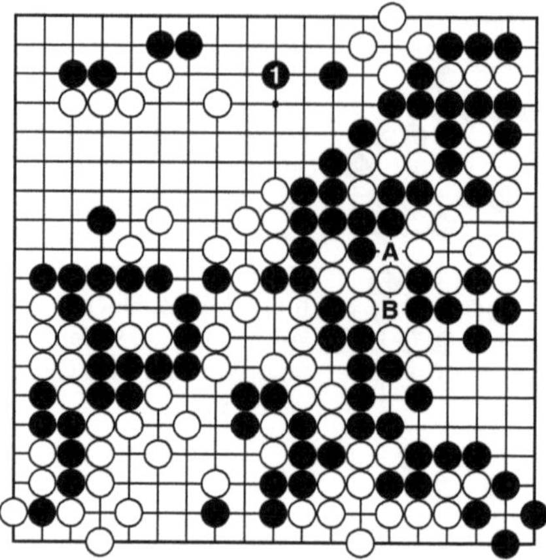


**[153]** Richtig.
Schwarz 1 ist ein solider Zug, der das weiße Ponnuki am oberen Rand sicher fängt und somit viele Punkte sichert.

Zudem droht ein Folgezug weitere Punkte am oberen Rand zu nehmen.

Weiß kann nun auf A fünf Steine anbinden und Schwarz trennt auf B. Schwarz liegt deutlich in Führung.

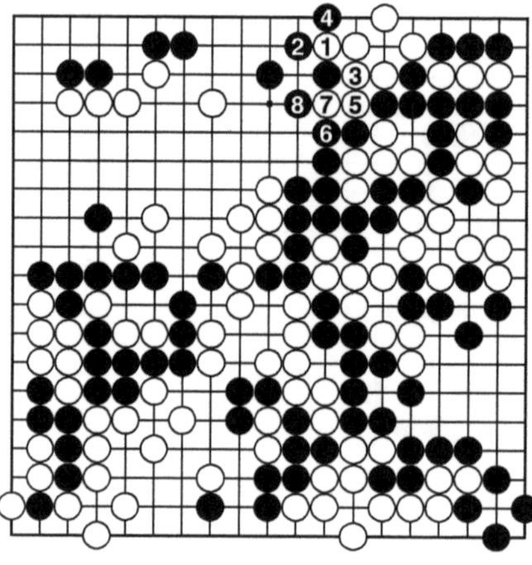


**[153]** Fortsetzung.
Weiß kann nicht leben.

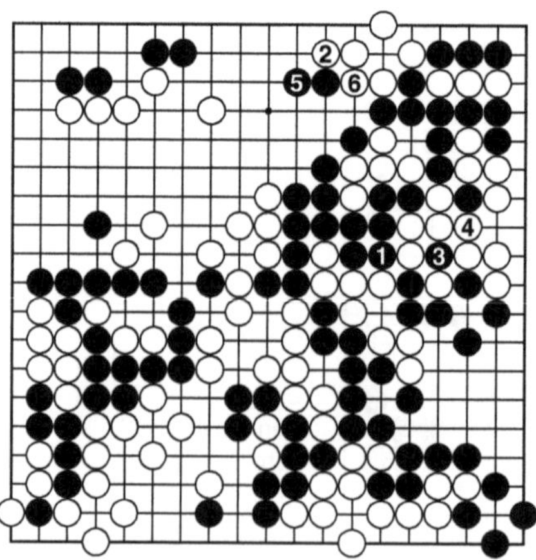


**[153]** Die Partie.
In der Partie hat Schwarz die fünf Steine in der Mitte gefangen. Weiß lebte nun mit 2 und 6 am oberen Rand. Die KI berechnet nun eine Führung für Weiß.

Im Endspiel machte Weiß Fehler und Schwarz gewann.

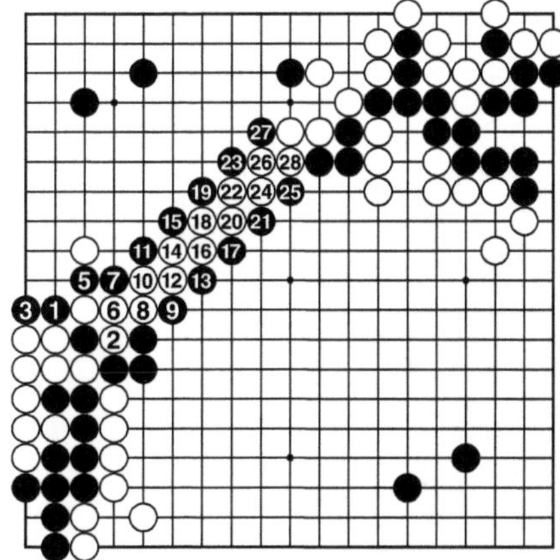

**[154]** Richtig. Schwarz beginnt mit 1 eine Treppe, Weiß 4 deckt. Die Treppe läuft auf die Ecke rechts oben zu …

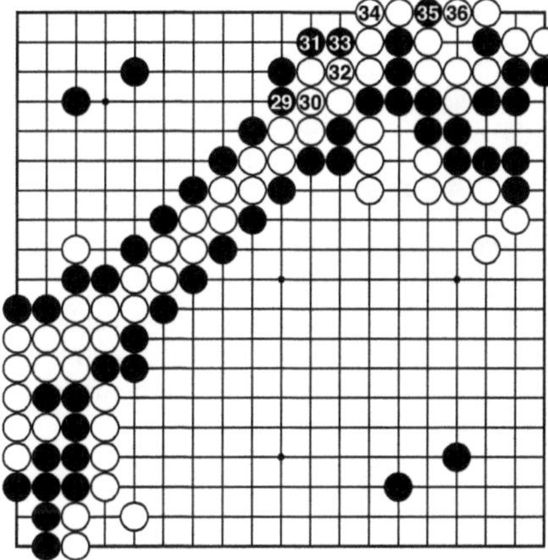

**[154]** Fortsetzung 1. Der Einwurf 35 ist das erste Tesuji. Es hält den Freiheitenmangel der weißen Steine aufrecht.

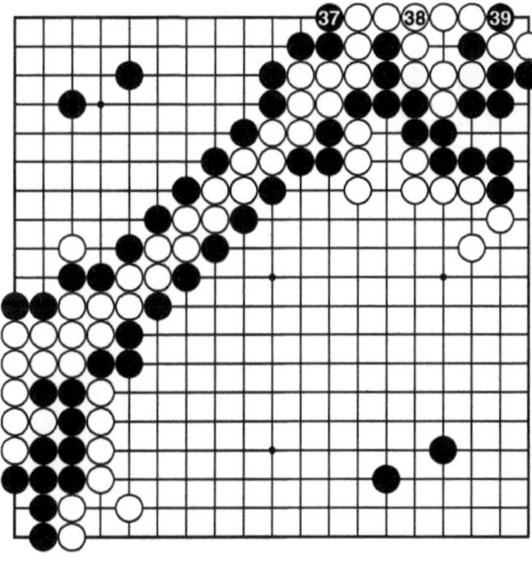

**[154]** Fortsetzung 2. Schwarz 39 ist schließlich eine Mausefalle. Die weißen Steine können nicht entkommen.

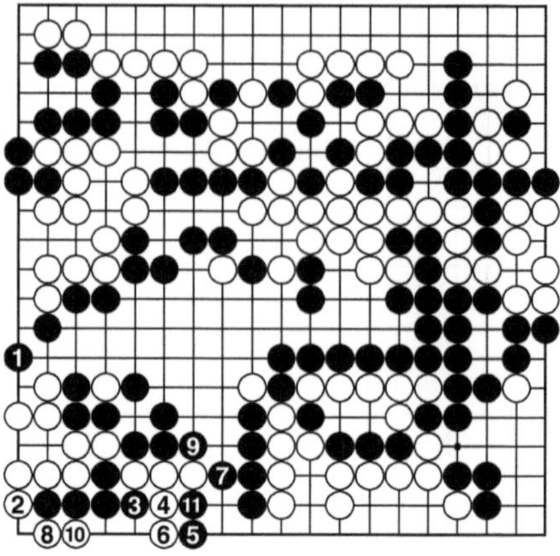

**[155]** Richtig.
Schwarz 1 auf der ersten Linie ist das Tesuji, das den Wettlauf in der Ecke links unten gewinnt. Die Abfolge bis 11 zeigt, dass Schwarz einen Zug schneller ist.

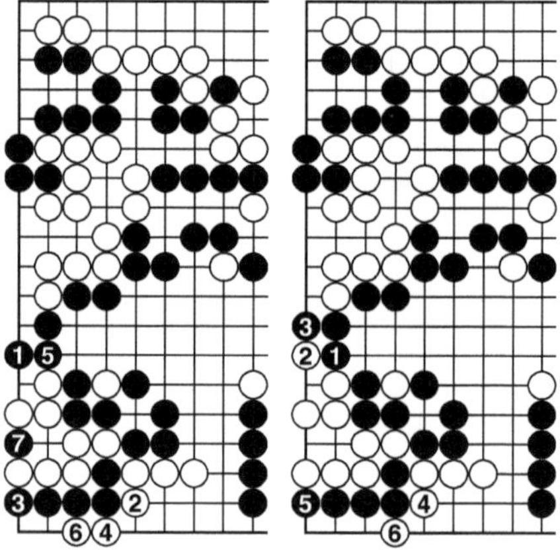

**[155 – links]** Variante.
Blockt Weiß mit 2 von der anderen Seite, dann gewinnt Schwarz mit 3 bis 7 den Wettlauf.

**[155 – rechts]** Fehler.
Schwarz 1 ist ein Fehler, denn nun kann Weiß noch ein Annäherungs-Ko erreichen.

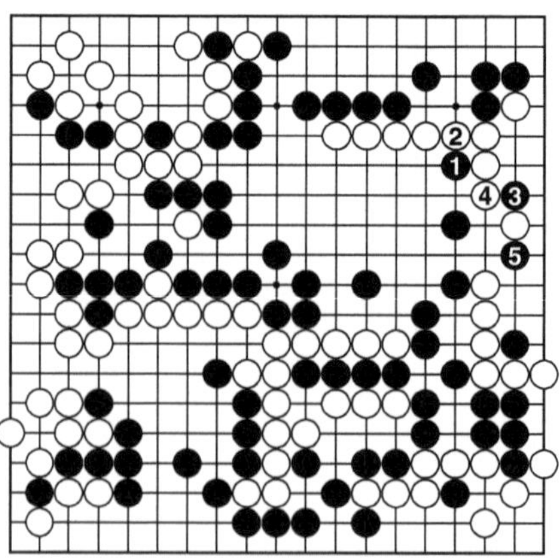

**[156]** Richtig.
Schwarz 1 ist Tesuji und notwendig, um mit 3 und 5 zu schneiden. Das Ergebnis ist ein schöner Erfolg für Schwarz.

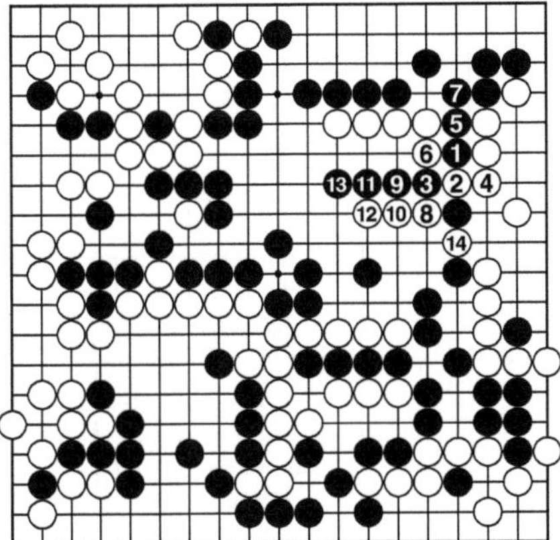

**[156]** Variante.
Leistet Weiß mit 2 Widerstand wie hier, dann antwortet Schwarz mit 3 und 5. In der Abfolge bis 13 fängt Schwarz fünf weiße Steine.

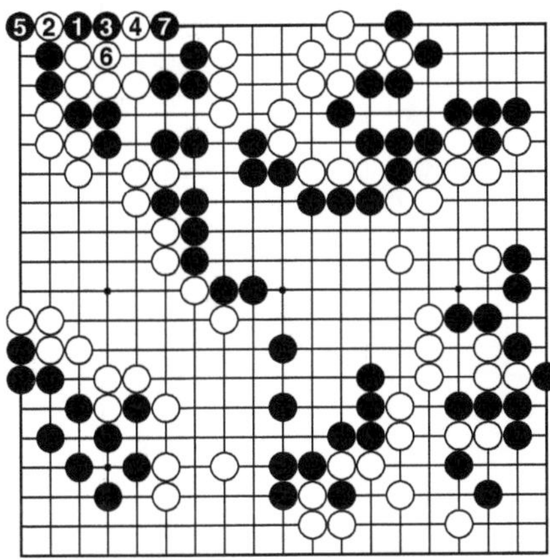

**[157]** Richtig.
Das Hane 1 findet das Aji in der weißen Stellung. Wichtig nach Weiß 2 ist das Strecken auf 3. Nach Schwarz 7 schlägt Weiß mit 8 auf 2.

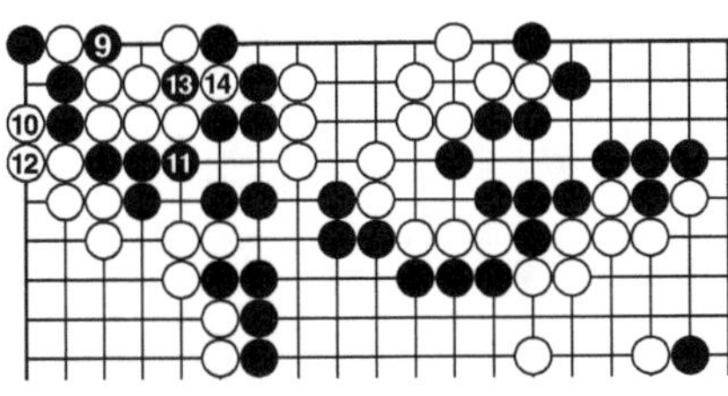

**[157]** Fortsetzung.
Schwarz schlägt wieder auf 9. Weiß spielt 10 und 12 und Schwarz beginnt mit 13 das Ko.

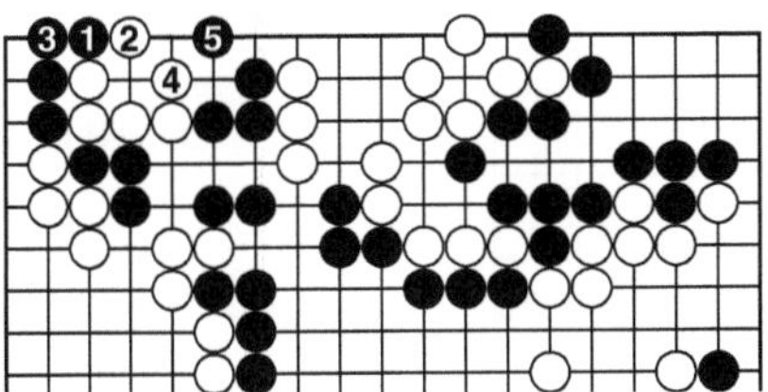

**[157]** Variante.
Auch wenn Weiß auf 2 blockt, entsteht ein Ko in der Ecke.

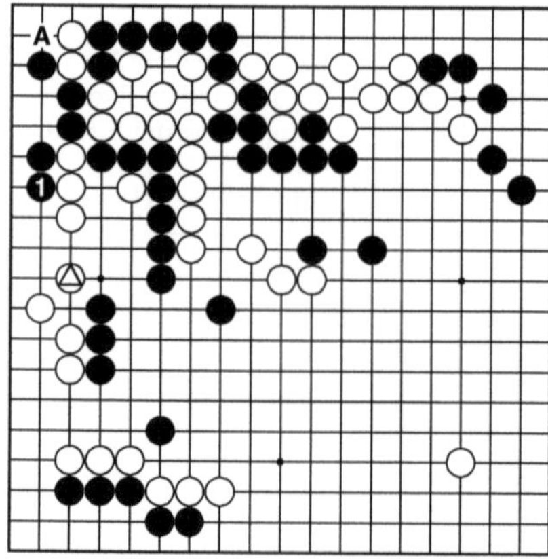


**[158]** Richtig.
Schwarz 1 ist ein notwendiger, solider Verteidigungszug. Weiß hat zuletzt den markierten Stein gespielt, der das Aji der zwei weißen Steine in der Ecke aktiviert. Schwarz 1 schafft zusätzliche Freiheiten, um das Semeai zu gewinnen. Das Aji mit einem Zug auf A zu eliminieren ist zu langsam und verliert Punkte.

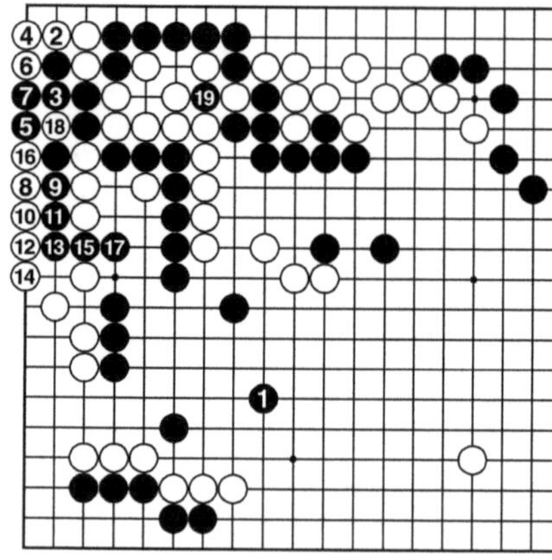

**[158]** Fehler.
Diese Variante zeigt, welches Aji in den zwei weißen Steinen steckt. Nach Weiß 18 muss Schwarz das Ko auf 19 spielen, denn die Gruppe am oberen Rand lebt noch nicht.

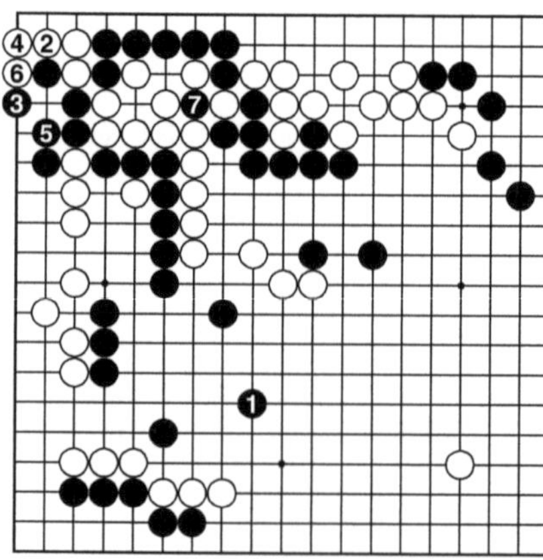

**[158]** Variante.
In der Partie hat Schwarz 1 gespielt nach Weiß 2 auf 3 gedeckt, doch auch hier bleibt nach 6 ein Ko zurück.

Schwarz entscheidet sich, zuerst das Ko auf 7 zu spielen. Doch das Schicksal der Partie ist bereits besiegelt. Schwarz 1 ist der Verlustzug.

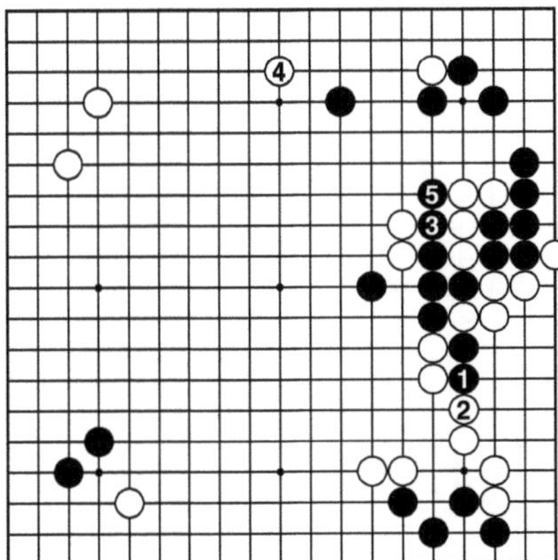

**[159]** Richtig.
Schwarz 1 droht vier weiße Steine am rechten Rand zu fangen. Antwortet Weiß auf 2, dann sticht Schwarz mit 3 durch und fängt auf der anderen Seite vier weiße Steine.

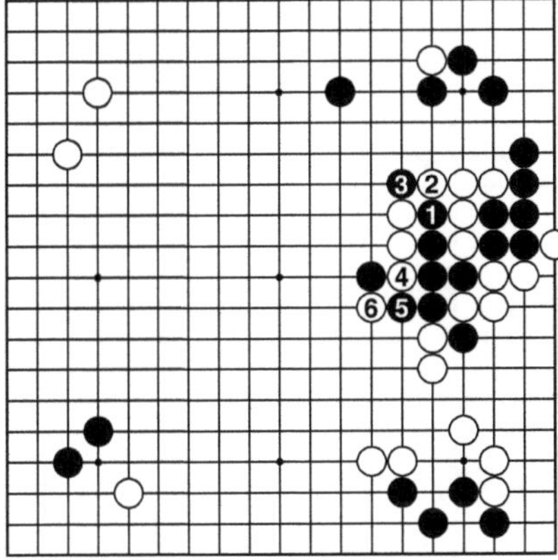

**[159]** Fehler.
Das Durchstechen und Schneiden mit 1 und 3 funktioniert nicht, denn Weiß fängt nun Schwarz in einer Treppe.

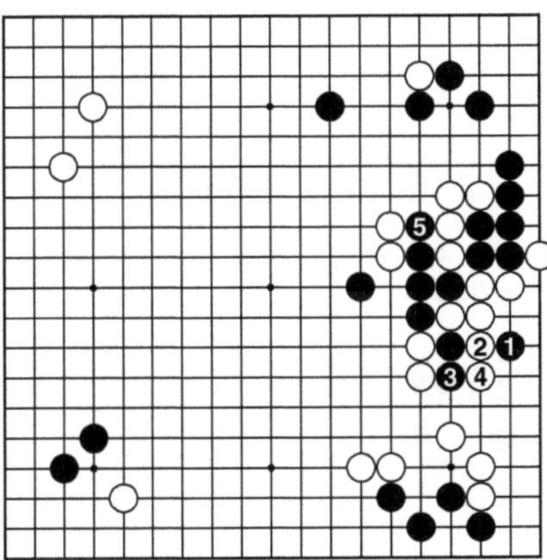

**[159]** Variante.
Eine Variante ist die Kombination Schwarz 1 und 3. Sie hat jedoch den Nachteil, dass Schwarz sich hiermit mögliche Ko-Drohungen verbaut.

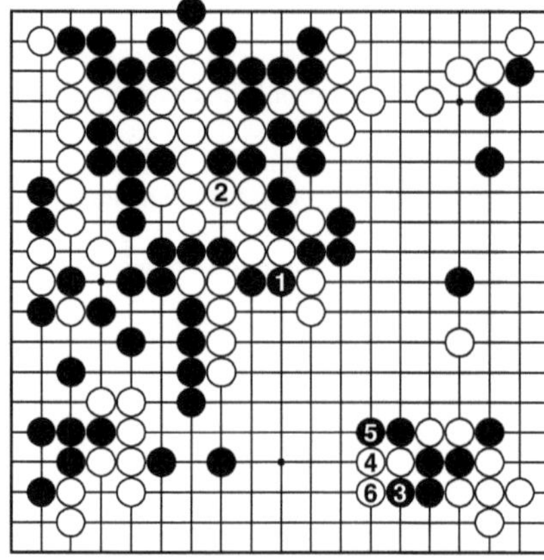

**[160]** Richtig.
Schwarz 1 droht vierzehn weiße Steine zu fangen. Weiß wird daher mit 2 verteidigen. Nun geht das Semeai lokal für Weiß aus.

Doch Schwarz kann den Stein 1 benutzen, um am unteren Rand mit 3 und 5 loszulaufen.

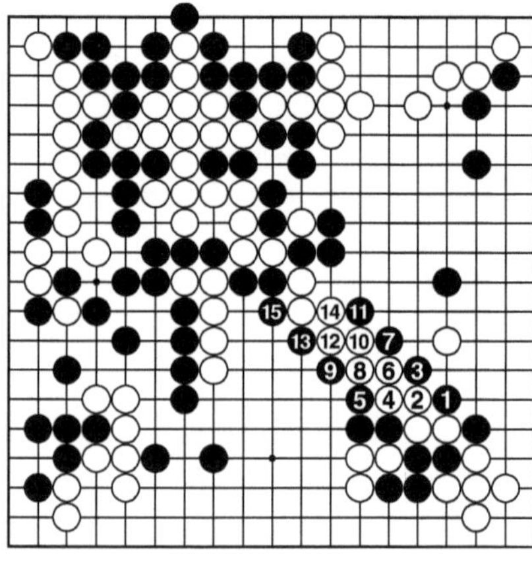

**[160]** Fortsetzung.
Nach Weiß 6 im ersten Diagramm läuft nun für Schwarz die Treppe.

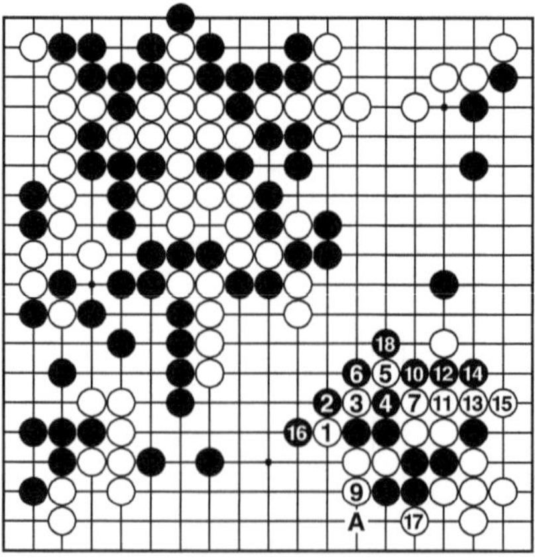


**[160]** Variante.
Spielt Weiß daher statt 6 im ersten Diagramm auf 1 hier, dann antwortet Schwarz auf 2. In der Abfolge bis 17 (Schwarz 8 deckt auf 3) erzielt Schwarz ein überwältigendes Ergebnis.

Mit 9 muss Weiß wieder eine Treppe abwenden. Weiß 17 ist notwendig, da Schwarz nach 16 auf A fortsetzen kann.

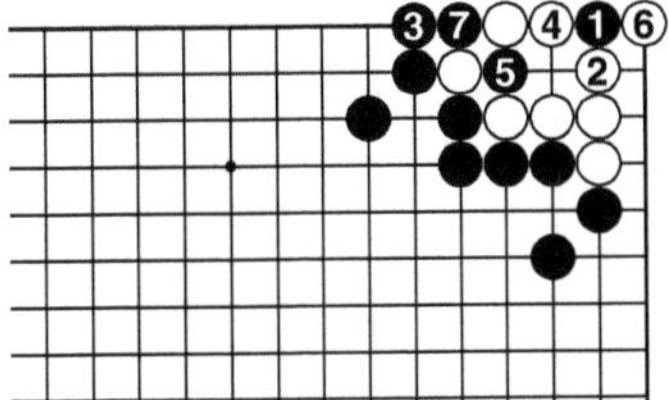

**[161]** Richtig. Schwarz 1 mitten in der weißen Ecke erlaubt ein Endspiel, bei dem Schwarz einen Stein in Nachhand fängt und die Ecke auf drei Punkte reduziert wird.

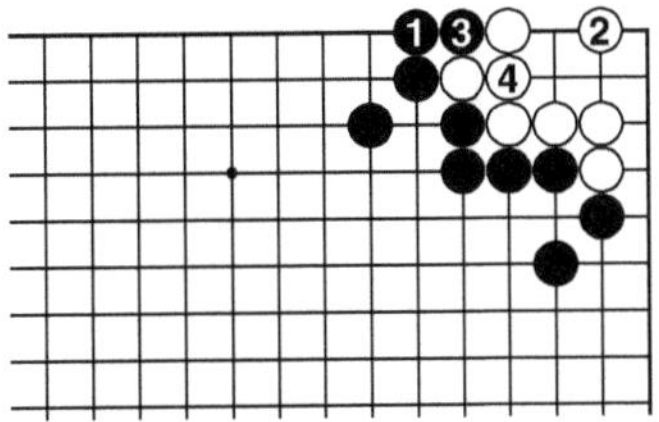

**[161]** Fehler. Spielt Schwarz einfach nur 1 und 3, dann sichert Weiß mit 2 und 4 sechs Punkte in der Ecke.

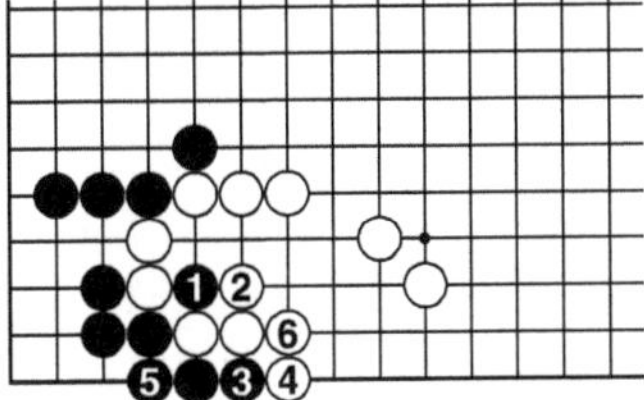

**[162]** Richtig. Schwarz opfert einen Stein, um Aji zu erzeugen. Gibt Weiß mit 2 nach, bekommt Schwarz 3 und 5 in Vorhand.

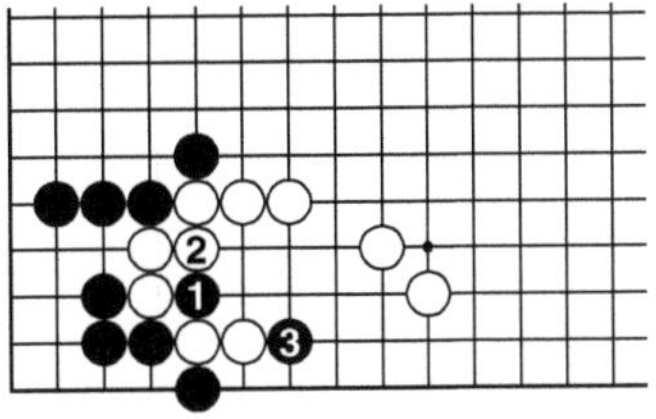

**[162]** Variante. Deckt Weiß mit 2 hier, dann ist 3 das Endspiel-Tesuji, um das Gebiet am Rand auszuhöhlen.

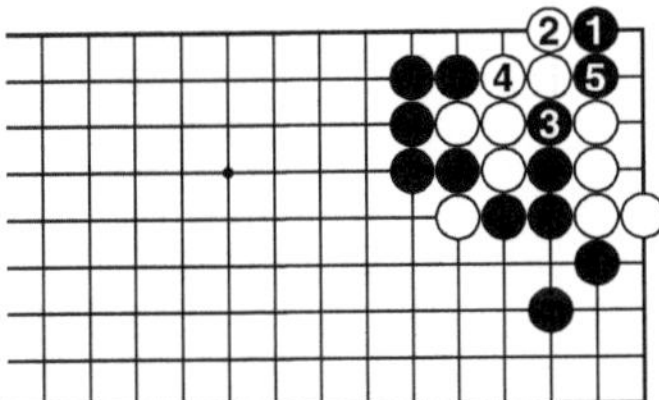

**[163]** Richtig. Schwarz 1 auf der ersten Linie ist ein Tesuji. Weiß muss nun nach Schwarz 3 drei Steine hergeben, sonst fängt Schwarz alles.

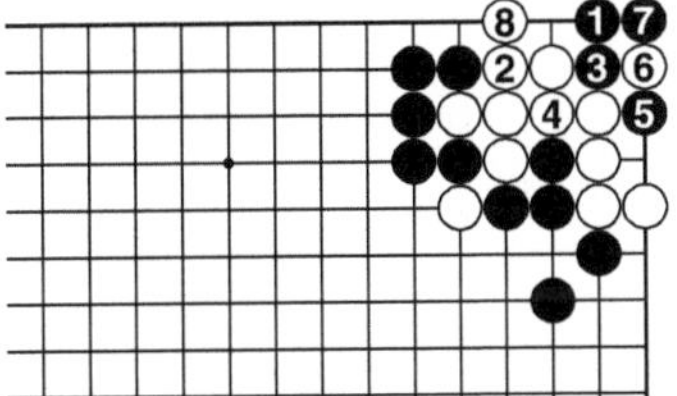

**[163]** Variante. Auch 2 hier ist teuer für Weiß, denn Schwarz droht eine tote Innenform an und Weiß muss sich mit 8 in Nachhand in ein Seki retten.

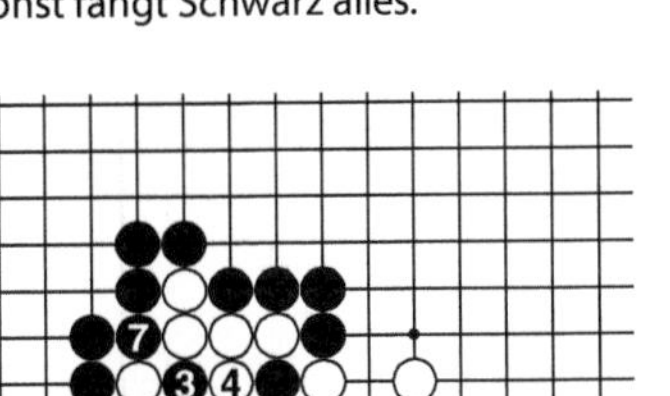

**[164]** Richtig. Schwarz 1 nutzt den Schwachpunkt aus und fängt in der Folge bis 9 zwei Steine.

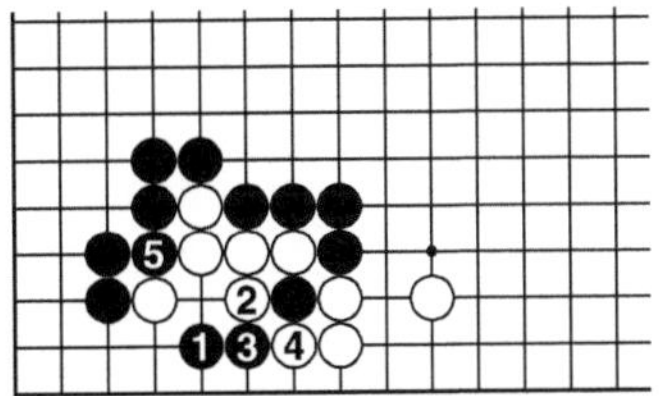

**[164]** Variante. Gibt Weiß mit 2 und 4 nach, ist Schwarz mit 3 und 5 sehr zufrieden.

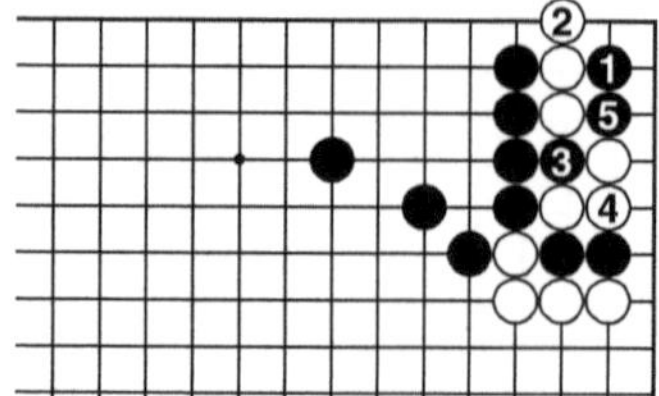

**[165]** Richtig. Das Klemmen mit 1 ist ein Endspiel-Tesuji. Weiß kann nicht auf 2 trennen, wie die Abfolge bis 5 zeigt.

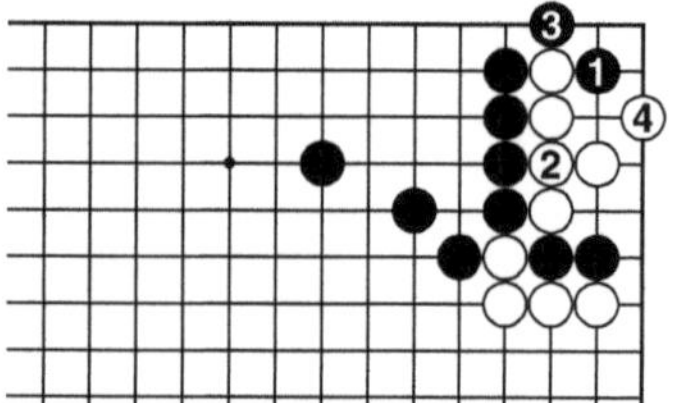

**[165]** Variante. Weiß muss auf 2 nachgeben. Verzichtet Weiß auf 4, dann hat Schwarz hier eine weitere große Fortsetzung.

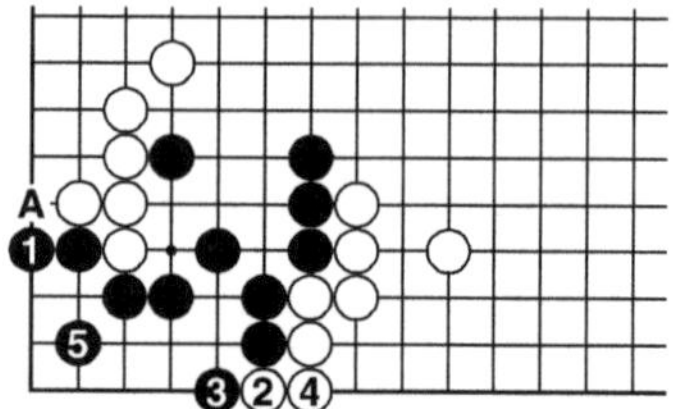

**[166]** Richtig. Schwarz streckt mit 1 und nach Weiß 4 kann er mit 5 beide Seiten decken. Weiß A ist nun keine Vorhand mehr.

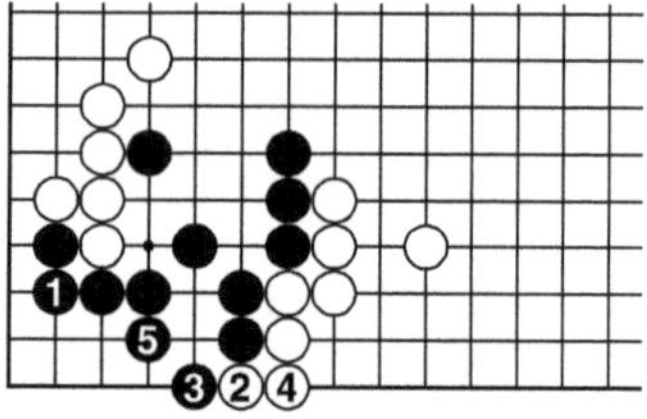

**[166]** Fehler. Schwarz 1 ist ein Fehler, denn nach dem Endspiel von 2 bis 5, das Vorhand für Weiß ist, ist die Ecke einen Punkt kleiner.

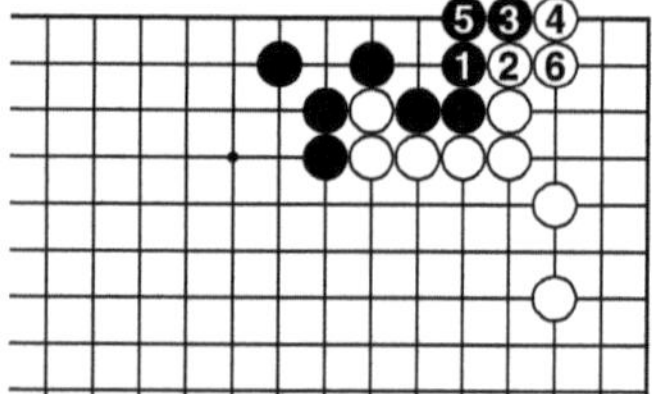

**[167]** Richtig. Schwarz 1 ist korrekt, denn nach Weiß 2 sind 3 und 5 Vorhand.

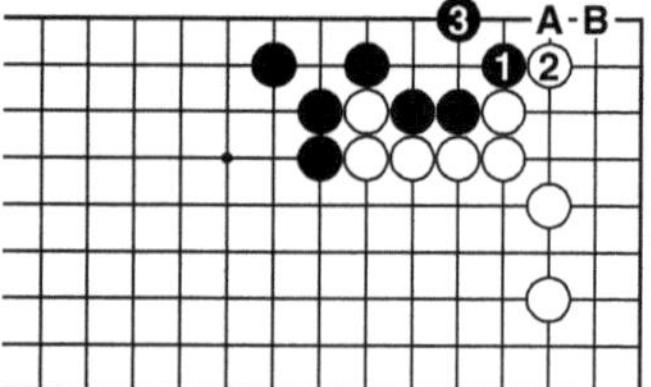

**[167]** Variante. Schwarz 1 und 3 verlieren nichts, wenn Weiß auf A antwortet. Wenn Weiß Vorhand nimmt, dann sollte Schwarz mit dem Ko umgehen können, das nach Schwarz A und Weiß B entsteht.

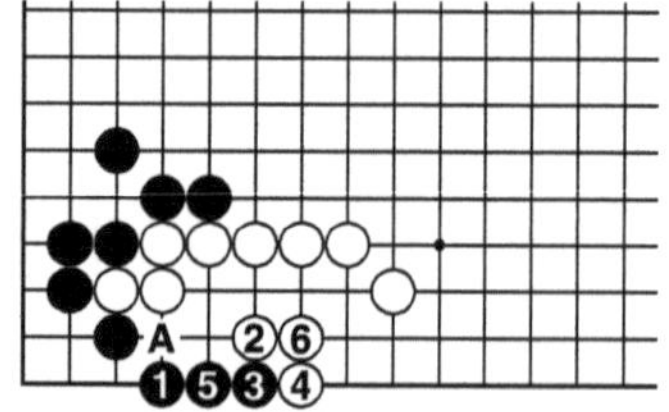

**[168]** Richtig. Das Kosumi ist die beste Form hier, denn Weiß muss auf 2 nachgeben. Blockt Weiß mit 2 auf A, dann springt Schwarz ebenfalls auf 3.

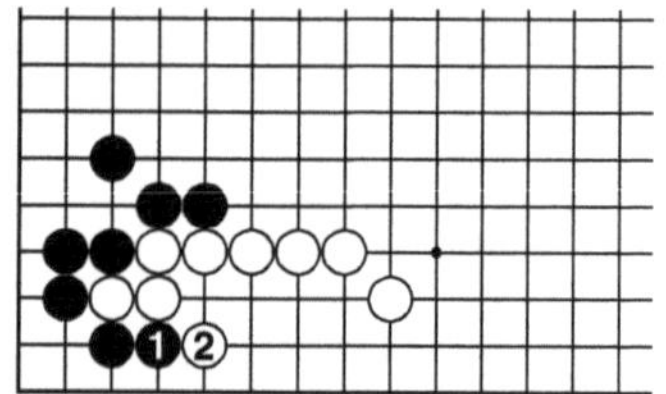

**[168]** Fehler. Schwarz 1 ist ein plumpes Endspiel und gewinnt nichts.

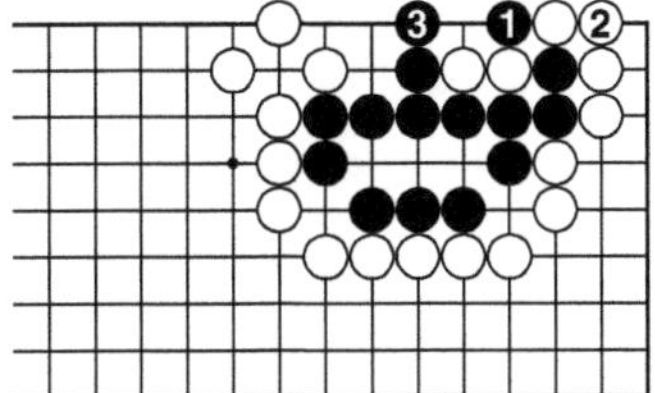


**[169]** Richtig. Der Einwurf 1 ist richtig. Wenn Weiß auf 2 deckt, dann sichert sich Schwarz fünf Punkte.

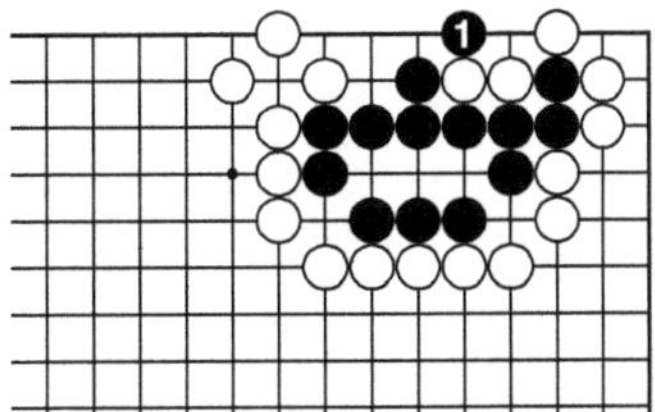


**[169]** Fehler. Schwarz 1 fängt auch zwei Steine, doch selbst nach dem Schlagen sind es nur vier Punkte.

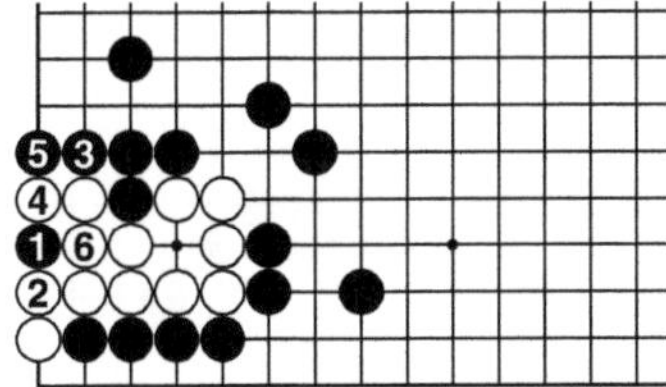


**[170]** Richtig. Schwarz opfert mit 1 einen Stein, um den Rand mit 3 und 5 in Vorhand abzuschließen.

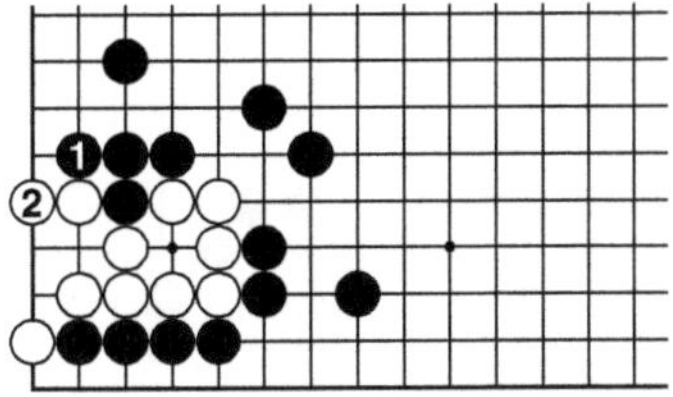


**[170]** Fehler. Das Blocken mit 1 ist ein Fehler. Ein weiteres Strecken zum Rand ist nun keine Vorhand mehr.

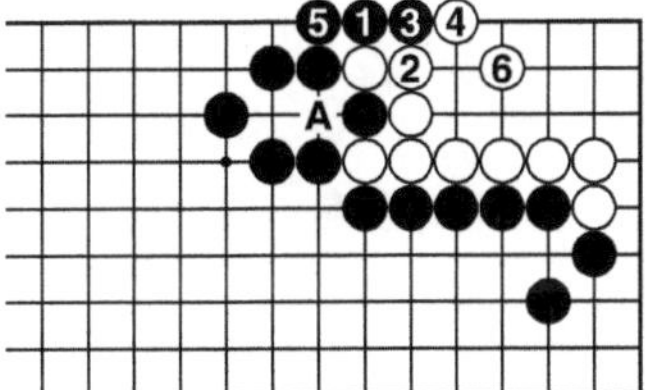


**[171]** Richtig. Schwarz 1 ist ein geschickter Zug. Gibt Weiß auf 2 nach, dann bekommt Schwarz 3 und 5 in Vorhand. Das Schlagen bzw. Decken auf A ist eine Zwei-Punkte-Nachhand.

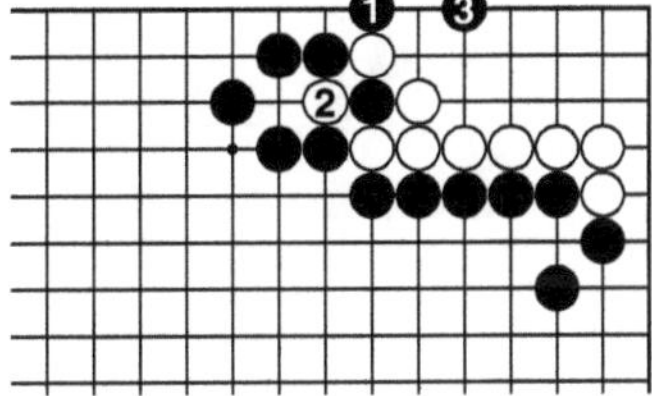


**[171]** Variante. Schlägt Weiß direkt auf 2, dann springt Schwarz auf 3 in die weiße Ecke.

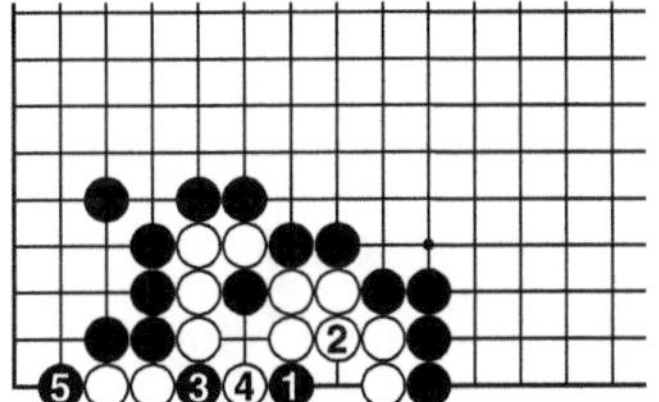


**[172]** Richtig. Schwarz nutzt mit 1 und 3 eine Schwäche aus, die es ihm erlaubt, zwei weiße Steine zu schlagen, da Weiß nach 5 nicht decken kann.

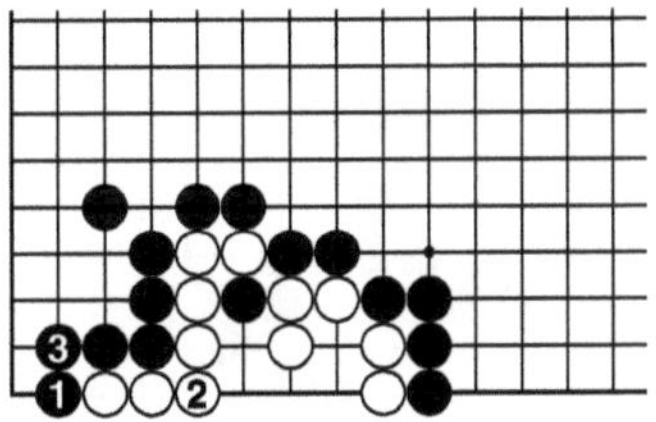


**[172]** Fehler. Schwarz 1 und 3 sind schwach, denn sie sind Nachhand. Den Deckungszug 3 spart sich Schwarz in der korrekten Abfolge.

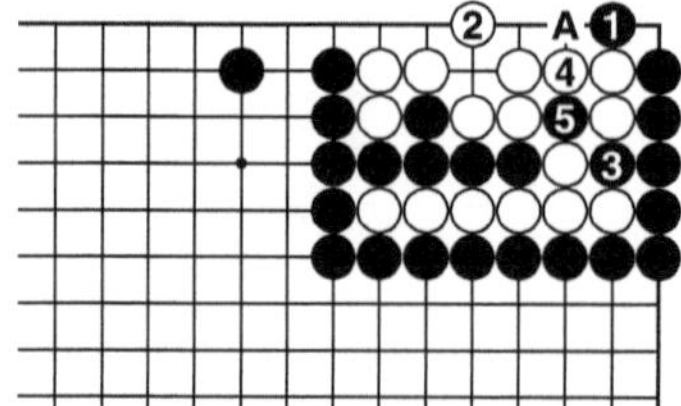

**[173]** Richtig. Nach dem Hane 1 muss Weiß mit 2 leben. Das erlaubt es nun Schwarz mit 3 und 5 sieben Steine zu schlagen. Deckt Weiß jedoch auf 5, dann tötet Schwarz mit 5 auf A.

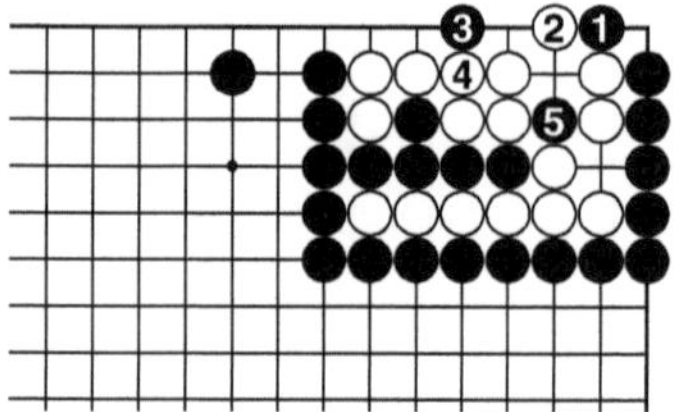

**[173]** Variante. Blockt Weiß nach dem Hane auf 2, dann tötet Schwarz mit 3 und 5.

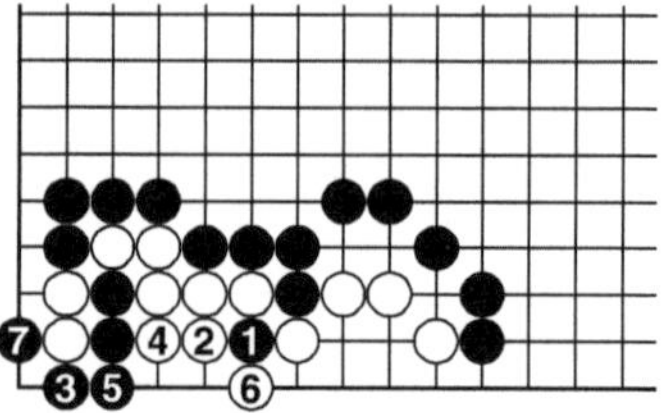

**[174]** Richtig. Das Schneiden auf 1 ist ein Opfer, damit Schwarz zwei Steine in der Ecke fangen kann. Weiß kann dies mangels Freiheiten nicht verhindern.

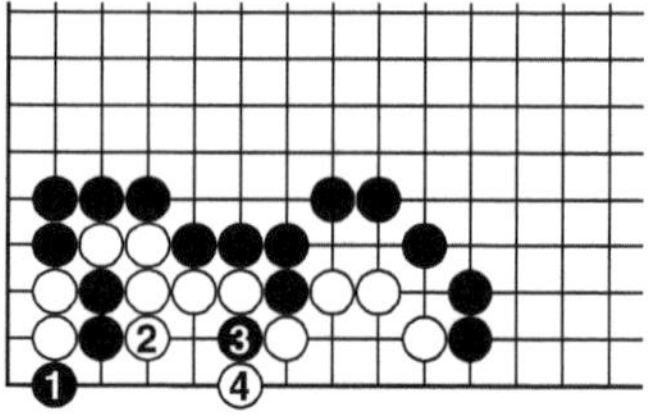

**[174]** Fehler. Schwarz 1 hier ist ein Fehler in der Reihenfolge, denn nun wird der Schnitt 3 einfach mit Weiß 4 gefangen.

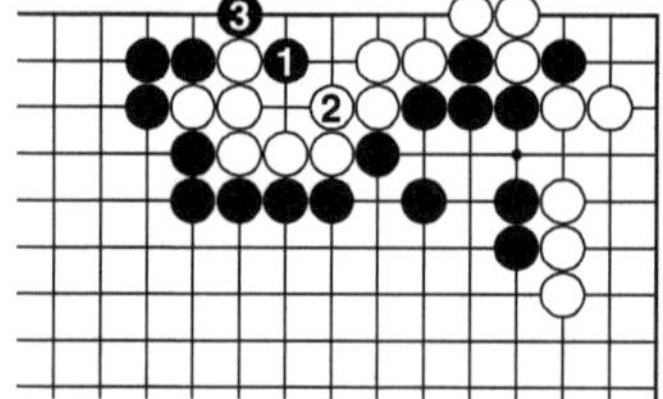

**[175]** Richtig. Das Klemmen auf 1 ist ein großes Endspiel. Weiß deckt auf 2 und Schwarz bindet auf 3 an.

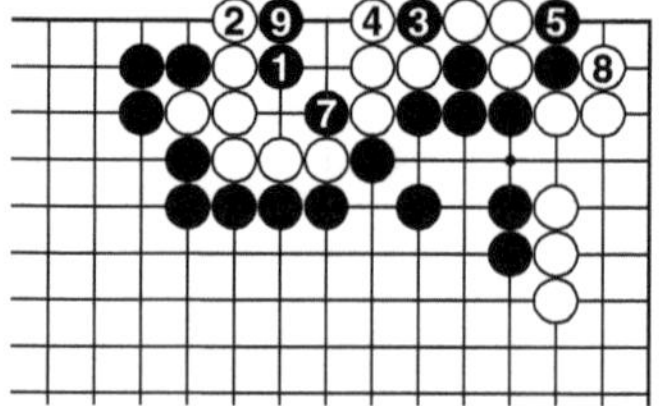

**[175]** Variante. Versucht Weiß auf 2 zu trennen, dann spielt Schwarz erst 3 und 5 und fängt schließlich mit 7 und 9.

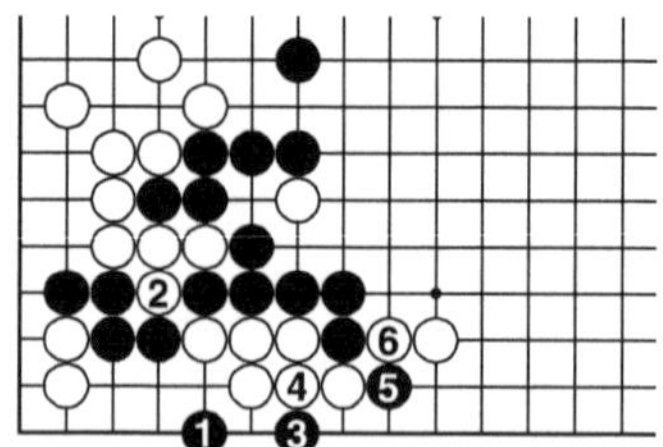

**[176]** Richtig. Schwarz 1 ist Tesuji. Trennt Weiß auf 2, dann fängt Schwarz mit 3 und 5 fünf weiße Steine.

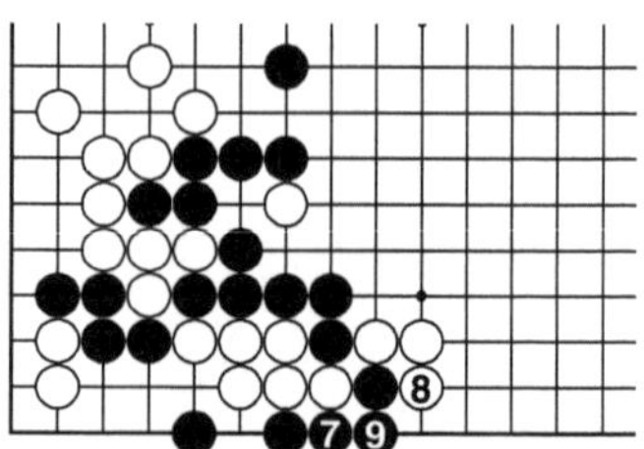

**[176]** Fortsetzung. Das Ergebnis nach 9 ist riesig für Schwarz.

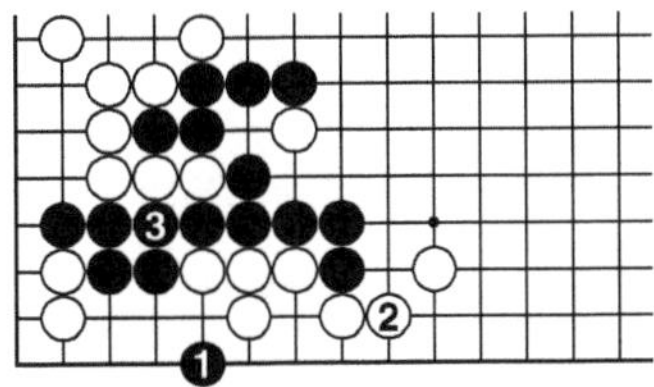

**[176]** Variante. Weiß muss nach Schwarz 1 also verteidigen. Nun verbindet Schwarz auf 3 und fängt die Ecke.

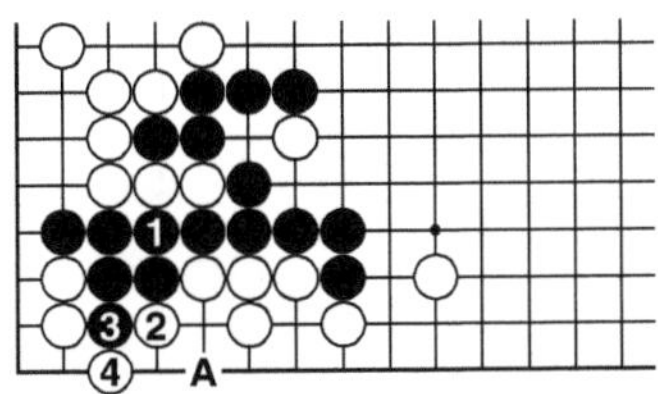


**[176]** Fehler. Verbindet Schwarz direkt auf 1, dann kann Weiß mit 2 und 4 die Steine in der Ecke anbinden. Auf A gibt es jetzt keine Schwäche mehr.

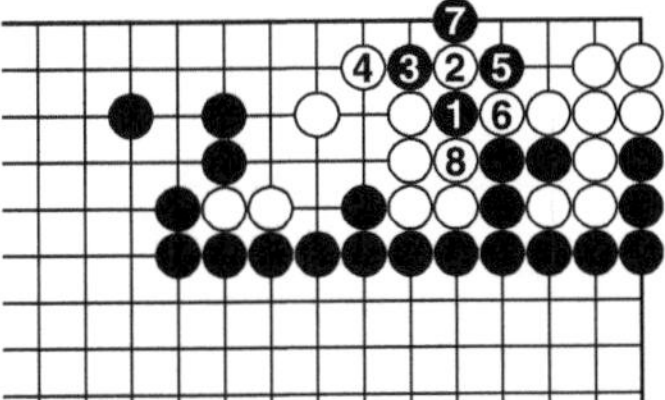

**[177]** Richtig. Schwarz 1 und 3 sind eine starke Kombination. Nach Weiß 8 deckt Schwarz mit 9 auf 2.

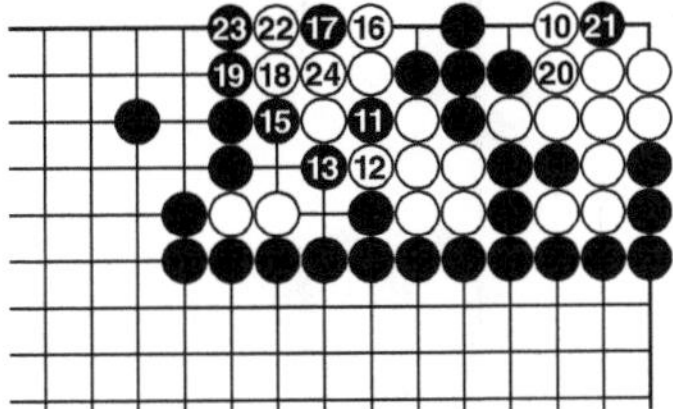

**[177]** Fortsetzung. Setzt Weiß mit 10 fort, dann „zaubert" Schwarz mit der Abfolge bis 23 ein Seki in die weiße Stellung (Weiß 14 deckt auf 11).

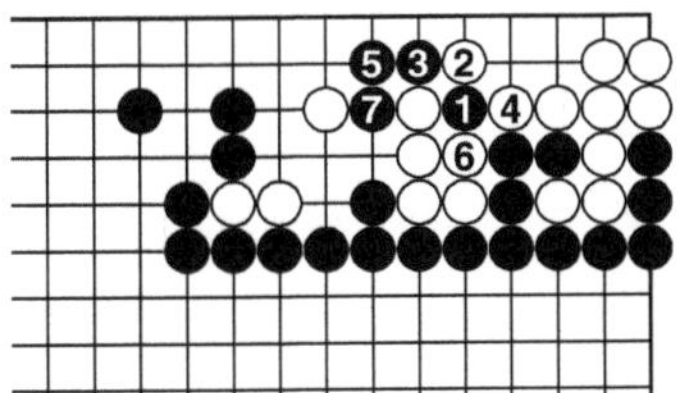

**[177]** Variante. Gibt Weiß daher mit 4 wie hier nach, dann streckt Weiß auf 5 und schneidet mit 7 einen Teil der weißen Gruppe ab.

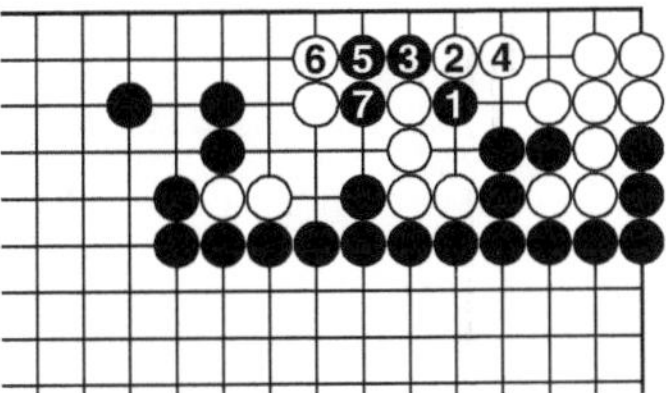

**[177]** Variante. Auch das Zurückziehen mit Weiß 4 hier verhindert nicht, dass Schwarz mit 3 bis 7 weiße Steine abschneidet.

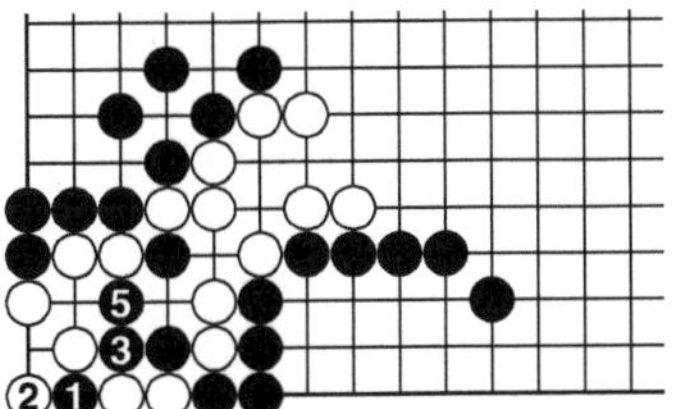

**[178]** Richtig. Der Einwurf 1 zeigt besondere Raffinesse. Schlägt Weiß auf 2, dann folgen Schwarz 3 und 5. Die weiße Ecke ist zerstört.

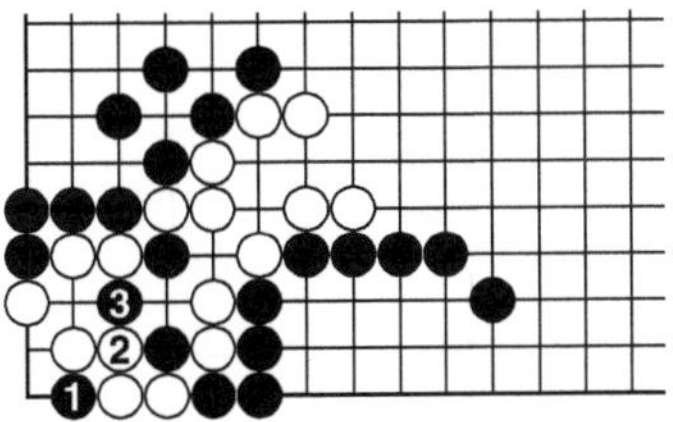

**[178]** Variante. Wehrt Weiß mit 2 hier ab, dann ist Schwarz 3 ein Atari, das Weiß mangels Freiheiten nicht decken kann.

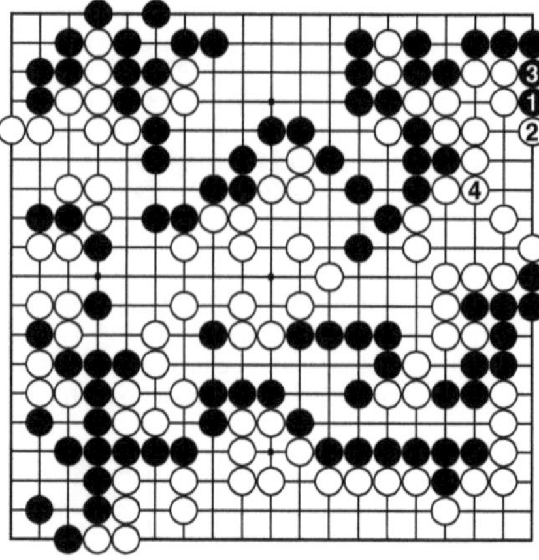

**[179]** Richtig.
Schwarz 1 ist ein einfaches Endspiel, das zwei Punkte hinzugewinnt, denn Weiß muss am Ende auf 4 decken.

Statt Schwarz 1 nur auf 3 zu schieben beantwortet Weiß mit dem Blocken auf 1. Schwarz hat nichts gewonnen.

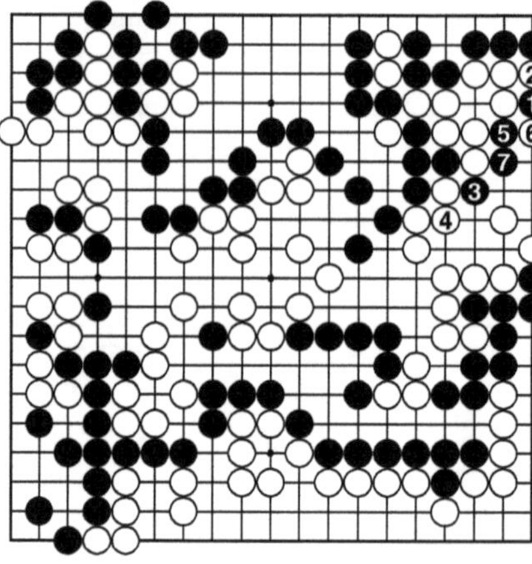

**[179]** Variante.
Weiß kann nicht auf 2 trennen, denn dann schneidet Schwarz auf 3 und quetscht die weiße Form mit 5 und 7 aus.

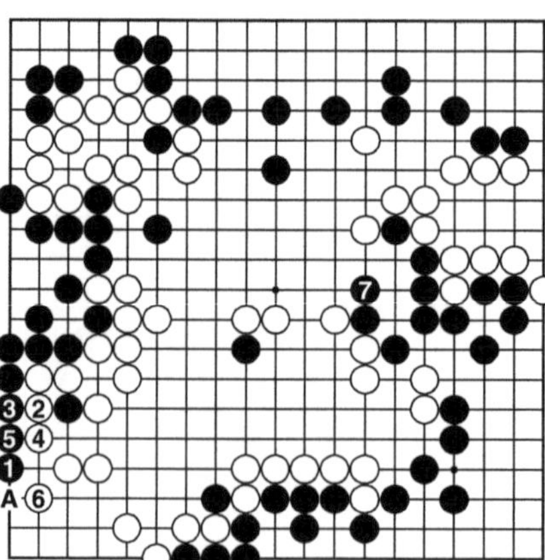


**[180]** Richtig.
Der Sprung auf 1 ist ein großes Endspiel. Weiß kann den Schaden nur mit 2 bis 6 begrenzen.

Danach ist 7 ein großer Punkt für Schwarz. Auch A bleibt als weitere Fortsetzung.

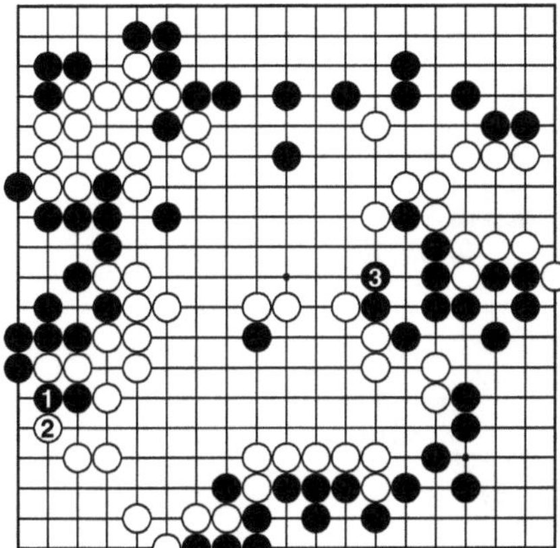

**[180]** Fehler.
Schwarz 1 verfehlt den großen Punkt. Weiß wird natürlich das Atari nicht decken, sondern den Rand mit 2 blocken. Der Unterschied ist gewaltig.

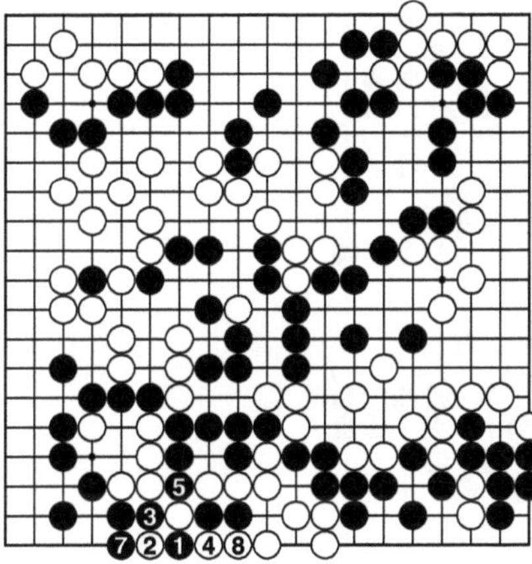

**[181]** Richtig.
Schwarz 1 und 3 sind eine starke Kombination, um mit 5 schließlich fünf weiße Steine zu fangen. Weiß deckt mit 6 auf 1 und so wird 7 zu einer weiteren Vorhand für Schwarz.

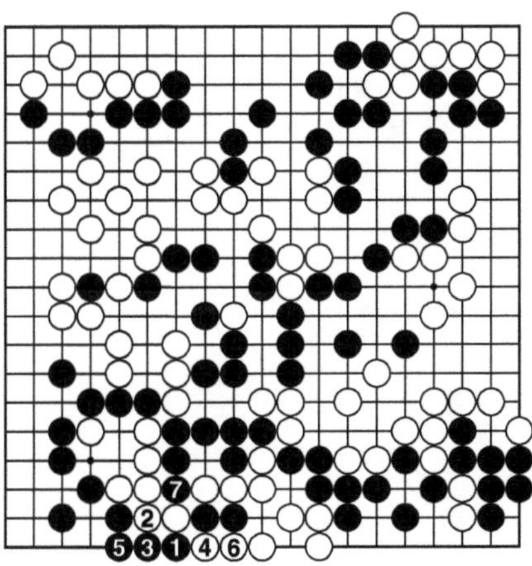

**[181]** Variante.
Zieht Weiß mit 2 wie hier zurück, dann streckt Schwarz auf 3. Auf den Einwurf 4 deckt Schwarz auf 5. Nach Weiß 6 und Schwarz 7 ist die weiße Gruppe tot.

Weiß sollte also die fünf Steine hergeben.

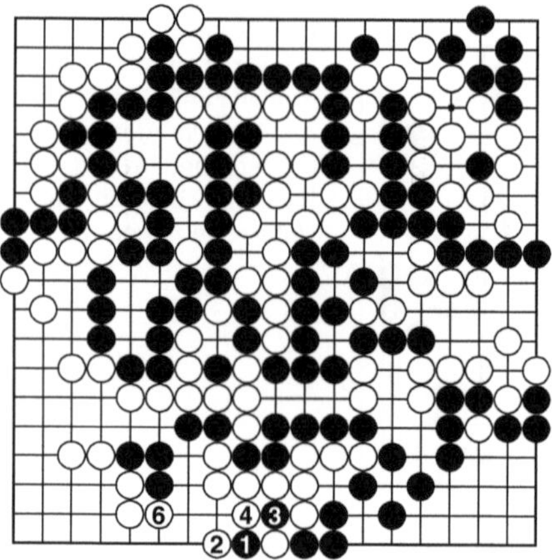

**[182]** Richtig.
Das Atari 1 ist ein großes Endspiel, mit dem Schwarz in Vorhand Punkte abnimmt. Nach dem Decken mit 5 muss Weiß mit 6 das verbleibende Aji beseitigen.

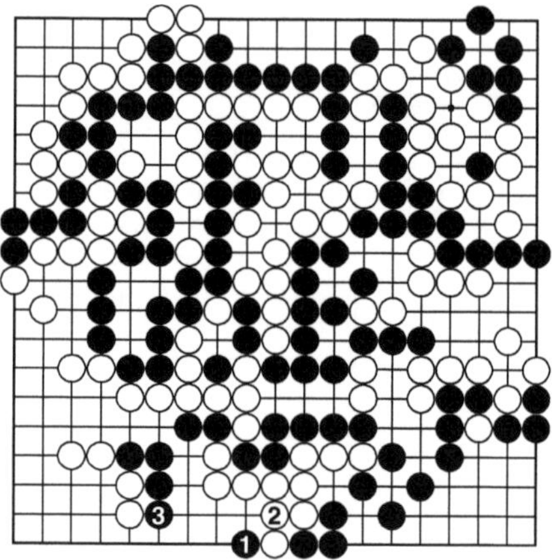

**[182]** Variante.
Weiß kann nicht auf 2 decken, denn nun fängt Schwarz mit 3 elf weiße Steine.

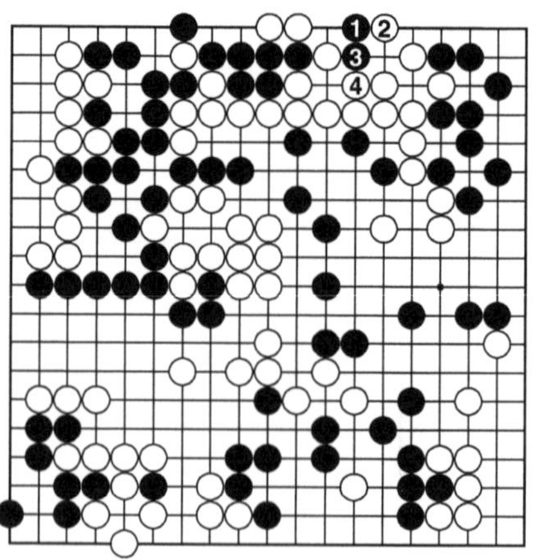

**[183]** Richtig.
Schwarz 1 und 3 sind zwei geschickte Einschübe. Weiß muss mit 2 und 4 decken.

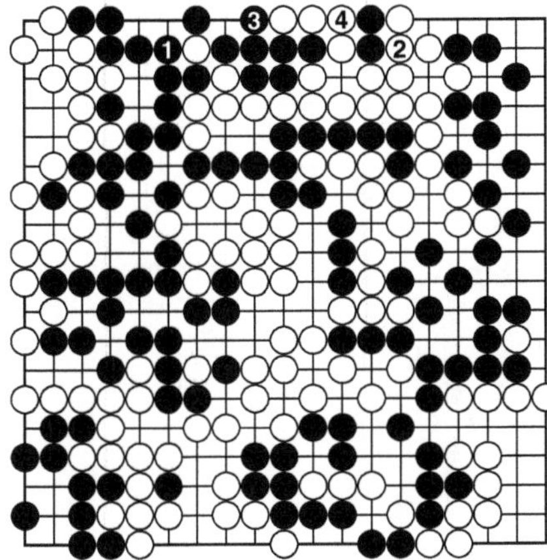

**[183]** Fortsetzung. Später in der Partie konnte Schwarz 1 und 3 in Vorhand spielen.

Schwarz gewann mit 1,5 Punkten.

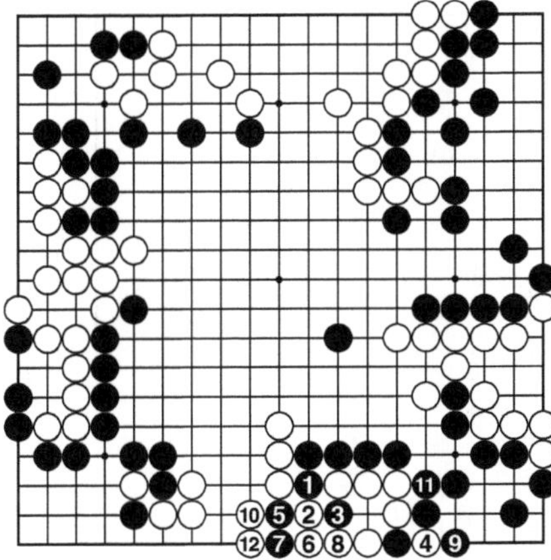

**[184]** Richtig. Schwarz schiebt mit 1 und schneidet auf 3. Schlägt Weiß auf 4, dann opfert Schwarz mit 5 und 7, um die Ecke mit 9 und 11 in Vorhand zu sichern.

Hätte Schwarz einfach nur auf 4 gedeckt, dann hätte Weiß erst 11 in Vorhand gespielt und dann auf 1 verbunden. Für Schwarz bliebe zudem ein unangenehmer Schnitt oberhalb von 11.

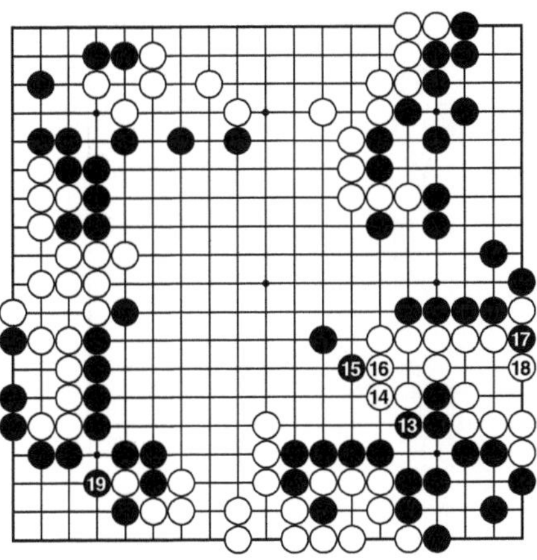

**[184]** Fortsetzung. Im weiteren Spielverlauf konnte Schwarz nun die Vorhandzüge 13 bis 17 gegen die weiße Gruppe am rechten Rand spielen, bevor er mit 19 einen großen Punkt nahm.

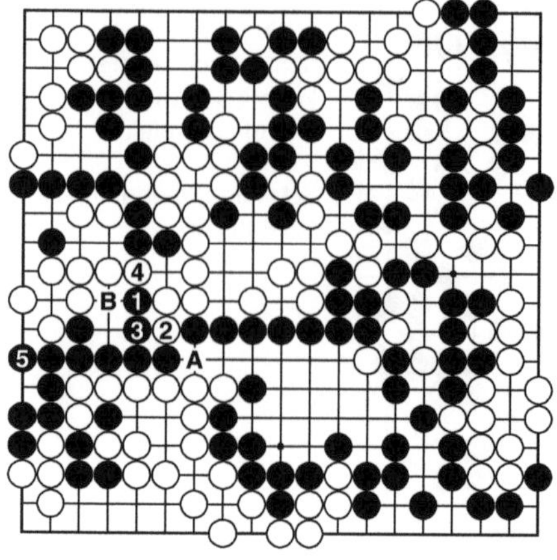

**[185]** Richtig.
Schwarz 1 droht drei schwarze Steine anzubinden. Auf Weiß 2 und 4 antwortet Schwarz mit 3 und 5.

Sollte Weiß jetzt auf A schneiden, kann Schwarz einfach ein zweites Auge auf B machen.

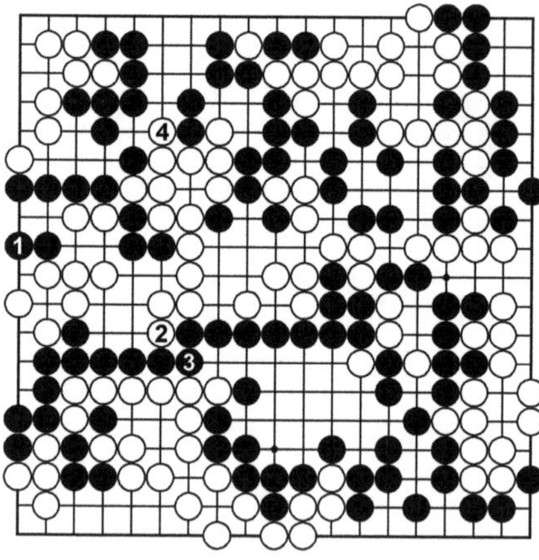

**[185]** Fehler.
Schwarz 1 ist ein Fehler, denn nun muss Schwarz nach Weiß 2 den drohenden Schnitt mit 3 decken. Die drei Steine von dieser Seite herauszuziehen, kann Schwarz nicht mehr androhen. Weiß nimmt jetzt mit 4 den nächsten großen Punkt.

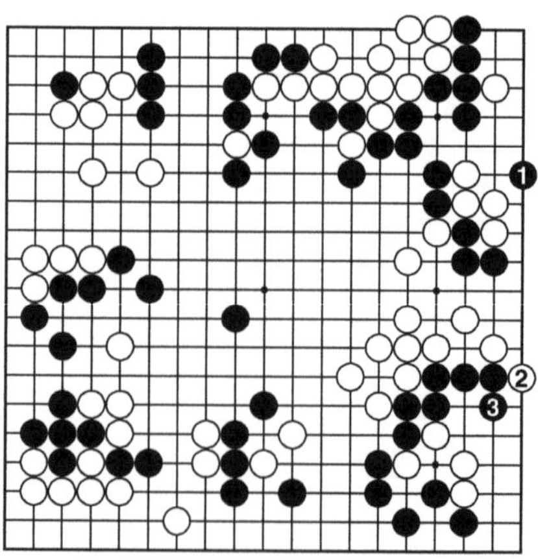

**[186]** Richtig.
Schwarz 1 ist Tesuji. Weiß kann nur noch auf 2 umbiegen, denn die vier weißen Steine sind nicht zu retten.

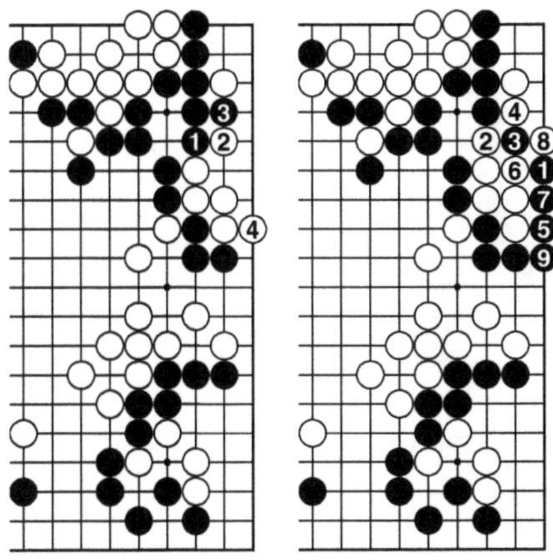

**[186 – links]** Fehler.
Schwarz 1 ist plump, denn Weiß tauscht 2 für 3 ab und droht mit 4 entweder anzubinden oder zu leben.

**[186 – rechts]** Variante.
Weiß kann den Wettlauf nicht gewinnen, denn nach 2 folgen Schwarz 3 bis 9.

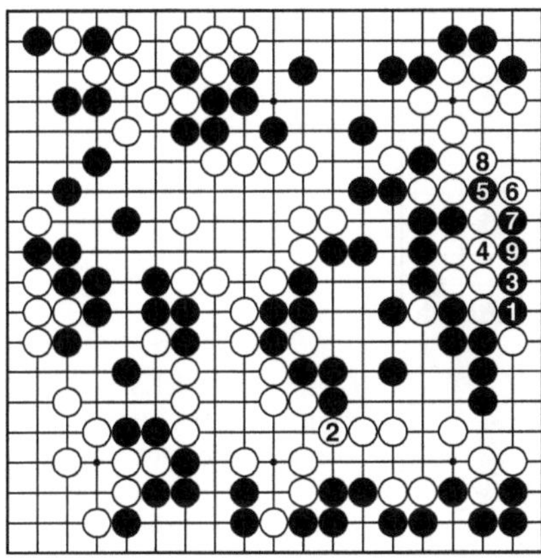

**[187]** Richtig.
Schwarz 1 ist eine starke Drohung. Verbindet Weiß auf 2, dann kann Schwarz den rechten Rand reduzieren.
(Weiß 10 deckt auf 5)

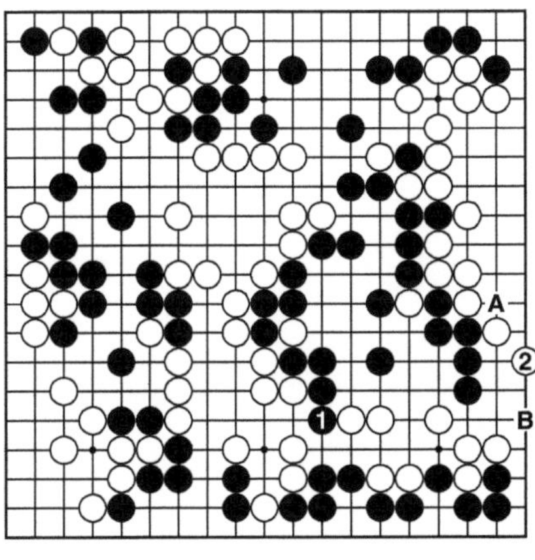


**[187]** Fehler.
Schneidet Schwarz sofort auf 1, dann verbindet Weiß mit 2 am Rand. Er sichert so seine Steine und auch sein Gebiet. Schneidet Schwarz jetzt auf A, dann springt Weiß auf B.

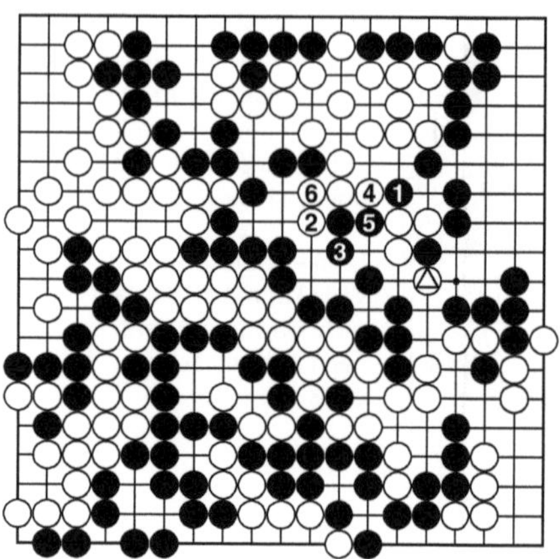

**[188]** Richtig.
Ke Jie hat das markierte Atari gespielt und übersehen, dass Schwarz mit 1 bis 5 seine Steine einfach abschneiden kann.

Dieser Fehler kostete Ke Jie die Partie.

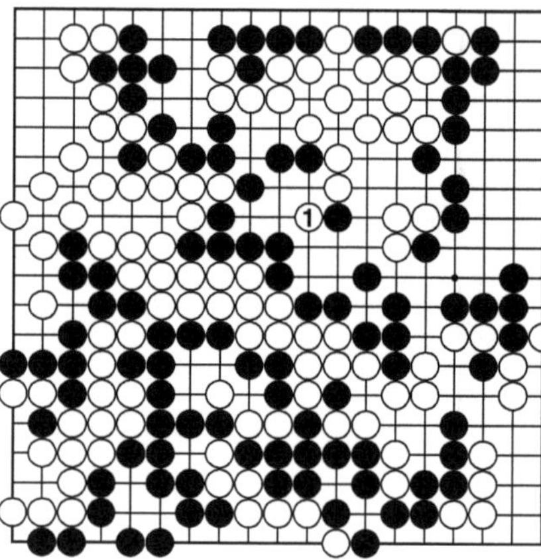

**[188]** Referenz.
Weiß hätte einfach nur das Hane 1 spielen sollen.

Dieses letztes Beispiel zeigt, dass auch Profis im Eifer des Gefechtes mal einen schwerwiegenden Fehler machen können.

# Glossar

**Aji**

Bezeichnet die Möglichkeiten, die in einer Stellung vorhanden sind. Bei der Nutzung dieser Möglichkeiten kommt es meist auf den richtigen Zeitpunkt an.

**Hane**

Zug, der um einen gegnerischen Stein umbiegt.

**Joseki**

Lokale Zugabfolge, die beiden Seiten ein lokal ausgeglichenes Ergebnis liefert.

**Keima**

Zug in Form eines kleinen Rösselsprungs.

**Kikashi**

Spezieller Vorhandzug, der im Verhältnis zur gegnerischen Antwort einen lokalen Vorteil bringt. Oft werden diese Steine später wieder aufgegeben.

**Kosumi**

Diagonalzug in Relation zu einem eigenen Stein.

**Miai**

Zwei gleichwertige Zugmöglichkeiten.

**Moyo**

Gebietsanlage, die noch nicht als sicheres Gebiet angesehen werden kann.

**Nozoki**

„Spähzug", ein Kikashi, das auf eine Lücke in der gegnerischen Position abzielt.

**Seki**

Position, in der zwei gegnerische Gruppen leben, weil sie sich nicht angreifen können; lokales Patt.

# Ata und Ri im Reich der Steine

Für Ata und Ri beginnen die Sommerferien leider verregnet.

Darum beschließen die beiden Kinder den ersten Ferientag beim alten Fischer zu verbringen, denn dort gibt es immer etwas zu erleben.

Jedoch hat keiner mit solch einem aufregenden Abenteuer gerechnet ...

Ein buntes Kinderbuch für 8 bis 12-Jährige, Eltern, Lehrer, Pädagogen und alle, die Freude an Spielen haben.

Es wurde konzipiert für den Einsatz in Grundschulen, und bietet Lehrern und Schülern die Chance, gemeinsam die Regeln des Atari-Go zu entdecken.

Ausgezeichnet mit dem LesePeter November 2015.

Als Paperback:
Art.Nr. BSV29, A5, 24 S., 3,99 EUR
ISBN 978-3-940563-29-3

Als Hardcover:
Art.Nr. BSV28, A4, 24 S., 14,90 EUR
ISBN 978-3-940563-28-6

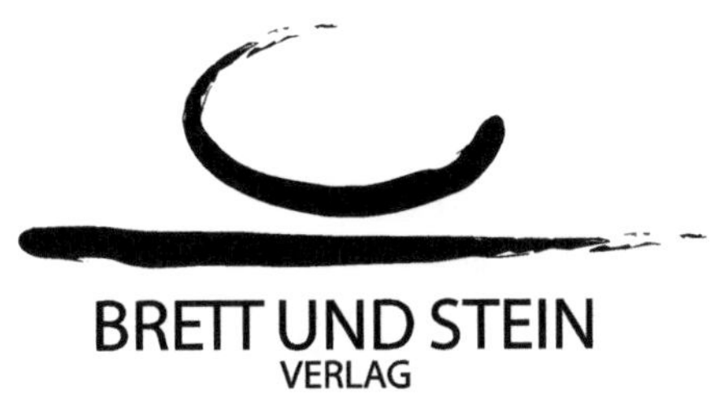
BRETT UND STEIN
VERLAG

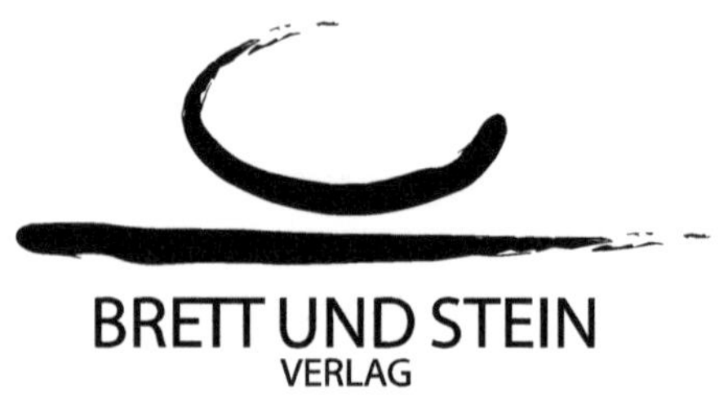
BRETT UND STEIN
VERLAG